大连理工大学管理论丛

B2C 电商订单生产
与配送中的智能调度方法

孙丽君　石海洋　姜小伟　著

本书由大连理工大学经济管理学院资助

科学出版社

北　京

内 容 简 介

本书立足于 B2C 电商物流实践，基于"订单释放→订单拣选→订单配送"的 B2C 电商订单的总体履行流程，按照"问题提出—理论研究—应用研究"的撰稿思路，涵盖了以下 7 大章内容：第 1 章为问题提出部分，对订单生产与配送过程中涉及的调度问题进行阐述与分析；第 2～6 章为理论研究部分，包括订单释放波次生成、订单分批优化、订单分批拣选、订单配送批次生成以及订单合并配送等问题及相应调度方法的研究；第 7 章为应用研究部分，介绍多个用于支持 B2C 电商订单生产与配送调度过程的智能决策系统。本书注重理论与实践相结合，交叉融合了多个学科理论，综合运用了多种前沿技术与研究方法，突出了内容的前沿性、系统性和实用性。

本书可供高等院校管理科学与工程、系统工程、物流工程等学科方向的硕、博士研究生及科研工作者，电子商务与物流管理相关专业的本科师生，以及电子商务与物流管理领域的相关从业者阅读。

图书在版编目（CIP）数据

B2C 电商订单生产与配送中的智能调度方法 / 孙丽君，石海洋，姜小伟著. -- 北京：科学出版社，2024. 10. -- (大连理工大学管理论丛). ISBN 978-7-03-079329-4

Ⅰ. F713.365.1

中国国家版本馆 CIP 数据核字第 20246T5837 号

责任编辑：郝　悦 / 责任校对：姜丽策
责任印制：张　伟 / 封面设计：无极书装

科 学 出 版 社 出版
北京东黄城根北街 16 号
邮政编码：100717
http://www.sciencep.com
涿州市般润文化传播有限公司印刷
科学出版社发行　各地新华书店经销

*

2024 年 10 月第　一　版　开本：720 × 1000　B5
2024 年 10 月第一次印刷　印张：13
字数：260 000

定价：142.00 元
（如有印装质量问题，我社负责调换）

丛书编委会

总　序

　　编写一批能够反映大连理工大学经济管理学科科学研究成果的专著，是近些年一直在推动的事情。这是因为大连理工大学作为国内最早开展现代管理教育的高校，早在 1980 年就在国内率先开展了引进西方现代管理教育的工作，被学界誉为"中国现代管理教育的摇篮，中国 MBA 教育的发祥地，中国管理案例教学法的先锋"。

　　大连理工大学管理教育不仅在人才培养方面取得了丰硕的成果，在科学研究方面同样也取得了令同行瞩目的成绩。在教育部第二轮学科评估中，大连理工大学的管理科学与工程一级学科获得全国第三名的成绩；在教育部第三轮学科评估中，大连理工大学的工商管理一级学科获得全国第八名的成绩；在教育部第四轮学科评估中，大连理工大学工商管理学科和管理科学与工程学科分别获得 A- 的成绩，是中国国内拥有两个 A 级管理学科的 6 所商学院之一。

　　2020 年经济管理学院获得的科研经费已达到 4345 万元，2015 年至 2020 年期间获得的国家级重点重大项目达到 27 项，同时发表在国家自然科学基金委员会管理科学部认定核心期刊的论文达到 1000 篇以上，国际 SCI、SSCI 论文发表超 800 篇。近年来，虽然学院的科研成果产出量在国内高校中处于领先地位，但是在学科领域内具有广泛性影响力的学术专著仍然不多。

　　在许多的管理学家看来，论文才是科学研究成果最直接、最有显示度的体现，而且论文时效性更强、含金量也更高，因此出现了不重视专著也不重视获奖的现象。无疑，论文是科学研究成果的重要载体，甚至是最主要的载体，但是，管理作为自然科学与社会科学的交叉成果，其成果载体存在的方式一定会呈现出多元化的特点，其自然科学部分更多地会以论文等成果形态出现，而社会科学部分则既可以以论文的形态呈现，也可以以专著、获奖、咨政建议等形态出现，并且同样会呈现出生机和活力。

　　2010 年，大连理工大学决定组建管理与经济学部，将原管理学院、经济系合并，重组后的管理与经济学部以学科群的方式组建下属单位，设立了管理科学与工程学院、工商管理学院、经济学院以及 MBA/EMBA 教育中心。2019 年，大连理工大学管理与经济学部更名为大连理工大学经济管理学院。目前，学院拥有 10 个研究所、5 个教育教学实验中心和 9 个行政办公室，建设有两个国家级工程研究中心和实验室，六个省部级工程研究中心和实验室，以及国内最大的管理案例共享平台。

经济管理学院秉承"笃行厚学"的理念，以"扎根实践培养卓越管理人才、凝练商学新知、推动社会进步"为使命，努力建设成扎根中国的世界一流商学院，并为中国的经济管理教育做出新的、更大的贡献。因此，全面体现学院研究成果的重要载体形式——专著的出版就变得更加必要和紧迫。本套论丛就是在这个背景下产生的。

本套论丛的出版主要考虑了以下几个因素：第一是先进性。要将经济管理学院教师的最新科学研究成果反映在专著中，目的是更好地传播教师最新的科学研究成果，为推进经济管理学科的学术繁荣做贡献。第二是广泛性。经济管理学院下设的 10 个研究所分布在与国际主流接轨的各个领域，所以专著的选题具有广泛性。第三是选题的自由探索性。我们认为，经济管理学科在中国得到了迅速的发展，各种具有中国情境的理论与现实问题众多，可以研究和解决的现实问题也非常多，在这个方面，重要的是发扬科学家进行自由探索的精神，自己寻找选题，自己开展科学研究并进而形成科学研究的成果，这样一种机制会使得广大教师遵循科学探索精神，撰写出一批对于推动中国经济社会发展起到积极促进作用的专著。第四是将其纳入学术成果考评之中。我们认为，既然学术专著是科研成果的展示，本身就具有很强的学术性，属于科学研究成果，那么就有必要将其纳入科学研究成果的考评之中，而这本身也必然会调动广大教师的积极性。

本套论丛的出版得到了科学出版社的大力支持和帮助。马跃社长作为论丛的负责人，在选题的确定和出版发行等方面给予了极大的支持，帮助经济管理学院解决出版过程中遇到的困难和问题。同时特别感谢经济管理学院的同行在论丛出版过程中表现出的极大热情，没有大家的支持，这套论丛的出版不可能如此顺利。

大连理工大学经济管理学院

2021 年 12 月

前　　言

近年来，随着互联网、大数据、人工智能、移动支付等新兴信息技术的发展，传统电子商务已逐渐演变为新兴电子商务并迎来了爆发式增长，深入渗透到人民日常生活中的方方面面。企业对消费者（business-to-customer，B2C）电子商务模式作为新兴电子商务中的典型代表，其订单具有规模大、个性化程度高以及配送时效强等特点，为电子商务的物流实践带来了具有挑战性的难题，成为当前政府和业界共同关注的热点前沿领域，也是管理科学与工程、系统工程、物流工程等学科专业的重点研究方向。为了顺应新兴信息技术给电子商务物流管理带来的变革并迎接其带来的新挑战，本书撰写组围绕新兴电子商务中具有代表性的 B2C 电子商务模式，聚焦 B2C 电商物流智能调度问题中的关键技术与管理难题，依托国家自然科学基金面上项目"数据驱动的 B2C 电商订单生产-配送智能调度联合优化方法"（批准号：71971037），将项目相关研究成果经系统化梳理、整合、凝练，最终撰写成书。

本书针对 B2C 电商订单生产与配送中的调度决策难题，基于理论联系实际、定性与定量相结合的学术思想，以提高调度决策的科学性、系统性、智能性为目标，融合数据科学、人工智能、运筹学等学科理论，综合运用数据挖掘与分析技术、建模与智能优化算法等手段，重点开展了以下创新性的研究工作。

（1）针对 B2C 电商订单释放波次生成问题，本书提出了同时考虑流向和时效的 B2C 电商订单释放波次生成方法，该方法包含了订单相似性度量方法、基于订单相似性的订单流向合并模型与基于流向选择规则的订单释放波次生成算法。该方法能够实现 B2C 电商仓储拣选过程对新订单到达的快速响应，可为实践中订单释放波次生成决策提供科学的指导，丰富了 B2C 电商大规模订单生产问题的相关理论。

（2）针对多区块仓库布局下的 B2C 电商订单分批问题，本书建立了订单分批优化模型，并通过改造经典种子算法，设计了多区块仓库布局下的订单分批优化算法，以处理多区块仓库布局下具有区块、通道以及通道内位置三个维度信息的订单。该方法可为多区块仓库布局下的 B2C 电商订单分批方案的制订提供决策支持，有助于提高订单的履行时效，研究结论可为仓库管理者在订单分批拣货、区块数量设置等方面提供合理的建议。

（3）针对 B2C 电商订单分批拣选中的订单批次排序问题，本书构建了订单批次排序模型，并基于定性人工经验和定量模型性质设计了订单批次排序算法。该算法可以协调订单拣选和订单合并这两个过程，通过减少不必要的停滞和空闲来提高订单的履行时效，从而为采用先拣后合订单分批拣选策略的 B2C 电商仓库的订单批次排序作业提供决策工具。该算法不仅可用于指导 B2C 电商仓库订单分批调度人员的实际作业，也有利于丰富订单分批拣选的相关理论。

（4）针对有限缓存区下 B2C 电商订单配送批次生成问题，本书首先构建了双层规划模型以刻画批次订单配送量与波次订单配送派车方案两个关键决策之间相互制约、相互影响的关系；然后在上层基于遗传算法进行批次订单配送量的决策，在下层则将启发式规则与遗传算法相结合进行波次订单配送派车方案的生成；同时在上下层之间构建基于下层信息反馈的区间分割调节机制以提高上层批次订单配送量解空间的搜索效率，最终实现订单配送批次的快速生成。该方法既可以保障订单拣选与订单配送两个环节的顺畅衔接，也有助于实现 B2C 电商波次拣选订单配送环节的降本增效。

（5）针对波次动态释放下的 B2C 电商订单城区物流合并配送问题，首先基于一阶马尔可夫决策过程构建了合并配送多阶段时序序贯决策模型，随后提出一种基于时序预测的前向动态规划方法用于寻找最优策略，该方法可将时序预测信息融入决策过程中，大幅提高了决策方案的科学性与前瞻性，研究结论可为 B2C 电商订单物流配送提供决策支持，同时为状态转移具有时序特征的一类多阶段序贯决策问题提供了求解的新思路。

本书的作者来自大连理工大学经济管理学院孙丽君教授的科研团队，撰写人员及工作分工如下：第 1 章由孙丽君、石海洋、姜小伟撰写，第 2 章由王旭光、孙丽君、姜小伟撰写，第 3 章由贠艳冰、孙丽君、姜小伟撰写，第 4 章由姜小伟、孙丽君撰写，第 5 章由张杭、孙丽君、石海洋撰写，第 6 章由石海洋、孙丽君、胡祥培撰写，第 7 章由孙丽君、姜小伟、张杭、石海洋撰写。此外，张杭、王莉等为本书做了文字编辑校对和部分图表的绘制工作。全书由孙丽君、石海洋、姜小伟负责审校定稿。

本书撰写过程中参阅了国内外许多专家学者的论文、著作和教材，均已在正文中予以标注。在此，作者谨向相关参考文献的作者表示衷心的感谢。

衷心感谢国家自然科学基金委员会和大连理工大学经济管理学院的支持和帮助，衷心感谢科学出版社的编辑老师为本书付出的辛劳。

由于作者水平所限，书中难免存在不足之处，敬请读者批评指正。

作　者

2023 年 11 月 18 日于大连凌水河畔

目　　录

第1章 绪　　论

1.1　问 题 背 景

国家发展改革委和中国物流与采购联合会 2023 年共同发布的数据显示：2022 年全国社会物流总额 347.6 万亿元，同比增长 3.4%，社会物流总费用 17.8 万亿元，同比增长 4.4%[1]。而其中，电商物流在高位基础上快速增长，需求保持旺盛，这是因为中国电商的发展势头近几年一直呈现爆发式增长。商务部电子商务和信息化司的数据显示，2015~2019 年全国电子商务交易额分别为 21.79 万亿元、26.10 万亿元、29.16 万亿元、31.63 万亿元、34.81 万亿元[2]。2022 年，全国电子商务交易额高达 43.83 万亿元，以 B2C 为代表的网络零售市场交易额达 13.79 万亿元[3]，已成为中国电商快速发展的领头羊，代表性的 B2C 电商平台有天猫超市、京东商城、苏宁易购等。与此同时，B2C 电商物流也迎来了前所未有的爆发式增长。B2C 电子商务销售的商品涉及日常生活的方方面面，导致 B2C 电商仓储最小品类存储单元（stock keeping unit，SKU）数剧增，如京东自营 SKU 超过了 500 万种[4]，天猫自营 SKU 更可达千万种[5]。面对如此多类可以随意组合选购的商品，客户需求的不确定性导致客户订单的构成可以千变万化、千差万别，同时一单多品、时效要求高等特征进一步导致订单的履行过程异常复杂，如何按时、高效、低成本地实现这一过程是 B2C 电商订单履行面临的极大挑战。

B2C 电商的迅猛发展导致了短期内商品品类的急剧扩张及仓库的扩建，然而，与商品品类和仓库密切相关的生产及配送环节的管理调度在短期内却未能及时跟上——组织混乱、效率低、成本高。从订单生产环节来看，随机到达的海量订单、日益扩大的仓储面积、移动货架拣选系统的加入等导致生产环节内部协调十分困难；从订单配送环节来看，高配送时效要求、多配送方式需求、有限配送资源的约束等，也使配送环节的调度决策复杂性极高；特别地，目前实际中 B2C 电商订单生产环节和配送环节的调度决策大部分仍处于相对分离的状态：生产环节只关注生产效率而忽视了配送环节对流向和时效的要求，导致大量已生产完的包裹达不到装车的条件，需要大量的缓存区域存放；而配送环节中车辆又因无法快速装满相应流向和时效要求的订单而长时间占据卡位，造成了卡位的紧张及缓存区的拥堵，从而导致后续生产完成的订单无法释放至缓存区，造成生产停滞。因此，开展 B2C 电商订单生产与配送调度问题的智能化决策研究，保障订单生产与配送环节的顺畅衔接，进一步提高订单的履行效率，减少生产与配送等环节的物流成本，是 B2C 电商订单履行过程向精细化、高效化、智能化发展的迫切需求。

由于 B2C 电商订单生产与配送在环节上是相互衔接的，在调度决策上是相互影响的，因此与 B2C 电商订单生产与配送调度问题最相关的研究是订单生产与配送调度问题，但传统的订单生产与配送调度问题的研究多是针对易腐产品[6]、电子产品[7]和金属制造[8, 9]等传统制造业开展的，其订单是标准化的，即品类构成固定、订单量较稳定、订单的生产时间固定；其客户需求也是较稳定的，即客户固定（如供应链下游生产商、分销商）、需求批量大、品类少。然而，以 C 端客户需求为导向的 B2C 电子商务模式呈现出与传统制造业或零售业不同的订单特征，这导致 B2C 电商订单的生产与配送中相关调度问题的决策十分困难。这些不同和主要难点有以下几个。

（1）与传统的需求稳定的离线订单不同，B2C 电商订单呈现在线随机到达的特征，因而订单生产调度需要依次进行订单释放与订单拣选两个决策。在订单释放环节，按波次释放是 B2C 电商仓库常用的订单释放方式，合理的订单释放波次生成决策可以有效协调订单拣选与配送之间的关系，使两个环节的物流作业效率得到保证。然而实践中基于人工经验的订单释放波次生成方法常常只关注订单拣选和配送某一环节的效率，无法实现整个订单履行过程对订单的快速响应，增加了订单延误的可能性。因此，如何进行科学、合理的订单释放波次生成决策，保证后续订单拣选和配送的协调、高效，实现 B2C 电商订单履行过程对订单的快速响应，是决策过程面临的挑战之一。

（2）订单按波次释放之后进入订单拣选环节，为了提高订单拣选效率，B2C 电商仓库普遍按批进行订单拣选。然而 B2C 电商仓库多区块仓库布局的特点使传统的针对单区块仓库布局的订单分批方法不再适用，而 B2C 电商仓库普遍采用的先拣后合订单分批拣选策略会导致订单拣选过程的停滞和订单合并过程（订单分类、复核和打包过程的统称）的空闲时常发生，这也给订单批次的排序带来了挑战。因此，针对 B2C 电商仓库多区块仓库布局和先拣后合订单分批拣选策略的特点，如何进行订单分批和订单批次排序决策，以保证订单拣选的效率，以及订单拣选和合并过程的协调，是决策过程面临的挑战之二。

（3）由于 B2C 电子商务模式的主要目标群体为 C 端个人用户，因此人口分布密集的城区是 B2C 电商订单配送过程发生的主要场景。这使 B2C 电商订单配送过程在客户分布上具有点多面广、区域差异大的特点，在配送方式上具有分级配送、多次配送等特点，此外，B2C 电商订单配送调度决策还受到订单连续拣选、动态释放的影响，以及配送车辆、缓存区、卡位等有限资源的约束，因此，如何综合考虑配送过程特点和有限资源约束，生成与之匹配的配送计划，在提高配送车辆的满载率、降低配送成本的同时满足个性化的客户配送要求与时效要求，是决策过程面临的挑战之三。

基于上述分析，传统制造业中的订单生产与配送中的相关调度方法已不再适用于 B2C 电子商务背景下的订单生产与配送中的调度问题，该问题相比于传统制造业中的订单生产与配送中的调度问题更为复杂，需要开展进一步的研究。更重要的是，研究 B2C 电商订单生产与配送中的相关调度问题与我国国家经济战略与社会发展目标十分契合，具有重要的现实意义。不论是 B2C 电商在促进经济、刺激消费、拉动就业方面所展现的强劲动力，还是其在疫情期间保障社会正常运转、人民日常生活中起到的关键作用，均让政府和社会意识到 B2C 电商已经成为我国经济结构和社会运转中不可或缺的一环。为此，我国政府颁布了一系列政策条款和意见纲要，将解决电商领域相关管理决策问题作为战略发展的目标。

（1）2018 年 1 月，《国务院办公厅关于推进电子商务与快递物流协同发展的意见》（国办发〔2018〕1 号）中提及，加强大数据、云计算、机器人等现代信息技术和装备在电子商务与快递物流领域应用，大力推进库存前置、智能分仓、科学配载、线路优化，努力实现信息协同化、服务智能化。

（2）2019 年 2 月，国家发展改革委等 24 个部门和单位联合印发的《关于推动物流高质量发展促进形成强大国内市场的意见》（发改经贸〔2019〕352 号）中提出，实施物流智能化改造行动，加强信息化管理系统和云计算、人工智能等信息技术应用，提高物流软件智慧化水平。

（3）2022 年 12 月发布的《国务院办公厅关于印发"十四五"现代物流发展规划的通知》（国办发〔2022〕17 号）中提及，推动物流提质增效降本，完善末端配送网点布局，扩大低成本、高效率干支仓配一体化物流服务供给。鼓励物流资源共享，整合分散的运输、仓储、配送能力，发展共建船队车队、共享仓储、共同配送、统仓统配等组织模式，提高资源利用效率。

综上所述，立足于政府和业界共同关注的热点前沿问题，本书聚焦于 B2C 电商订单履行的生产与配送环节，研究如何实现订单的生产与配送中相关调度问题的智能化决策。该研究涉及以下两大问题研究领域：电商订单生产调度问题、电商订单配送调度问题，下面将对相关领域的研究现状进行综述，以梳理出具有借鉴意义的研究成果。

1.2 国内外相关研究综述

1.2.1 电商订单生产调度问题研究

由于 B2C 电商订单在线到达订单池，B2C 电商订单生产调度依次分为订单释放决策和订单拣选决策，因此本节将从这两个方面予以综述。

1）订单释放决策相关研究

针对在线到达的订单，有两种订单释放方式[10]。一种是按单连续释放方式，对应的是在线订单分批问题，即随着订单的在线到达，如何进行在线分批的问题，主要方法有变时间窗策略[11-13]（随着订单的在线到达，每当订单池中的订单积累到一定量时，将订单池中的订单进行分批和释放）、固定时间窗策略[14,15]（随着订单的在线到达，每隔固定时间，将订单池中的订单进行分批和释放）和考虑拣选人员状态的在线订单分批策略[16]（随着订单的在线到达和拣选，一旦有拣选人员空闲，就对订单池中的订单进行分批和释放）。在线订单分批策略虽然能够及时拣选在线到达的订单，但拣选完成的订单需要等待后续订单拣选完成以合并配送，拣选和配送环节相对分离，且需要较大的缓存区域和较多的卡位。另一种是按波次离散释放方式，对应订单释放波次决策问题，订单释放波次决策是指将具有类似属性的订单同时释放，由多个拣选人员在仓库同时进行拣选，当前订单波次中的订单全部拣选完成后即可配送，此时下一个订单波次才可以被释放和拣选[10]。按波次释放方式进行拣选和配送，一方面增加了被拣选商品的密度，可以提高订单拣选效率[17]；另一方面，订单释放波次的划分可以将拣选和配送紧密地衔接起来，可以有效减少中间库存和卡位资源占用，保证订单拣选和配送的高效、有序。这种方式十分符合 B2C 电商订单小批量、多批次、个性化强、动态到达、配送站点多而广的特点，并能满足 B2C 电商订单拣选和配送相协调的要求。代表性成果有：Gallien 和 Weber 讨论了电商仓库中基于波次和无波次的两种订单释放策略的优劣，并通过仿真实验进行了验证[17]。Petersen 通过仿真将按波次拣选方式与按单拣选、按批拣选、分区拣选等方式进行了比较，结果表明按波次拣选方式和按批拣选方式表现良好[18]。Çeven 和 Gue 建立了一个分析模型来确定订单履行系统中订单波次的数量和释放时间，以最大化能够满足时效要求的订单量[19]。

2）订单拣选决策相关研究

订单拣选可以分为按单拣选和分批拣选[20]。当订单所包含的商品数量足够多时，可以由一个拣选人员完成一个订单的拣选，即按单拣选。在 B2C 电子商务环境下，客户订单总量多而每个订单中所包含的商品数量少，且海量商品分布在仓库的货架上，如果采取按单拣选方式会增加拣选人员的拣选次数和行走距离，也会浪费拣选设备的容量，而订单分批拣选，即多个订单组成一个批次由拣选人员经过一次路由进行拣选[10]，可以充分利用拣选设备的容量，减少拣选人员的拣选次数和行走距离，大大提高拣选效率。但订单分批拣选的一个劣势是需要额外的订单合并过程将成批的订单进行还原[20-22]，根据订单合并形式的不同，有两种订单分批拣选策略：边拣边分策略和先拣后分策略[23]。已有的订单分批拣选研究一般假设采用边拣边分策略，关注订单拣选过程的订单分批问题，即如何对订单进行分组可以最小化订单总拣选距离。对此，研究人员提出了大量的订单分批算法，包括精确算法[24-26]、简单启发式算法和元启发式算法。其中简单启发式算法又包括优先规则算法、种子算法[27]和节约算法[28]；而元启发式算法主要包括遗传算法[29,30]和搜索算法[31-33]。当订单带有截止时间时，为了避免延期，订单拣选完成时间和截止时间之间的延迟时间应该尽可能短，此时除了考虑批次的组成，还要考虑批次的排序，即订单分批排序问题。Henn 和 Schmid 针对订单分批排序问题提出了两个元启发式算法，第一个基于迭代邻域搜索算法，第二个基于禁忌搜索算法和基于属性的爬山算法[34]。Menéndez 等针对该问题提出了一种变邻域搜索算法[35]。Scholz 等研究了多拣选人员的订单分批、批次分配和排序、拣选路径规划问题，并提出了一种变邻域下降算法[36]。

1.2.2　电商订单配送调度问题研究

B2C 电商订单配送调度问题的核心决策按照调度过程可依次分为两部分：一是订单释放至缓存区后、配送车辆从仓库出发前的订单配送批次生成决策；二是配送车辆从仓库出发后、订单送达客户前的车辆路径规划决策。因此本节将分别从订单配送批次生成决策研究与车辆路径规划决策研究两方面予以综述。

1）订单配送批次生成决策研究

订单配送批次生成决策位于订单拣选完成之后、订单配送开始之前，因而配送批次决策影响着订单拣选与配送环节衔接的流畅性，需要结合订单拣选信息（如拣选开始与完成时间、订单分批排序信息等）与配送信息（如配送流向、时效、目的地等）进行联合决策，因此与订单配送批次生成决策最直接相关的研究是订单拣选与配送联合调度问题（integration of order picking and delivery problem，IOPDP）。这一类研究通常将订单拣选环节所需进行的订单分批、排序或者拣选人员指派等决策与订单配送环节的路径规划决策纳入一个完整的模型之中或是结合某环节的信息进行另一环节的决策，在某个环节进行决策时尽可能考虑对另一环节决策的影响，以实现订单拣选与配送环节的顺畅衔接。代表性的研究有：Moons 等研究了订单按单拣选模式下的 IOPDP，以单个客户订单为粒度进行订单拣选与配送决策，通过订单拣选与配送的联合调度来缩短车辆的等待时间[37]，并在后续研究中对大规模算例进行了求解[38]。Zhang 等研究了订单在线到达并按批次拣选释放的 IOPDP，在配送环节假设车辆离开订单履行中心的时间固定、订单履行中心至客户的路线固定，从而聚焦于订单履行中心至各个配送区域的派车决策[39]。在此基础上，Zhang 等将配送的决策具体化，考虑了单一车辆进行多次分区配送的情况[40]；Chen 等在订单拣选环节采用先订单分批后分区拣选的方式，对 IOPDP 进行了研究[41]；Shavaki 和 Jolai 在研究 IOPDP 的过程中，设定多个距离相近的客户由一个配送中心进行服务，从而合并仓库配送至多个配送中心的路径规划决策[42]。

Ostermeier 等考虑了有限缓存区这一特征，该研究借鉴流水线多环节生产问题、车辆越库转运问题等研究中对有限缓存区的分析，通过在模型中添加依赖于时间的库存变化与容量约束来刻画缓存区对生产和配送衔接的影响[43]。

2）车辆路径规划决策研究

相比于经典车辆路径规划问题，B2C 电商订单配送下的车辆路径规划问题所具有的两大特点是：①B2C 电商订单必须在客户下单以后经过一段时间的订单拣选环节才能生产完成，因而订单具有生产完工和配送截止时间；②B2C 电商订单是在调度周期内连续到达的，采用的是"小批量、多批次"的配送方式，因此单辆车在配送周期内一般需多次往返配送。相应地，与 B2C 电商订单配送调度问题密切相关的车辆路径规划问题研究可分为以下两类。

（1）具有生产完工和配送截止时间的车辆调度问题（the vehicle routing problem with release and due dates，VRPRDD）：Shelbourne 等对具有生产完工和配送截止时间的车辆调度问题进行了定义和总结，并指出该类问题在生产-配送联合优化问题中具有重要意义[44]，因为在订单式生产（make-to-order）模式中，客户订单不仅具有配送截止时间要求，而且订单到达后需要一定的时间才能生产完毕，之后配送才能开始。Reyes 等分析了此类问题的求解复杂度[45]。其余代表性的成果有：Cattaruzza 等研究了多路径下的静态 VRPRDD，在该问题中订单信息及其生产完工时间是事先已知的[46]；Archetti 等研究了多周期下 VRPRDD 的变体[47]；Bruglieri 等研究了多周期多路径下的集装箱运送 VRPRDD[48]；Soman 和 Patil 研究了异构车队下的 VRPRDD，在该问题中订单生产完工时间以及配送要求均为已知[49]；Johar 等研究了生产-配送联合调度中的 VRPRDD，在该问题中配送开始时间是固定的[50]；Moons 等[37]和 Schubert 等[51]研究了订单生产-配送联合优化中的 VRPRDD；Yang 等构建了一般订单生产-配送联合调度场景下通用的 VRPRDD 模型，并采用分支定价精确算法进行求解[52]。

（2）多路径车辆调度问题（the multi-trip vehicle routing problem，MTVRP）：该问题最早由 Fleischmann[53]提出，Cattaruzza 等对该问题的研究现状进行了总结[54]，并指出多路径是城市物流配送车辆调度问题[55]的重要特征之一。由于电商物流等城市物流配送的兴起，此类研究在近几年得到了广泛关注，相关求解算法可分为精确算法[56, 57]和启发式算法两大类，启发式算法由于可以求解大规模实例而得到更多关注，如 Taillard 等[58]、Petch 和 Salhi[59, 60]采用的装箱问题（bin packing problem，BPP）算法、Pirabán-Ramírez 等[61]以及 Cattaruzza 等[62]均采用了迭代局部搜索（iterated local search，ILS）算法对 VRPRDD 进行求解，Cattaruzza 等则提出了基于种群的进化算法[46, 63]求解 MTVRP，其他代表性的启发式算法还包括 Nguyen 等提出的自适应大邻域搜索算法[64]、Wassan 等提出的双层变邻域搜索算法[65]以及 Wang 提出的混合启发式算法[66]等。

1.2.3　国内外研究现状总结

综上所述，国内外学者在电商订单生产调度问题与电商订单配送调度问题两方面开展了一系列前沿性的研究，为 B2C 电商订单生产与配送中的调度问题提供了一定的研究基础。但是，已有的订单生产与配送调度问题研究主要针对稳定的客户需求和标准化的订单，不适用于订单具有动态到达、个性化强、时效要求高、客户分布点多面广等特点的 B2C 电商订单生产与配送中的调度问题，主要问题在于以下几个方面。

1）电商订单生产调度研究方面

由于 B2C 电商订单是在线到达订单拣选系统的，因此订单生产调度具体包括订单释放和订单拣选两个决策。在订单释放方面，B2C 电商仓库普遍采用按波次释放方式进行订单拣选和配送，然而已有的订单释放波次决策研究主要考虑订单拣选效率的提高，尚未关注后续的订单配送环节，以及 B2C 电商订单的高时效性对订单履行各个环节的时间要求，无法解决具有该特征的 B2C 电商订单释放波次决策问题。因此，如何进行订单释放波次决策，以保证订单拣选和配送的协调、高效，实现订单履行过程对客户订单的快速响应，将是 B2C 电商订单释放智能决策方法重点攻克的问题。在订单拣选方面，订单按波次释放进入订单拣选环节后会面临以下两个挑战：①B2C 电商仓库多区块仓库布局的特点使已有的针对单区块仓库布局的订单分批方法不再适用；②B2C 电商仓库普遍采用的先拣后合订单分批拣选策略会导致订单拣选过程的停滞和订单合并过程的空闲时常发生，这给已有的聚焦于最小化订单延迟时间的订单分批排序方法带来了挑战。因此，如何在多区块仓库布局下进行订单分批决策能够保证订单拣选效率，以及如何在先拣后合订单分批拣选策略下进行订单批次排序决策可以实现订单拣选和合并过程的协调，将是 B2C 电商订单拣选智能调度部分重点解决的核心问题。

2）电商订单配送调度研究方面

与 B2C 电商订单配送调度相关的研究按核心决策过程可分为两部分：订单配送批次生成决策与车辆路径规划决策。已有的电商订单配送批次生成研究主要是在订单拣选与配送联合决策问题中，同时考虑订单拣选环节和订单配送环节的决策目标，通过联合优化等手段实现两个阶段在目标上的统一，但往往忽略了配送环节内部的协同，或者将配送阶段的决策简化；而已有的电商订单配送车辆路径规划问题的研究主要研究静态环境下需求已知的单阶段车辆路径决策问题，不符合 B2C 电商订单配送"小批量、多批次、循环配送"的特点。但 B2C 电商订单配送调度决策中配送批次的生成不仅要兼顾订单拣选环节的动态性特点以及配送环节中流向和时效的约束，还需要考虑有限缓存区、有限卡位等有限资源的约束。

而后续车辆路径规划决策的特别之处在于该决策是在整个调度周期内持续动态进行的，属于多阶段动态车辆路径决策问题。因此，如何根据订单拣选决策相关信息与配送决策相关约束，生成相应的配送批次，并根据订单拣选动态释放过程，快速生成动态车辆调度与路径规划方案，在保证订单履行时效的同时降低订单配送成本，是 B2C 电商订单配送智能调度部分致力于解决的关键难题。

　　因此，本书针对 B2C 电商订单生产与配送中的相关调度问题，综合运用数据分析、运筹学建模优化及人工智能等技术方法，实现 B2C 电商订单履行全过程的智能调度决策，开发 B2C 电商订单生产与配送智能调度系统，并结合典型 B2C 电商平台在订单履行中的实际物流过程开展应用研究。

1.3　研究思路及主要研究内容和意义

　　为了明确 B2C 电商订单生产与配送过程中涉及哪些调度问题，本节首先对 B2C 电商订单总体履行流程进行分析。如图 1.1 所示，鉴于 B2C 电商订单具有在线动态到达的特点，其生产过程被划分为订单释放和订单拣选两个过程，因此，B2C 电商订单履行总体流程按顺序可依次分为"订单释放→订单拣选→订单配送"三个核心环节。从时间维度上看，订单释放环节从订单到达订单履行中心（order fulfillment center，OFC）的时刻开始，至订单释放至仓库后开始拣选的时刻为止；订单拣选环节从订单开始拣选的时刻开始，到订单拣选完成释放至缓存区后开始装车的时刻为止；订单配送环节从订单装车时刻开始，到车辆将订单配送完成后返回 OFC 的时刻为止。从空间维度上看，订单释放环节将随机到达的订单先存入

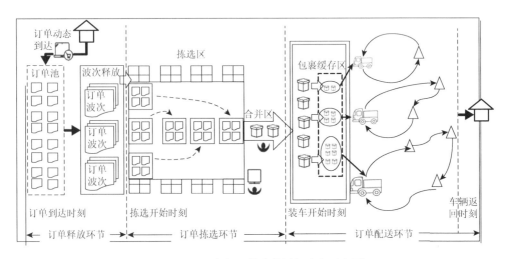

图 1.1　B2C 电商订单总体履行流程示意图

订单池，然后根据其所含 SKU 的种类及 SKU 的仓储位置等属性进行分类并按波次释放；订单拣选环节的调度过程可以分为在拣选区的订单分批过程和在合并区的订单批次排序过程；订单配送环节的调度过程又可分为在缓存区内的配送批次生成过程与在配送途中的车辆路径规划过程。

　　基于"订单释放→订单拣选→订单配送"的 B2C 电商订单总体履行流程，1.3.1 节将首先给出本书的总体研究思路，然后 1.3.2 节按照总体研究思路安排各部分的研究内容，1.3.3 节对研究意义进行总结。

1.3.1　研究思路

　　基于问题背景介绍与相关研究综述，针对新兴电商订单履行过程面临的资源时空调度不均衡、物流决策不科学、整体履行成本过高等问题，本书聚焦于 B2C 电商订单生产与配送中的调度问题，以"订单释放→订单拣选→订单配送"的总体履行流程为研究主线，融合数据科学、人工智能、运筹学等理论方法，综合运用数据挖掘与分析技术、建模与智能优化算法等相结合的手段，研究 B2C 电商订单生产与配送智能调度方法。如图 1.2 所示，按照理论与实践相结合的总体框架，以"调度过程分析（问题提出）→调度方法研究（理论研究）→调度系统开发（应用研究）"为研究思路依次开展研究，对应章节及相互关系描述如下：第一部分"问题提出"对应第 1 章绪论部分，该部分通过 B2C 电商订单生产与配送中调度问题的背景介绍与决策过程分析为后续理论研究部分梳理了调度决策过程、凝练了科学问题；"理论研究"部分按照"订单释放→订单拣选→订单配送"三个订单履行环节，依次分为第二部分（第 2 章）B2C 电商订单释放智能调度方法研究、第三部分（第 3～4 章）B2C 电商订单拣选智能调度方法研究、第四部分（第 5～6 章）B2C 电商订单配送智能调度方法研究三部分，"理论研究"部分通过对各个阶段核心

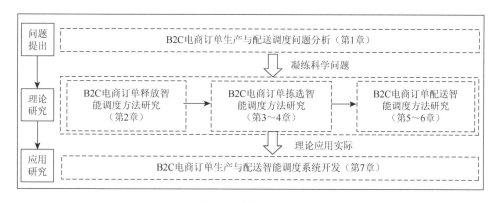

图 1.2　总体研究思路

调度问题的决策方法研究，为后续"应用研究"部分奠定了理论方法基础；"应用研究"部分对应第五部分（第 7 章）B2C 电商订单生产与配送智能调度系统开发，该部分构建了智能调度决策系统的整体架构，同时基于实际场景开展应用研究，实现理论研究到实际应用的落地，验证了所提调度方法的实用性。

1.3.2　研究内容

根据 1.3.1 节确定的研究思路，基于"订单释放→订单拣选→订单配送"的 B2C 电商订单总体履行流程，本书理论与应用研究的主要内容可分为以下六部分。

1）考虑流向和时效的 B2C 电商订单释放波次生成方法

按波次释放方式进行拣选与配送是 B2C 电商订单履行常用的作业方式，合理的订单释放波次决策能够协调好订单拣选与配送的关系，保证两个环节的物流作业效率。然而实践中基于人工经验的订单释放波次生成方法主要关注订单拣选或配送某一环节的效率，无法实现整个订单履行过程对订单的快速响应，增加了订单延误的可能性。因此，如何进行科学的订单释放波次决策，以实现 B2C 电商订单履行过程对订单的快速响应，是亟待解决的关键问题。然而，当前的订单释放波次决策面临以下两个难点：①在拣选资源约束下，订单履行作业面临着严格的时间要求，而 B2C 电商订单多维的订单属性与复杂的物流作业情景为订单的分析处理带来了困难；②在订单履行的拣选与配送环节，存在着两者的优化目标与作业资源约束不一致、难以协调的问题，这为波次生成时订单的合并带来困难。对此，本书提出考虑流向和时效的 B2C 电商订单释放波次生成方法，主要开展以下研究工作。

（1）B2C 电商订单释放波次决策问题分析。对 B2C 电商订单释放波次决策问题进行描述，分析问题的影响要素与复杂性，提出问题的决策流程。

（2）考虑流向和时效的 B2C 电商订单相似性度量方法。首先划分订单的流向，然后集成流向间的时效要求相似性与 SKU 关联度，设计复合相似性度量指标，对不同流向间的订单进行相似性度量。

（3）基于订单相似性的 B2C 电商订单释放波次生成方法。首先基于订单相似性度量结果建立订单流向合并模型，然后考虑物流作业情景建立流向选择规则，与种子算法融合设计出订单释放波次生成算法，进行流向选择与合并。

（4）数值实验与结果分析。通过数值实验验证本书所提出的方法的有效性，并得出相应的管理启示。

2）多区块仓库布局下 B2C 电商订单分批优化方法

订单分批拣选是提高仓库订单拣选效率的关键举措之一，并在实践中得到了普遍应用。为了应对商品品类的增多、提高仓库的存储能力，具有超窄通道的多区块仓库布局在 B2C 电商仓库实践中出现。这种新的仓库布局给订单分批带来了新的挑战：①这种仓库布局下的拣选路径为独特的 U 形路径，且拣选人员在超窄通道内的拣选距离与拣选人员的单次拣选能力有关，当超窄通道内需要拣选的商品数量超出拣选人员的单次拣选能力时，拣选人员需要在超窄通道内往返多次拣选需要拣选的商品，这些给订单批次拣选距离的表达和订单分批模型的建立带来了挑战；②在这种仓库布局下，订单具有区块、通道以及通道内位置三个维度的信息，而传统的针对单区块仓库布局的订单分批方法只能处理订单的通道和通道内的位置两个维度的信息，因此如何将已有的订单分批方法应用于多区块仓库布局下的订单分批问题是本书的研究面临的另一个挑战。对此，本书展开以下研究工作。

（1）多区块仓库布局下订单分批问题分析。对该问题进行描述，分析该问题的关键影响要素及复杂性，并简述问题的解决思路。

（2）多区块仓库布局下的订单分批优化模型。根据 U 形拣选路径和拣选人员的单次拣选能力，对拣选人员在超窄通道内的拣选距离进行分段式数学公式表达，并据此建立订单分批优化模型。

（3）多区块仓库布局下的订单分批算法。以经典的种子算法为基础，提出三种改造方法，使其可以处理多区块仓库布局下具有区块、通道以及通道内位置三个维度信息的订单。

（4）数值实验与结果分析。通过数值实验验证本书所提出的算法的有效性，并为仓库管理者提出合理的建议。

3）B2C 电商订单分批拣选的批次排序模型与算法

订单分批拣选虽然可以提高订单的拣选效率，但需要额外的订单合并过程将订单进行还原。目前 B2C 电商仓库普遍采用先拣后合的订单分批拣选策略，在这种策略下，分批的订单依次经过订单拣选过程、中间缓存区域和后续的订单合并过程。由于订单批次之间拣选时间、合并时间的差异性，中间缓存区域容量的有限性，可能会发生拣选过程的停滞和合并过程的空闲现象，这会严重延长订单在仓库内的总完工时间，影响订单的履行时效。对此，本书研究 B2C 电商订单分批拣选的批次排序问题，在订单分批拣选作业中优化订单批次的排序来协调订单拣选过程和订单合并过程，减少不必要的停滞和空闲，从而最小化订单在仓库内的总完工时间，提高订单的履行时效。B2C 电商订单分批拣选的批次排序问题是一个复杂的组合优化问题。针对该问题，本书的主要研究工作如下。

（1）B2C 电商订单分批拣选的批次排序问题分析。对该问题进行描述，深入分析影响订单分批拣选中批次排序作业的关键要素，并分析该问题在建模、求解等方面的复杂性。

（2）B2C 电商订单分批拣选的批次排序模型。以最小化订单在仓库内的总完工时间为目标，以拣选车容量和缓存区域容量限制为约束，建立混合整数规划模型，然后分析模型的性质。

（3）订单批次排序算法。基于定性的人工经验和定量模型性质设计订单批次排序算法，其包含订单分批模块、订单批次排序模块和调整模块。

（4）数值实验与结果分析。通过数值实验验证本书所设计的算法的有效性和精确性，并得到管理启示。

4）有限缓存区下 B2C 电商订单配送批次生成的双层规划方法

由于订单生产是按波次动态释放的，同时订单配送又受限于城区配送中车型的限制，必须采用"小批量、多批次"的配送方式，因而配送批次生成成为衔接生产与配送环节的关键决策，同时，缓存区作为物理上连接订单生产与配送环节的纽带，其有限的存储能力进一步增加了配送批次生成决策的复杂性。针对上述决策难题，本书建立了配送订单总量与配送批次派车决策的双层规划模型。其中上层模型以决策周期内派车与订单延迟总成本最小化为目标，对各个配送批次订单量进行决策；下层模型以当前波次订单总配送成本最小化为目标，进行配送批次派车决策。同时，在上层决策中，针对波次订单量大带来的搜索区间大以及波次剩余订单变化带来的搜索区间变化这一难题，构建基于下层信息反馈的区间分割调节机制，提高了算法的搜索效率。最后，基于多组数值实验验证了本书所提方法在不同订单量范围以及不同缓存区容量下的有效性，为 B2C 电商波次订单的配送提供了决策支持。

5）考虑波次动态释放的 B2C 电商订单合并配送决策方法

由于 B2C 电商订单拣选具有动态释放、异质性强的特点，而城区内客户又具有点多面广的分布特征，因此如何进行城区配送车辆路径规划才能降低配送成本是订单配送环节的关键决策。针对该动态车辆路径规划难题，首先，将原动态问题建模为一阶马尔可夫决策过程以表达其多阶段时序序贯决策的特点；其次，基于状态转移具有的时序特征，提出一种基于时序预测的前向动态规划方法用于寻找最优策略，将时序预测信息融入合并配送决策的模型中，并结合定性启发式规则与定量优化模型以兼顾方法的决策效率与优化能力；最后，基于标准算例下的数值实验和某 B2C 电商平台的实例分析，验证了本书所提方法的有效性和实用性。

6）B2C 电商订单生产与配送智能调度决策系统

本部分内容将基于前面五部分的理论研究成果，结合在某大型 B2C 电商平台开展的实地调研，基于决策支持系统开发工具与平台，开发 B2C 电商订单生产与配送智能调度决策系统。主要包括以下内容。

（1）B2C 电商订单分批排序系统。该系统主要针对采用了先拣后合订单分批拣选策略的 B2C 电商仓库，通过对订单进行科学、合理的分批和排序，来协调订单的拣选和合并过程，从而有效减少或者避免订单拣选过程的停滞和订单合并过程的空闲，以缩短订单在仓库中的总完工时间，最终提高订单的履行时效。该系

统对 B2C 电商仓库中的订单履行过程具有一定的普适性，能够提高订单在仓库中
的履行时效，从而提高 B2C 电商平台的市场竞争力。

（2）B2C 电商波次订单配送计划生成系统。该系统主要针对采用波次拣选方
式的 B2C 电子商务模式下的订单配送计划生成决策，结合波次释放的订单信息、
缓存区容量，在考虑相邻波次之间的影响的情况下实现波次订单配送计划的快速
生成，从而在避免缓存区出现堵塞的同时降低订单配送环节的派车与订单延迟成
本，使订单拣选与配送环节能够顺畅衔接。

（3）考虑驾驶员工作量均衡的电商订单城区配送车辆路径规划系统。该系统
主要用于 B2C 电商订单城区配送场景下的决策支持，在兼顾订单城区配送成本优
化和驾驶员工作量均衡的基础上，实现车辆调度和路径方案的自动生成。该系统
不仅可以用于 B2C 电商订单城区配送车辆路径决策，对其他类似的订单配送车辆
路径决策也具有一定的普适性，能够应对不同车型、不同工作时间限制等条件下
的城区配送车辆路径规划问题。

上述六部分研究内容的具体关系与章节安排如图 1.3 所示，简介如下：第 2 章
对应研究内容 1）；第 3 章对应研究内容 2）；第 4 章对应研究内容 3）；第 5 章对
应研究内容 4）；第 6 章对应研究内容 5）；第 7 章对应研究内容 6）。

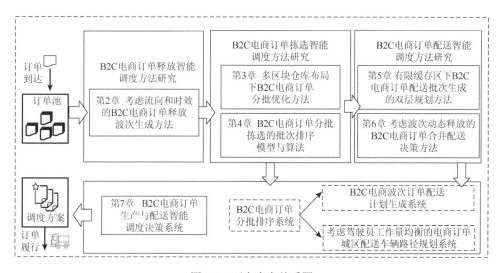

图 1.3　研究内容关系图

1.3.3　研究意义

本书立足于我国新兴电子商务物流管理实践，面向政府和业界共同关注的热
点前沿问题，重点研究 B2C 电商订单生产与配送中的调度问题，将物流管理理论

与物流管理实践进行深度融合，解决了一系列 B2C 电商物流智能调度问题中的关键技术与管理难题，实现了 B2C 电商整体物流过程的降本增效，有助于推动我国新兴电子商务物流管理朝系统化、精细化和智能化的方向发展。综上，本书的研究在理论层面与实践层面都具有非常重要的意义。

（1）理论层面上，B2C 电商订单生产与配送中的调度问题一直是新兴电子商务物流管理领域具有代表性的前沿课题和挑战性难题。本书以"订单释放→订单拣选→订单配送"的订单履行流程为研究主线，综合运用数据挖掘与分析技术、建模与智能优化算法等相结合的手段，提出一整套系统化的 B2C 电商订单生产和配送智能调度方法，为 B2C 电商订单履行过程中各阶段面临的调度决策难题提供了新的解决思路与方法，提高了 B2C 电商订单生产和配送过程的实时响应能力，有利于促进在线决策、人工智能与运筹优化等理论方法的融合研究，具有重要的理论意义。

（2）实践层面上，由于 B2C 电子商务在促进经济、刺激消费、拉动就业方面表现出来的强劲动力，其已经成为国家社会经济结构和人民日常生活中不可或缺的一部分，政府也将电商物流产业作为重点扶持对象。本书基于所研究的 B2C 电商订单生产与配送智能调度理论与方法，结合典型 B2C 电商企业的实践调研结果，开发完成了 B2C 电商订单生产与配送智能调度决策系统。该系统可以为相关企业提供订单履行全流程、智能化的决策支持，可以全面提高整个订单履行过程的效率及服务水平，有助于推动 B2C 电商订单履行总成本的有效降低，具有重要的实践价值。

参 考 文 献

[1]　国家发展改革委，中国物流与采购联合会. 2022 年全国物流运行情况通报[EB/OL]. [2023-02-24]. http://www. chinawuliu.com.cn/xsyj/202302/24/599474.shtml.

[2]　商务部电子商务和信息化司. 中国电子商务报告（2019）[EB/OL]. [2020-07-02]. http://dzsws.mofcom.gov.cn/ article/ztxx/ndbg/202007/20200702979478.shtml.

[3]　国家统计局. 中华人民共和国 2022 年国民经济和社会发展统计公报[EB/OL]. [2023-02-28]. http://www.stats. gov.cn/sj/zxfb/202302/t20230228_1919011.html.

[4]　京东物流. 公司简介[EB/OL]. [2023-11-15]. https://www.jdl.com/profile.

[5]　阿里巴巴. 天猫超市简介[EB/OL]. [2023-01-07]. https://pages.tmall.com/wow/an/cs/zhaoshang/index?spm =a223k. 7862588.4740380822.1.177d6155cviYZk&wh_biz = tm&disableNav = YES.

[6]　吴瑶，马祖军. 时变路网下带时间窗的易腐食品生产-配送问题[J]. 系统工程理论与实践，2017，37（1）：172-181.

[7]　Stecke K E, Zhao X Y. Production and transportation integration for a make-to-order manufacturing company with a commit-to-delivery business mode[J]. Manufacturing & Service Operations Management，2007，9（2）：206-224.

[8]　Pei J, Pardalos P M, Liu X B, et al. Coordination of production and transportation in supply chain scheduling[J]. Journal of Industrial & Management Optimization，2015，11（2）：399-419.

[9]　罗治洪，唐立新. 炼钢热轧一体化生产与物流计划模型及求解[J]. 管理科学学报，2011，14（6）：16-23.

[10] de Koster R, Le-Duc T, Roodbergen K J. Design and control of warehouse order picking: A literature review[J]. European Journal of Operational Research, 2007, 182 (2): 481-501.

[11] Le-Duc T, de Koster R M B M. Travel time estimation and order batching in a 2-block warehouse[J]. European Journal of Operational Research, 2007, 176 (1): 374-388.

[12] Chew E P, Tang L C. Travel time analysis for general item location assignment in a rectangular warehouse[J]. European Journal of Operational Research, 1999, 112 (3): 582-597.

[13] Xu X H, Liu T, Li K P, et al. Evaluating order throughput time with variable time window batching[J]. International Journal of Production Research, 2014, 52 (8): 2232-2242.

[14] Van Nieuwenhuyse I, de Koster R B M. Evaluating order throughput time in 2-block warehouses with time window batching[J]. International Journal of Production Economics, 2009, 121 (2): 654-664.

[15] Zhang J, Wang X P, Chan F T S, et al. On-line order batching and sequencing problem with multiple pickers: A hybrid rule-based algorithm[J]. Applied Mathematical Modelling, 2017, 45: 271-284.

[16] Henn S. Algorithms for on-line order batching in an order picking warehouse[J]. Computers & Operations Research, 2012, 39 (11): 2549-2563.

[17] Gallien J, Weber T. To wave or not to wave? Order release policies for warehouses with an automated sorter[J]. Manufacturing & Service Operations Management, 2010, 12 (4): 642-662.

[18] Petersen C G. An evaluation of order picking policies for mail order companies[J]. Production and Operations Management, 2000, 9 (4): 319-335.

[19] Çeven E, Gue K R. Optimal wave release times for order fulfillment systems with deadlines[J]. Transportation Science, 2017, 51 (1): 52-66.

[20] De Koster M B M, Van Der Poort E S, Wolters M. Efficient orderbatching methods in warehouses[J]. International Journal of Production Research, 1999, 37 (7): 1479-1504.

[21] Ruben R A, Jacobs F R. Batch construction heuristics and storage assignment strategies for walk/ride and pick systems[J]. Management Science, 1999, 45 (4): 575-596.

[22] Hwang H, Kim D G. Order-batching heuristics based on cluster analysis in a low-level picker-to-part warehousing system[J]. International Journal of Production Research, 2005, 43 (17): 3657-3670.

[23] Parikh P J, Meller R D. Selecting between batch and zone order picking strategies in a distribution center[J]. Transportation Research Part E: Logistics and Transportation Review, 2008, 44 (5): 696-719.

[24] Gademann N, van de Velde S. Order batching to minimize total travel time in a parallel-aisle warehouse[J]. IIE Transactions, 2005, 37 (1): 63-75.

[25] Muter İ, Öncan T. An exact solution approach for the order batching problem[J]. IIE Transactions, 2015, 47 (7): 728-738.

[26] Muter İ, Öncan T. Order batching and picker scheduling in warehouse order picking[J]. IISE Transactions, 2022, 54 (5): 435-447.

[27] Ho Y C, Su T S, Shi Z B. Order-batching methods for an order-picking warehouse with two cross aisles[J]. Computers & Industrial Engineering, 2008, 55 (2): 321-347.

[28] Elsayed E A, Unal O I. Order batching algorithms and travel-time estimation for automated storage/retrieval systems[J]. International Journal of Production Research, 1989, 27 (7): 1097-1114.

[29] Koch S, Wäscher G. A grouping genetic algorithm for the order batching problem in distribution warehouses[J]. Journal of Business Economics, 2016, 86 (1): 131-153.

[30] Hsu C M, Chen K Y, Chen M C. Batching orders in warehouses by minimizing travel distance with genetic

algorithms[J]. Computers in Industry，2005，56（2）：169-178.

[31]　Henn S，Koch S，Doerner K F，et al. Metaheuristics for the order batching problem in manual order picking systems[J]. Business Research，2010，3（1）：82-105.

[32]　Henn S，Wäscher G. Tabu search heuristics for the order batching problem in manual order picking systems[J]. European Journal of Operational Research，2012，222（3）：484-494.

[33]　Menéndez B，Pardo E G，Alonso-Ayuso A，et al. Variable neighborhood search strategies for the order batching problem[J]. Computers & Operations Research，2017，78：500-512.

[34]　Henn S，Schmid V. Metaheuristics for order batching and sequencing in manual order picking systems[J]. Computers & Industrial Engineering，2013，66（2）：338-351.

[35]　Menéndez B，Bustillo M，Pardo E G，et al. General variable neighborhood search for the order batching and sequencing problem[J]. European Journal of Operational Research，2017，263（1）：82-93.

[36]　Scholz A，Schubert D，Wäscher G. Order picking with multiple pickers and due dates–Simultaneous solution of order batching，batch assignment and sequencing，and picker routing problems[J]. European Journal of Operational Research，2017，263（2）：461-478.

[37]　Moons S，Ramaekers K，Caris A，et al. Integration of order picking and vehicle routing in a B2C e-commerce context[J]. Flexible Services and Manufacturing Journal，2018，30（4）：813-843.

[38]　Moons S，Braekers K，Ramaekers K，et al. The value of integrating order picking and vehicle routing decisions in a B2C e-commerce environment[J]. International Journal of Production Research，2019，57（20）：6405-6423.

[39]　Zhang J，Wang X P，Huang K. Integrated on-line scheduling of order batching and delivery under B2C e-commerce[J]. Computers & Industrial Engineering，2016，94：280-289.

[40]　Zhang J，Wang X P，Huang K. On-line scheduling of order picking and delivery with multiple zones and limited vehicle capacity[J]. Omega，2018，79：104-115.

[41]　Chen W，Zhang Y L，Zhou Y Y. Integrated scheduling of zone picking and vehicle routing problem with time windows in the front warehouse mode[J]. Computers & Industrial Engineering，2022，163：107823.

[42]　Shavaki F H N，Jolai F. A rule-based heuristic algorithm for joint order batching and delivery planning of online retailers with multiple order pickers[J]. Applied Intelligence，2021，51（6）：3917-3935.

[43]　Ostermeier M，Holzapfel A，Kuhn H，et al. Integrated zone picking and vehicle routing operations with restricted intermediate storage[J]. OR Spectrum，2022，44（3）：795-832.

[44]　Shelbourne B C，Battarra M，Potts C N. The vehicle routing problem with release and due dates[J]. INFORMS Journal on Computing，2017，29（4）：705-723.

[45]　Reyes D，Erera A L，Savelsbergh M W P. Complexity of routing problems with release dates and deadlines[J]. European Journal of Operational Research，2018，266（1）：29-34.

[46]　Cattaruzza D，Absi N，Feillet D. The multi-trip vehicle routing problem with time windows and release dates[J]. Transportation Science，2016，50（2）：676-693.

[47]　Archetti C，Jabali O，Speranza M G. Multi-period vehicle routing problem with due dates[J]. Computers & Operations Research，2015，61：122-134.

[48]　Broglieri M，Mancini S，Peruzzini R，et al. The multi-period multi-trip container drayage problem with release and due dates[J]. Computers & Operations Research，2021，125：105102.

[49]　Soman J T，Patil R J. A scatter search method for heterogeneous fleet vehicle routing problem with release dates under lateness dependent tardiness costs[J]. Expert Systems with Applications，2020，150：113302.

[50]　Johar F，Nordin S Z，Potts C N.Coordination of production scheduling and vehicle routing problem with due

dates[J]. AIP Conference Proceedings, 2016, 1750 (1): 030035.

[51]　Schubert D, Scholz A, Wäscher G. Integrated order picking and vehicle routing with due dates[J]. OR Spectrum, 2018, 40 (4): 1109-1139.

[52]　Yang W B, Ke L J, Wang D Z W, et al. A branch-price-and-cut algorithm for the vehicle routing problem with release and due dates[J]. Transportation Research Part E: Logistics and Transportation Review, 2021, 145: 102167.

[53]　Fleischmann B. The vehicle routing problem with multiple use of vehicles[R]. Hamburg: Fachbereich Wirtschaftswissenschaften, Universität Hamburg, 1990.

[54]　Cattaruzza D, Absi N, Feillet D. Vehicle routing problems with multiple trips[J]. 4OR, 2016, 14 (3): 223-259.

[55]　Cattaruzza D, Absi N, Feillet D, et al. Vehicle routing problems for city logistics[J]. EURO Journal on Transportation and Logistics, 2017, 6 (1): 51-79.

[56]　Azi N, Gendreau M, Potvin J Y. An exact algorithm for a vehicle routing problem with time windows and multiple use of vehicles[J]. European Journal of Operational Research, 2010, 202 (3): 756-763.

[57]　Hernandez F, Feillet D, Giroudeau R, et al. Branch-and-price algorithms for the solution of the multi-trip vehicle routing problem with time windows[J]. European Journal of Operational Research, 2016, 249 (2): 551-559.

[58]　Taillard É D, Laporte G, Gendreau M. Vehicle routeing with multiple use of vehicles[J]. Journal of the Operational Research Society, 1996, 47 (8): 1065-1070.

[59]　Petch R J, Salhi S. A multi-phase constructive heuristic for the vehicle routing problem with multiple trips[J]. Discrete Applied Mathematics, 2003, 133 (1/2/3): 69-92.

[60]　Salhi S, Petch R J. A GA based heuristic for the vehicle routing problem with multiple trips[J]. Journal of Mathematical Modelling and Algorithms, 2007, 6 (4): 591-613.

[61]　Pirabán-Ramírez A, Guerrero-Rueda W J, Labadie N. The multi-trip vehicle routing problem with increasing profits for the blood transportation: An iterated local search metaheuristic[J]. Computers & Industrial Engineering, 2022, 170: 108294.

[62]　Cattaruzza D, Absi N, Feillet D, et al. An iterated local search for the multi-commodity multi-trip vehicle routing problem with time windows[J]. Computers & Operations Research, 2014, 51: 257-267.

[63]　Cattaruzza D, Absi N, Feillet D, et al. A memetic algorithm for the multi trip vehicle routing problem[J]. European Journal of Operational Research, 2014, 236 (3): 833-848.

[64]　Nguyen V S, Pham Q D, Nguyen T H, et al. Modeling and solving a multi-trip multi-distribution center vehicle routing problem with lower-bound capacity constraints[J]. Computers & Industrial Engineering, 2022, 172: 108597.

[65]　Wassan N, Wassan N, Nagy G, et al. The multiple trip vehicle routing problem with backhauls: Formulation and a two-level variable neighbourhood search[J]. Computers & Operations Research, 2017, 78: 454-467.

[66]　Wang Z. Delivering meals for multiple suppliers: Exclusive or sharing logistics service[J]. Transportation Research Part E: Logistics and Transportation Review, 2018, 118: 496-512.

第2章 考虑流向和时效的 B2C 电商订单释放波次生成方法

根据第 1 章所提出的"订单释放→订单拣选→订单配送"的研究主线，可以看到订单释放过程决策是后续 B2C 电商订单拣选和配送决策的基础，因此本章将围绕 B2C 电商订单释放环节的订单波次生成决策开展研究。

2.1 引 言

按波次进行拣选与配送是订单履行过程中常用的作业方式之一，在 B2C 电商仓库中得到了广泛应用[1, 2]。订单释放波次是将不断到达的订单按照某些共同的属性进行划分而形成的订单组，随后这些订单组被释放到订单拣选环节进行拣选。一方面，订单释放波次通过增加订单数量的方式增加了待拣选商品的密度，缩短了订单拣选人员重复行走的距离，可以有效提高订单拣选环节的效率[2]。另一方面，订单释放波次是将 B2C 电商交易订单（信息流）转化为仓库可作业单据（实物流）的关键节点，其决策受到订单池中订单数据信息的影响，并且直接关系到后续订单拣选与配送环节的运作过程，合理的订单释放波次生成决策能够保障订单拣选与配送两个环节高效、有序地实现，是衔接后续订单拣选与配送环节的关键。由于 B2C 电商订单一般具有明确的收货时间，需要整个订单履行过程在较为严格的时间窗口中进行操作[3, 4]，这需要订单释放波次生成决策考虑对 B2C 电商订单的快速响应能力[5, 6]。

国家针对电子商务与物流领域的政策支持为其营造了利好的发展环境[7]，信息技术的发展与电商企业协同平台的构建也使海量电商交易数据与物流信息的积累与应用成为可能。如何利用电商订单数据并结合物流作业情景进行科学的订单释放波次生成决策，实现订单履行过程对客户订单的快速响应，不仅是电商物流领域亟待解决的重要问题，也是学术界所关注的热点与难点问题。目前的订单释放波次生成决策主要采用基于人工经验的波次生成方法，如基于先到先服务的订单释放波次生成方法、基于送达时间要求的订单释放波次生成方法和基于配送区域的订单释放波次生成方法[8]。这些订单释放波次生成方法只考虑后续拣选或配送的某一个环节，没有全面考虑 B2C 电商订单的特征与各环节的作业情景，无法实现整个订单履行过程对订单的快速响应。

作为 B2C 电商订单履行过程中订单释放环节的末端、订单拣选与配送两个环节的前端输入，订单释放波次生成决策的关键在于如何对订单进行合并，使形成的订单组不仅能够实现后续订单拣选与配送环节的效率优化，还能保证整个订单履行过程满足严格的作业时间要求。然而，B2C 电商仓库中的商品种类达百万种，订单呈现出多品种、小批量的结构特征和点多面广的流向特征，而且电商平台还为客户提供了个性化的订单履约时间选择，这意味着订单的拣选与配送作业都面临着严格的时间约束。多维的订单属性与复杂的物流作业情景为 B2C 电商订单的分析处理带来了挑战[1]。此外，在实际的订单履行过程中，订单拣选环节主要关注订单拣选效率的提高，其受到订单到达时间、订单中各商品存储位置等因素的影响以及仓库拣选能力的约束；而订单配送环节注重提高订单的配送效率，其受到订单流向等因素的影响以及车辆装载能力的约束，这意味着在决策应该将哪些订单合并成一个订单波次进行释放时，将面临如下的挑战：订单拣选和配送两个环节的优化目标以及两者的作业资源约束都不一致，导致两者之间难以协调[9]。

针对 B2C 电商订单释放波次生成决策面临的两个难点，本章提出考虑流向和时效的 B2C 电商订单释放波次生成方法，集成订单流向、时效要求与 SKU 三大关键属性，实现科学的订单释放波次生成决策，提高订单履行过程对客户订单的快速响应能力。具体来说，针对订单多维属性和复杂物流作业情景带来的订单分析处理难题，本章通过分析订单释放波次作业流程得出影响订单释放波次生成的关键属性，提出考虑流向和时效的 B2C 电商订单相似性度量方法。该方法首先根据订单收货地理位置这一空间属性对订单预先划分流向；其次结合订单履行作业时间约束与订单本身的收货时间期望，对订单时效要求进行刻画；最后构建订单复合相似性度量指标对各流向的订单进行相似性度量。该方法综合考虑订单的时间、空间与结构对订单释放波次生成的影响，避免了现有方法只关注订单拣选或配送某一环节的效率优化而导致整个订单履行作业时间过长的问题。针对订单释放波次生成决策面临的拣选与配送环节的目标以及约束不一致带来的订单合并难题，本章提出基于订单相似性的 B2C 电商订单释放波次生成方法。该方法包括基于订单复合相似性的订单流向合并模型与基于流向选择规则的订单释放波次生成算法。该方法在流向选择过程中，综合考虑订单拣选与配送两个环节复杂的优化目标与情景约束对订单释放波次生成的影响，构建了流向选择规则，以定性与定量相结合的方法指导订单释放波次生成，在一定程度上提高了订单释放波次生成决策的科学性。接下来，首先对 B2C 电商订单释放波次生成决策问题进行分析；其次对考虑流向和时效的 B2C 电商订单相似性度量方法和基于订单相似性的 B2C 电商订单释放波次生成方法进行介绍；最后通过数值实验验证本章所提出的方法在实现订单快速响应方面的有效性。

2.2 问 题 分 析

本节首先对 B2C 电商订单释放波次生成决策问题进行描述,其次针对问题相关的影响要素进行分析,明确本章考虑流向和时效对于订单释放波次生成决策的重要意义,然后分析问题的复杂性,最后提出订单释放波次生成决策问题的流程与解决思路。

2.2.1 问题描述

B2C 电商订单的履行过程如图 2.1 所示,消费者根据自身的需求及偏好,从 B2C 电商平台挑选商品并下单,订单信息实时同步到物流侧。B2C 电商订单履行过程一般包括订单释放、订单拣选与订单配送三个环节:在订单释放环节完成订单数据信息的获取、分析与处理,随后物流系统针对需要一同释放的订单生成供订单拣选人员在仓库中使用的拣选列表,订单释放是订单信息流转化为物流的关键一步,也是本章主要关注的物流节点;在订单拣选环节,订单拣选人员按照拣选列表上的信息采用一定的拣选路径策略从仓库的货架上拣选商品,经由工作人员的复核、打包等作业,以订单为单位生成包裹等待车辆配送;在订单配送环节,车辆按照订单的收货位置信息将包裹运送至邻近的配送站点,再由工作人员从配送站点将包裹送达最终目的地或者由消费者到配送站点自提,消费者对订单确认无误后收货。

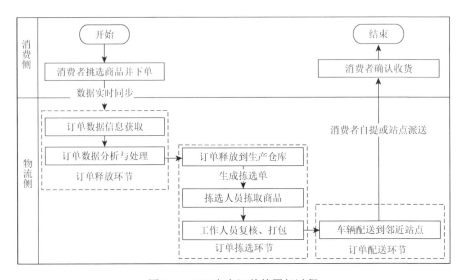

图 2.1 B2C 电商订单的履行过程

按波次释放是电商仓库常用的订单释放方式，订单释放波次为后续订单拣选与配送环节建立了联系[2]。同一订单释放波次的订单释放后同时进入订单拣选环节进行分批拣选，订单拣选完成后再经过复核、打包等作业重新汇集为原先释放的订单释放波次。订单分批拣选将同一波次的订单按照一定的订单合并策略划分为满足拣选设备容量约束的订单批次，订单拣选人员在仓库中根据订单批次中需要的商品按照一定的拣选路径策略进行商品拣选，相较于复核、打包这些规范性的作业来说，订单分批决策对订单拣选效率的影响极大。拣选完成的波次进入配送环节，按照收货位置等信息划分配送批次交由车辆实施配送。根据物流流转的节点可以将配送过程划分为两个子环节：一是仓库到配送站点；二是配送站点到订单要求的具体收货地点。为了缩短车辆的在途运输时间，往往将邻近配送站点的订单一起装车运送，这一子环节的效率在很大程度上取决于订单所属的配送站点在地理位置上是否接近。第二子环节的配送时间往往受末端收货站点与配送站点的邻近程度影响，属于小规模的车辆路径规划问题，不在本章的研究范围之内。综上所述，在按波次释放的方式下，订单的释放波次、拣选批次与配送批次三者在订单履行过程中的关系如图 2.2 所示。

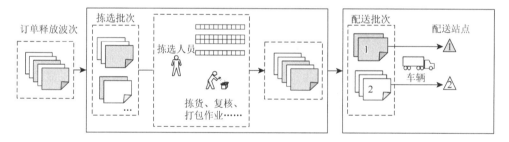

图 2.2　订单释放波次、拣选批次与配送批次的关系

由以上分析得出：订单拣选与配送两个环节的作业时间都受到订单释放波次中所合并的订单的影响，合理的订单释放波次生成决策不仅能够缩短订单拣选与配送两个环节的作业时间，而且能够使整个订单履行作业的完成时间满足严格的订单时效要求，实现订单履行过程对客户订单的快速响应。本章研究的 B2C 电商订单释放波次生成决策问题以此为目标，主要决策如何从累积的订单中合并订单、生成订单释放波次的问题。订单特征属性与物流作业情景都是影响订单释放波次生成决策的关键要素，订单释放波次生成决策不仅需要考虑多维订单数据的分析处理结果，还要使生成的订单释放波次能够衔接订单拣选与配送两个环节的物流作业，B2C 电商订单波次作业的流程如图 2.3 所示。传统的订单释放波次生成方法主要基于人工经验制定波次生成规则，难以全面考虑到订单数据与物流作业对

订单释放波次生成的影响，导致整个订单履行过程的时间耗费长，无法实现对订单的快速响应。本章针对 B2C 电商订单释放波次生成决策问题展开研究，以订单特征属性作为驱动 B2C 电商订单释放波次生成决策的基本数据，并结合拣选与配送两个环节的订单履行情景分析得出订单释放波次生成决策的影响要素，用于指导实现订单释放波次的生成，以提高订单波次释放后订单拣选与配送两个环节物流作业的效率，保证订单时效要求得以满足。

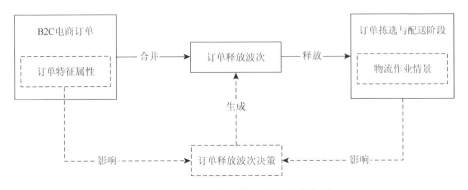

图 2.3　B2C 电商订单波次作业的流程

2.2.2　问题的影响要素分析

由 B2C 电商订单释放波次生成决策问题的描述可知，订单释放波次生成决策不仅受到 B2C 电商订单所具有的订单属性数据的影响，而且与订单拣选及配送环节的物流作业情景密切相关。具体来说，拣选批次与配送批次的划分依赖于订单释放波次的决策结果，订单释放波次的订单履行作业受限于两个环节所拥有的作业资源。因此，本节从订单特征属性与物流作业情景两个方面对 B2C 电商订单释放波次生成决策问题的影响要素进行分析。

1）订单特征属性

（1）订单自身结构特征：B2C 电商在当今的快速消费时代成为主流的商品销售方式之一。这种趋势不仅是因为 B2C 电商依赖可移动终端设备和互联网的方便快捷特性，更是因为 B2C 电商平台提供了比传统线下实体商店更丰富的商品品类选择。由于个人需求和偏好的差异，消费者会在电商平台上购买各种不同的商品，数以百万计的商品品类形成了千差万别的商品组合。根据订单中商品品类的数量，可以将订单分为一单一品和一单多品两种类型，无论哪种类型，订单中的商品都极具个性化。B2C 电商订单整体表现出多品种、小批量的结构特征[10]。

（2）订单客户分布特征：中国互联网络信息中心的数据显示，截至 2020 年 12 月，我国网络购物用户占全部网络用户总数的 79.1%[11]。B2C 电商模式打破了传统线下实体零售模式受地理位置限制的局限性，将消费者与零售企业在云端联系起来。大量网络用户参与到 B2C 电商的线上交易中，网络用户点多面广的地理位置分布特点反映了 B2C 电商订单的客户分布特征。

（3）订单时效要求特征：除了关注 B2C 电商平台提供的商品种类外，消费者还注重其物流配送时效。为了以更快的速度将订单送到顾客手中，B2C 电商平台背后的订单履行作业需要在严格的时间窗口内进行[3, 4]，这反映了 B2C 电商订单高时效性要求的特点。

2）物流作业情景

（1）拣选作业：在订单拣选环节，订单释放波次通过增加同时拣选的订单数量发挥订单分批的规模效应，从而提高订单拣选效率。在 B2C 电商仓库中，拣选设备的容量和数量决定了拣选环节能够同时拣选的订单数量，因此订单释放波次生成决策需要考虑拣选设备的容量和数量对订单释放波次形成的限制。

（2）配送作业：在订单配送环节，B2C 电商的目标是以较低的配送成本将客户的订单快速送达目的地。本章关注从仓库到配送站点的配送过程，订单释放波次的形成需要考虑订单所属配送站的地理位置因素。为了降低配送成本，需要对仓库到配送站点的行驶路径进行规划。行驶路径确定之后，则根据可用的配送车辆及其容量进行任务分配。综上，订单释放波次的形成需要考虑订单所属配送站的地理位置因素，且受到配送车辆资源的约束。

B2C 电商订单多品种、小批量的结构特征，点多面广的客户分布特征以及高时效性要求特征，对 B2C 电商订单履行过程提出了更加严格的要求，传统行业中的订单处理方法已经不再适用。订单释放波次建立起订单履行过程中拣选批次与配送批次之间的联系，但同时也受到订单拣选与配送两个环节所需资源的限制。通过分析订单的特征属性数据进行科学的订单释放波次生成决策，能够更好地应对 B2C 电商订单的结构特征、客户分布特征以及时效要求特征给订单履行过程带来的挑战。

2.2.3　问题的难点分析

订单释放波次是连接 B2C 电商交易的信息流与订单履行的实物流的关键节点。它与电商订单数据处理和订单履行过程中的诸多作业紧密相关。具体来说，不同属性的订单经过分析处理后合并成组，生成订单波次再释放到订单拣选和配送环节。在订单拣选环节，按波次组织拣选能够增大同时进行拣选的商品密度，可以发挥订单分批的规模效应，从而提高订单拣选效率；而在订单配送环节，相较于随机到达的订单来说，波次订单降低了订单地理位置分布的分散程度，可以缩短车辆在不同配送站点间的运输距离。通过订单释放波次生成决策问题影响要素的分析可知，除了订单自身结构特征、客户分布特征与订单履行效率密切相关之外，整个订单履行过程还需考虑消费者对于订单履行的高时效性要求。因此，本章从订单履行效率的提高与订单时效要求的满足两个角度出发，对考虑流向和时效的 B2C 电商订单释放波次生成决策问题展开研究，具体解决在订单信息已知的前提下如何合并订单生成订单释放波次的问题。为了解决这一问题，需要逐一攻克订单释放波次生成决策遇到的困难，具体包括以下两个部分。

（1）多维的订单特征属性以及复杂物流作业情景带来的订单分析处理难题。订单释放波次生成决策的处理对象是 B2C 电商订单，通过订单释放波次生成决策问题的影响要素分析可以确定订单释放波次生成所要关注的订单关键特征属性，订单所具有的结构特征、客户分布特征和时效要求特征都会对订单释放波次生成决策产生影响。然而，在实际的订单履行过程中，B2C 电商仓库通常只会按照订单的地理位置进行订单合并，基于配送区域的订单释放波次生成方法便是据此设定的订单释放波次生成规则。为了提高订单拣选与配送两个环节的作业效率，以什么订单特征属性为依据来生成订单波次是订单释放波次生成决策需要解决的关键问题。此外，B2C 电商为海量客户提供了个性化的订单履行时效要求，订单履行过程也存在着各种作业时间约束，这使得在衡量订单履行时效时不仅需要考虑订单的期望送达时间，还要关注订单的物流作业情景。这些都反映了多维的订单特征属性以及复杂物流作业情景给 B2C 电商订单的分析处理带来的挑战。

（2）订单释放波次生成时，订单合并面临的订单拣选环节与配送环节的目标及两者的约束不一致难题。根据图 2.3 所示的订单波次作业流程可知，订单波次释放后先后进入订单拣选与配送两个环节进行订单履行作业，订单释放波次起着衔接订单拣选与配送环节作业的重要作用。但在实际的订单履行过程中，订单拣选环节关注订单拣选效率的提高，受到订单到达时间窗、订单中各商品储位等因素的影响以及仓库拣选能力的约束；而配送环节注重配送效率的提高，受到订单流向等因素的影响以及车辆装载能力的约束。这使得订单释放波次生成时，订单合并将会面临两个环节的目标与两者的作业情景约束不一致、难以协调的问题。订单释放波次的决策结果不仅受到订单相似性度量结果的影响，更与其释放后进行的各项物流作业直接相关，且受到订单履行过程中拣选及配送资源的约束。因此，在订单合并生成波次时，不仅要考虑订单数据的分析处理与相似性度量结果，还要结合订单履行过程中订单拣选与配送环节的实际物流作业资源，以保证订单释放波次在订单履行中的高效性。

2.2.4　问题的决策流程

本章以订单履行效率的提高与订单时效要求的满足为目标，在订单信息已知的前提下对如何合并生成订单释放波次进行决策，问题决策流程如图 2.4 所示。根据 B2C 电商订单释放波次生成决策问题的影响因素与复杂性分析可知，解决 B2C 电商订单释放波次生成决策问题有两大难题：多维的订单特征属性和复杂的物流作业情景带来的订单分析处理难题、订单波次释放面临的订单拣选与配送环节目标与两者的约束不一致带来的订单合并难题。对此，本章提出考虑流向和时效的 B2C 电商订单释放波次生成方法，该方法包括"考虑流向和时效的 B2C 电商订单相似性度量方法"与"基于订单相似性的 B2C 电商订单释放波次生成方法"两个部分。

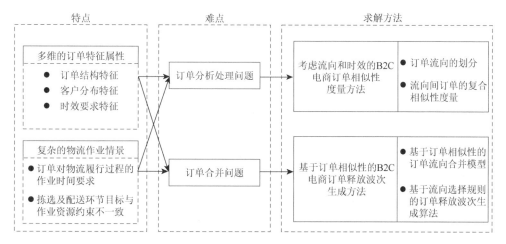

图 2.4　考虑流向和时效的 B2C 电商订单释放波次生成决策问题的决策流程

针对多维的订单特征属性和复杂的物流作业情景带来的订单分析处理难题，本章提出考虑流向和时效的 B2C 电商订单相似性度量方法。具体来说，该方法首先考虑订单收货地理位置这一空间属性对订单履行作业的重要意义，通过聚类的方法对订单预先划分订单流向；其次，结合订单履行作业时间约束与订单本身的收货时间期望对订单时效要求属性进行刻画，设计出综合考虑订单拣选与配送两个环节作业情景的时效要求衡量系数；最后，构建集成订单时效要求与 SKU 的订单复合相似性度量指标，对各流向的订单进行相似性度量。这一方法可以避免现有方法只关注订单拣选或配送某一环节的效率提升且忽视订单时效要求与物流作业时间约束而导致订单延误的问题。

针对波次释放面临的拣选与配送环节目标与两者的约束不一致带来的订单合并难题，本章提出基于订单相似性的 B2C 电商订单释放波次生成方法。该方法包括"基于订单相似性的订单流向合并模型"与"基于流向选择规则的订单释放波次生成算法"两部分内容。首先考虑订单释放波次相关的作业资源约束，建立以订单复合相似度最大为目标的整数规划模型；其次，考虑订单拣选与配送两个环节作业资源约束以及物流作业时间的要求，建立流向选择规则；最后，以根据订单相似性度量结果进行订单合并的种子算法为基础，结合流向选择规则，设计出订单释放波次生成算法，来求解流向合并与波次生成问题。该方法以定性与定量相结合的方法指导订单合并生成订单释放波次，在一定程度上提高了订单释放波次生成决策过程的科学性。

2.3　考虑流向和时效的 B2C 电商订单相似性度量方法

针对多维的订单特征属性和复杂的物流作业情景带来的订单分析处理难题，本节提出了考虑流向和时效的 B2C 电商订单相似性度量方法。方法的构建思路是：首先划分订单流向，再以流向为单位进行各个流向间订单的复合相似性度量。其中，订单复合相似性度量基于订单时效要求相似性与 SKU 关联度的计算结果，通过构建订单复合相似性度量指标实现。本节所提的相似性度量方法按照"订单流向的划分→流向间订单的复合相似性度量"的思路，结合订单多维属性与物流作业情景的分析，确定订单流向为订单释放波次生成的基本数据粒度，进一步刻画订单时效要求与 SKU 属性，实现订单的有序分析处理，最终集成订单流向、时效要求与 SKU 三种与订单履行作业相关的属性进行订单复合相似性度量，为下一步订单的合并与订单释放波次的生成奠定基础。本节所提的订单相似性度量方法的流程以及其中各部分内容的关系如图 2.5 所示。

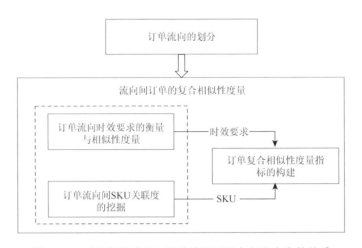

图 2.5　订单相似性度量方法的流程以及各部分内容的关系

本节剩余部分针对考虑流向和时效的 B2C 电商订单相似性度量方法的主要内容展开介绍，2.3.1 节对订单流向划分所采用的聚类方法的具体内容进行介绍，

2.3.2 节介绍 B2C 电商订单复合相似性度量的相关内容,包括订单流向时效要求的衡量与相似性度量、订单流向间 SKU 关联度的挖掘和订单复合相似性度量指标的构建。

2.3.1　订单流向的划分

本节在订单释放到订单拣选环节前按照订单的收货地理位置预先对订单进行划分,采用订单流向作为生成订单释放波次的最小数据粒度。这一操作能够将 B2C 电商订单拣选与配送过程有机地衔接起来,避免订单拣选时依据储位信息进行分批,拣选完成后再依据地理位置信息进行二次分批,也符合订单配送环节依据配送位置进行路径规划的要求。聚类是配送调度中常用的相似性度量方式且具有良好的效果,因此,本节使用聚类方法进行订单流向划分。

1. 聚类算法的选择与数据处理

客户订单中包含的收货地址信息与客户所在的地理位置相关,也具有点多面广的特征。本章主要关注从仓库到配送站点的配送过程,仓库一般会根据订单所属配送站点所对应的地理位置信息,对配送站点进行静态聚类,划分不同的配送流向,进而派遣车辆对特定的流向进行配送。

本节根据各个配送站点的经度与纬度信息对其进行聚类。由于 B2C 电商仓库所服务的配送站点的经度与纬度信息数据具有小规模性和低维性,本节选择经典的 K 均值(K-means)聚类算法进行聚类。K-means 聚类算法是由 MacQueen 于 1967 年开发的一种基于划分的聚类算法,其主要思想是将一组具有不同特征的数据划分为几个具有更高相似性的数据组[12]。该算法随机选取 K 个数据点作为初始聚类中心,再根据每个数据点与各个聚类中心之间的距离将所有数据点分配到最近的集群。然后通过获得各个已经存在的集群内部所有数据特征的均值搜索一个新的聚类中心,并根据新确定的中心进一步重新分配所有数据点,这个过程一直进行,直到每个聚类中心保持不变。此时,每个集群都包含相似的特征,并且各个集群之间具有更高的异质性。在将该方法应用到配送站点聚类时,所生成的站点集群便是流向划分的结果。

聚类的关键是确定数据样本间的相似性度量指标,距离这一度量指标常用于订单中商品储位及配送地理位置的相似性度量中。由于配送站点聚类时采用的是经纬度二维向量,本节以经纬度二维向量的距离来衡量配送站点地理位置的相似性,具体采用欧氏距离[13](Euclidean distance)度量配送站点间的相近程度,进而实现流向的划分,其计算公式为

$$D(X_i, X_j) = \sqrt{\sum_{l=1}^{2}(x_{il} - x_{jl})^2} \qquad (2.1)$$

式中，D 为配送站点之间的距离；X_i 和 X_j 为任意配送站点；l 为配送站点特征的维数；x_{il} 与 x_{jl} 分别为二维的经度与纬度样本特征。为了消除特征间的量纲差异，本节对配送站点数据进行标准化处理，使每一个特征对最终距离的贡献率相同。数据标准化处理公式为

$$x_{il} = \left(x_{il}^{*} - m_l\right) / S_l \qquad (2.2)$$

式中，m_l 为特征的均值；S_l 为方差；x_{il} 为标准化后的特征值；x_{il}^{*} 为特征的原值。配送站点 K-means 聚类算法在确定初始站点集群后基于迭代进行样本数据的重定位，通过配送站点在不同流向集群间的移动来改进聚类簇，最后采用误差平方和最小准则来结束站点在不同流向集群间的移动。误差平方和的计算公式为

$$\mathrm{SSE} = \sum_{i=1}^{k} \sum_{x \in F_i} \left| x - c_i \right|^2 \qquad (2.3)$$

式中，SSE 为配送站点聚类的误差平方和；k 为流向集群的数目；x 为配送站点的样本点；F_i 为流向集群 i；c_i 为流向集群 i 的质心。

综上，基于 K-means 聚类算法对配送站点聚类生成流向的具体流程如图 2.6 所示。

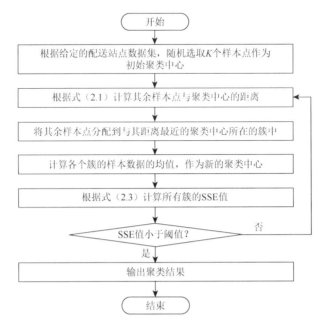

图 2.6　基于 K-means 聚类算法对配送站点聚类生成流向的具体流程

2. 聚类有效性评价

聚类算法是一种无监督的分类方法[14]，外部准则和内部准则是聚类有效性评价的常用指标，二者的主要区别在于是否利用了数据样本真实的分布信息[15, 16]。外部准则需要利用聚类结构先验知识来评估聚类结果的有效性，内部准则通过样本的内部结构特性和数据分布状态进行评估。由于配送站点聚类并不存在先验知识，本节采用内部准则进行聚类数目的合理性判定和聚类结果的客观分析。为了综合评价订单配送站点数据集合结构信息的紧密性、分离性、连通性和重叠度，本节选择轮廓系数（silhouette coefficient）[17]、卡林斯基-哈拉巴斯指数（Calinski-Harabasz index）[18]、戴维斯-博尔丁指数（Davies-Bouldin index）[19, 20]、邓恩指数（Dunn validity index）[21]四种内部准则确定数据集的聚类簇数。

单一的聚类有效性指标会受到数据特征与聚类算法选择的影响，因此难以确定最优的聚类数。对此，集成学习器通常能够获得比单一学习器更好的泛化性能和更高的准确度[22, 23]。以集成分类为例，通常会构建并训练多个基准分类器，然后将各个分器的类标签的投票结果结合起来，从而获得误差概率较小的最终类标签。因此，本节借鉴集成投票的思想，针对给定的配送站点数据集，在不同内部准则下分别验证其表现效果，获得各个准则下的最优聚类数；然后通过投票法对聚类数结果进行集成，综合定量数据结果与定性的配送情景约束分析，确定最佳的流向数量。

2.3.2　流向间订单的复合相似性度量

本节基于订单流向的划分结果对各个流向间订单的复合相似性进行度量，包括订单流向时效要求的衡量与相似性度量、订单流向间 SKU 关联度的挖掘，以及订单复合相似性度量指标的构建三部分内容。

1. 订单流向时效要求的衡量与相似性度量

订单流向划分是依据订单收货位置相似性进行订单合并的关键步骤，可以保证拣选完成的订单按流向汇集在一起交由车辆进行运送，降低了订单堆积等待的可能性。按流向进行订单拣选在一定程度上增加了同时进行拣选的商品密度，可以发挥订单分批的规模效应，提高订单拣选效率。同一流向的订单在一个订单释放波次中同时释放，要实现波次内的订单在客户要求的收货时间送达，需要仓库在进行订单拣选作业时不仅要关注各个订单的时效要求，还要对各个流向的整体时效要求进行衡量和相似性度量。

1) 订单流向时效要求的衡量

本节使用订单期望收货时间与当前时间的差值来计算订单剩余的物流作业时间,并以此来衡量各个订单的紧急程度。订单的剩余作业时间越短,其紧急程度越高。客户提出的订单收货时间使订单从到达仓库到最终收货都需要在较为严格的时间窗中进行。同一流向的订单需要在整体拣选完成后一起交付配送,具有一致的作业时间要求。因此,订单流向的时效要求不仅与流向内各个订单的紧急程度相关,也与流向整体的作业时间要求密切相关。订单的紧急程度与订单履行过程中的订单拣选及配送环节的时间情景要素,是衡量流向时效要求的基础。基于此,本节进行订单紧急程度的判定与订单流向整体时效要求的衡量。

(1) 订单紧急程度的判定。在实际的订单履行作业中,各个订单流向具有特定的装车开始配送时间,且车辆从中心仓库到各个流向对应配送区域的配送路线往往是确定的,这使各流向的订单会在可预期的时间送达。为了获得比较符合实际的配送路线,本节首先通过调用百度地图应用程序编程接口(application programming interface,API)获取中心仓库到各个配送站点的实际路径方案,然后结合订单流向的划分结果,将中心仓库到每个订单流向内各个配送站点的最长配送时间作为各订单流向所需配送时间的估计值。因此,流向 F_k 中任意一个订单 i 的实际配送完成时间的计算方式为

$$t_i^{\text{completed}} = t_{F_k}^{\text{depart}} + t_{F_k}^{\text{dist}}, \quad \forall i \in F_k \tag{2.4}$$

式中,$t_i^{\text{completed}}$ 为订单 i 的实际配送完成时间;$t_{F_k}^{\text{depart}}$ 与 $t_{F_k}^{\text{dist}}$ 分别为流向 k 的实际装车开始配送时间与所需配送时间。式(2.4)表示订单的配送完成时间为所在流向的实际装车开始配送时间与所需配送时间之和。由于流向中包含的订单具有个性化的期望收货时间,订单的配送完成时间是否早于订单的期望收货时间,决定了物流配送服务能否满足时效要求。因此将订单的配送完成时间是否早于订单的期望收货时间作为订单是否紧急的判定条件,如式(2.5)所示:

$$\begin{cases} \text{urgency}(i) = U_0, & t_i^{\text{completed}} > t_i^{\text{expected}} \\ \text{urgency}(i) = U_1, & t_i^{\text{completed}} \leqslant t_i^{\text{expected}} \end{cases} \tag{2.5}$$

式中,$\text{urgency}(i)$ 为订单 i 的紧急程度;$t_i^{\text{completed}}$ 与 t_i^{expected} 分别为实际配送完成时间与期望收货时间。若订单的实际配送完成时间晚于其期望收货时间,表示订单不能按时送达配送站点,其时效要求未能满足,因而成为紧急订单,其紧急程度记为 U_0;相反,如果订单的实际配送完成时间早于其期望收货时间,表示订单能够按时送达配送站点,其时效要求能够满足,因而不是紧急订单,其紧急程度记为 U_1。

（2）订单流向整体时效要求的衡量。本节综合考虑订单履行过程中的作业时间情景要素，以及订单拣选与配送两个环节的处理效率与订单流向整体时效要求之间的关系，得出订单流向剩余拣选时间和订单流向所需配送时间与订单流向时效要求的关系。具体来说，特定的发车配送时间要求订单需要在此时间节点之前拣选完成，因此订单流向内订单的拣选是有时间约束的。在仓库拣选能力一定的前提下，订单流向剩余拣选时间越短，该流向提出的拣选要求就越高，因此订单流向整体时效要求与其剩余拣选时间成反比。对于订单流向的配送作业来说，订单流向内所包含的配送站点距离中心仓库越远，送达该流向所需的配送时间就越长，造成订单流向内紧急订单延误的可能性就越高，因此订单流向整体时效要求与其所需的配送时间成正比。为了表示订单流向整体时效要求与订单流向剩余拣选时间和订单流向所需配送时间的关系，本节定义了订单流向整体时效要求因子，用 $t\_f(F_k)$ 表示，如式（2.6）所示，用于衡量订单流向整体的时效要求：

$$t\_f(F_k) = t_{F_k}^{\text{dist}} / t_{F_k}^{\text{reprod}} \tag{2.6}$$

式中，$t_{F_k}^{\text{dist}}$ 为订单流向 F_k 所需配送时间；$t_{F_k}^{\text{reprod}}$ 为订单流向 F_k 剩余拣选时间。对于不同的订单流向来说，订单流向剩余拣选时间与订单流向内订单的紧急程度有关，具体来说：若订单流向内所有订单的紧急程度都为 U_1，这意味着订单流向内的订单全部非紧急，订单流向可以按照仓库约定的配送时间交付配送。订单流向剩余拣选时间 $t_{F_k}^{\text{reprod}}$ 的计算方式为：订单流向实际装车开始配送时间 $t_{F_k}^{\text{depart}}$ 与开始拣选时间 t^{start} 的差值，即

$$t_{F_k}^{\text{reprod}} = t_{F_k}^{\text{depart}} - t^{\text{start}}, \quad \forall i \in F_k, \text{urgency}(i) = U_1 \tag{2.7}$$

若订单流向内存在紧急程度为 U_0 的订单，这意味着订单流向内存在紧急订单，只有保证最紧急的订单在期望时间送达，才能保证订单流向整体不被延误。订单流向的剩余拣选时间 $t_{F_k}^{\text{reprod}}$ 的计算方式为：订单流向内最紧急订单的期望收货时间 t_i^{expected} 与其所在订单流向所需配送时间 $t_{F_k}^{\text{dist}}$ 的差值，再减去开始拣选时间 t^{start}，即

$$t_{F_k}^{\text{reprod}} = \min_{i \in F_k} \left(t_i^{\text{expected}} \right) - t_{F_k}^{\text{dist}} - t^{\text{start}}, \quad \exists i \in F_k, \text{urgency}(i) = U_0 \tag{2.8}$$

2）订单流向时效要求的相似性度量

订单流向的时效要求通过订单流向整体时效要求因子（$t\_f(F_k)$）进行衡量，综合考虑订单流向内订单的紧急程度与订单流向整体订单履行作业的时间要求对订单流向物流作业的影响，本节提出订单流向时效要求的相似性度量的求解思路，如图 2.7 所示。

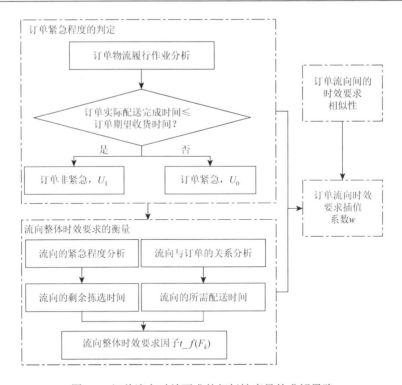

图 2.7　订单流向时效要求的相似性度量的求解思路

为了度量不同订单流向间的时效要求相似性，本节定义了订单流向时效要求差值系数，用 w_{ij} 表示，其计算方式为

$$w_{ij} = e^{-\left| t\_f(F_i) - t\_f(F_j) \right|} \qquad (2.9)$$

式中，$t\_f(F_i)$ 和 $t\_f(F_j)$ 分别为订单流向 i 和 j 的整体时效要求因子，表示在当前订单履行作业情景下，订单流向 i 和 j 中所有订单的收货时间要求的满足程度；$\left| t\_f(F_i) - t\_f(F_j) \right|$ 为流向 i 和 j 之间时效要求因子差值的绝对值，二者的差值可以反映两个流向间整体时效要求的相似程度，而绝对值与以 e 为底的幂函数形式的运用能够将订单流向时效要求差值系数的值标准化到 0～1（不含 0 和 1），便于复合相似性度量指标的构建。$\left| t\_f(F_i) - t\_f(F_j) \right|$ 越小，w_{ij} 值越接近于 1，说明订单流向间的时效要求相似性越高，将此类流向合并生成订单释放波次进行物流作业能够更好地满足订单流向内订单的时效要求；反之，$\left| t\_f(F_i) - t\_f(F_j) \right|$ 越大，w_{ij} 值越接近于 0，说明流向间的时效要求相似性越低，将此类流向合并生成订单释放波次进行物流作业可能会导致时效要求高的订单产生延误。

2. 订单流向间 SKU 关联度的挖掘

按波次进行拣选不仅要考虑订单配送效率和时效要求的满足，还需要保证订单在拣选环节的效率。订单中的 SKU 是拣选作业的最小单元，拣选批次的拣选时间由批次中 SKU 存储位置所形成的拣选路径决定。若同一批次中包含的 SKU 在仓库中的存储位置比较接近，那么这一批次所需的拣选时间就较短；反之，其拣选时间就较长。因此，订单在拣选环节的作业效率与各个流向内所有订单所包含的 SKU 的相似程度密切相关，有必要采用合适的方法对订单流向间 SKU 的关联度进行挖掘。关联规则挖掘[24]由 Agrawal、Imieliński 和 Swami 三位学者于 1993 年提出，Apriori 算法能够实现对已知数据集中各项目的关联规则的挖掘，是数据挖掘领域中最流行的方法之一。因此，本节将关联规则挖掘思想引入订单释放波次生成决策问题中，确定以最大化各个流向间的 SKU 关联度为决策目标。为了挖掘不同流向间 SKU 的关联度，本节对 Apriori 算法进行一定的改造，得到订单流向关联度挖掘（flow correlation degree mining，FCDM）算法。具体改造体现在以下两个方面。

（1）数据处理：订单流向划分后得到"流向-订单"数据，以表 2.1 为例，订单池中的订单被划分为 4 个订单流向，分别是 F_1、F_2、F_3 和 F_4。以流向 F_1 为例，该流向包含的 3 个订单（O_1、O_2 和 O_3）中存在 5 种不同的 SKU（a、b、c、d、e），其中，a 在订单 O_1 和 O_2 中都出现过。Apriori 算法处理并获得的是各个事务中不同项集之间的关联，即"事务-项集"的数据形式符合算法的基本数据结构要求，且同一事务中的项集不存在重复。因此，表 2.1 的数据需要整合成为"流向-SKU"数据形式，并且各流向内的 SKU 不能重复，以发现流向与 SKU 的关系，数据处理后的结果如表 2.2 所示。为了挖掘出各个订单流向之间的 SKU 相似度，需要对表 2.2 进行进一步转置处理，即由"流向-SKU"数据表转置为"SKU-流向"数据表，数据处理后的结果如表 2.3 所示。这样不仅符合算法处理的基本数据结构，而且能够利用算法中对各个订单流向内 SKU 进行计数的关键步骤，获得不同订单流向之间 SKU 的关联。

表 2.1 "流向-订单"数据

流向	订单
F_1	$O_1(a,b), O_2(a), O_3(c,d,e)$
F_2	$O_1(a,b), O_2(a)$
F_3	$O_1(a,b), O_4(a,e)$
F_4	$O_5(b,e), O_6(c,f)$

表 2.2　　"流向-SKU"数据

流向	SKU
F_1	a,b,c,d,e
F_2	a,b
F_3	a,b,e
F_4	b,c,e,f

表 2.3　　"SKU-流向"数据

SKU	流向
a	F_1,F_2,F_3
b	F_1,F_2,F_3,F_4
c	F_1,F_4
d	F_1
e	F_1,F_3,F_4
f	F_4

（2）终止条件：本节的关键问题在于订单释放波次的生成，处理的数据对象是订单流向，流向内 SKU 的构成具有个性化特点，并且不同时段生成的订单流向几乎不可能相同，识别订单流向之间的关联规则显然是不切实际的，并且对指导订单流向合并的意义不大。但是，订单流向之间的 SKU 关联度能够将不同流向内 SKU 间的相似程度量化，是评估流向相似性的有效指标。因此，本节以支持度（Support）来衡量任意两个订单流向在不同 SKU 下的共现频度，在终止条件上与 Apriori 算法的不同在于：①为了挖掘出所有流向之间的关联度，将最小支持度（Min_Support）阈值设为 0；②考虑到算法与研究目标的适用性，算法中的关联度挖掘完成后即终止，不去继续发现流向之间的关联规则。

FCDM 算法由搜索（search）、计数（count）、连接（join）和检查（check）四个子步骤组成，最终输出各个订单流向之间 SKU 关联度的计算结果，具体流程如图 2.8 所示。

3. 订单复合相似性度量指标的构建

订单流向关联度挖掘算法能够运行得出不同订单流向间的 SKU 关联度。然而，单一的 SKU 关联度挖掘并未考虑到不同订单流向内的各个订单对于订单履行

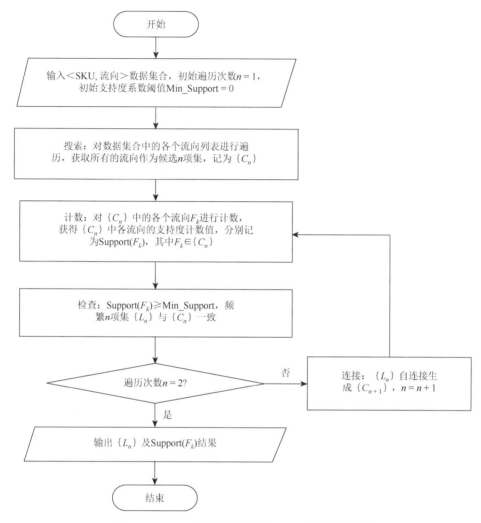

图 2.8 FCDM 挖掘订单流向间 SKU 关联度的流程

过程提出的时效要求，不能以此作为订单流向相似性的直接度量指标。本节综合考虑各订单流向内订单时效要求的影响，引入订单流向时效要求差值系数 w_{ij}[计算方式见式（2.9）]，结合 SKU 关联度的度量结果，构建了订单复合相似性度量指标 S_{ij}，对订单流向间的订单复合相似性进行度量，计算方式为

$$S_{ij} = w_{ij}R_{ij} \tag{2.10}$$

式中，R_{ij} 为订单流向间 SKU 的关联度；w_{ij} 为订单流向时效要求差值系数。S_{ij} 的取值范围为 0～1，S_{ij} 越接近于 1，说明流向间订单的相似性越高，这样的流向适合合并生成订单释放波次；而 S_{ij} 越接近于 0，说明流向间订单的相似性越低，这样的流向不适合合并生成订单释放波次。

订单复合相似性度量指标（S_{ij}）实现了 B2C 电商订单履行各环节相关属性的集成，这不仅保证了订单拣选与配送环节物流作业的效率，还能满足订单时效对各环节作业时间限制的要求，从而保证了订单时效要求的满足率。

2.4　基于订单相似性的 B2C 电商订单释放波次生成方法

针对订单释放波次生成时，订单合并面临的拣选环节与配送环节的目标及两者的约束不一致的难题，本节提出基于订单相似性的 B2C 电商订单释放波次生成方法，包括"基于订单相似性的订单流向合并模型"与"基于流向选择规则的订单释放波次生成算法"两部分内容。首先，对问题做出基本假设，并对订单释放波次生成方法中的参数及决策变量进行符号表示与说明。其次，阐述建模思路，构建订单流向合并模型。再次，基于拣选与配送两个环节的作业资源约束以及物流作业时间要求，建立流向选择规则。最后，提出基于流向选择规则的订单释放波次生成算法，指导订单流向合并生成订单释放波次。

2.4.1　问题假设与变量表示

1. 问题假设

本节主要解决 B2C 电商订单履行过程中的订单释放波次生成决策问题，基本假设如下。

（1）仓库采用单区块仓库布局，使用人到货拣选系统。

（2）仓库采用 ABC 商品存储策略，每种 SKU 只有一个存储位置。

（3）仓库所能提供的拣选和配送能力，即订单拣选人员数量与拣选设备统一容量、车辆数量与统一的装载容量已知。

（4）B2C 电商订单信息提前已知，包括 SKU 的种类及数量、存储位置、所属配送站点及期望收货时间等信息。

（5）订单池中任一订单流向的订单均不超出仓库的单次拣选能力。

（6）一个订单只能划分到一个订单流向。

（7）SKU 的体积大小和重量差异忽略不计。

（8）每一个订单的体积和重量不超过拣选设备的容量。

（9）订单拣选人员数量为 1，采用 U 形拣选路径策略，取放商品的时间忽略不计。

（10）订单拣选人员从仓库入口出发，以均速行走，将商品拣选完成后再回到仓库入口。

（11）配送车辆的数量不限，各辆车的载重量已知且相同，车辆在配送过程中保持匀速行驶。

（12）订单释放波次按一定的顺序释放到订单拣选环节，当一个订单波次内的所有订单都拣选完成后才可以释放下一个订单波次的订单。

2. 变量表示

订单释放波次生成方法中包含的参数与决策变量的符号表示与含义如表 2.4 所示。

表 2.4　方法中参数与决策变量的符号表示与含义

符号	说明
参数	
N	订单流向总数
M	订单释放波次总数
F	订单流向集合，$F = \{F_1, F_2, \cdots, F_N\}$
W	订单释放波次集合，$W = \{W_1, W_2, \cdots, W_M\}$
F_{seed}	种子流向集合
C	仓库的最大拣选能力，常数
Q_i	订单流向 F_i 中的订单总容量，$F_i \in F$
Q_{seed}	种子流向集合中包含的订单总容量
S_{ij}	订单流向 F_i 和 F_j 之间的复合相似度，$F_i, F_j \in F$
w_{ij}	订单流向 F_i 和 F_j 之间的时效要求差值系数，$F_i, F_j \in F$
R_{ij}	订单流向 F_i 和 F_j 之间的 SKU 关联度，$F_i, F_j \in F$
决策变量	
x_{ij}	流向 F_i 是否合并到订单释放波次 W_j 中，0-1 变量。若流向 F_i 被合并到订单释放波次 W_j 中，则 $x_{ij} = 1$；否则，$x_{ij} = 0$
y_j	订单释放波次 W_j 是否存在，0-1 变量。若波次 W_j 存在，则 $y_j = 1$；否则，$y_j = 0$

2.4.2　基于订单相似性的订单流向合并模型

订单波次释放后进入订单拣选与配送环节进行订单履行作业，订单释放波次的生成不仅与订单数据特征的分析处理有关，更与两个环节的作业效率密不可分。

本节提出"订单流向的划分→订单流向时效要求的衡量与相似性度量→订单流向间 SKU 关联度的挖掘→订单流向间订单复合相似性度量"的求解思路,解决了多维订单特征属性和复杂物流作业情景带来的订单分析处理难题。在获得不同订单流向间的订单复合相似度之后,本节建立了基于订单相似性的 B2C 电商订单流向合并模型,以指导不同流向间的合并,为订单释放波次的生成奠定基础。构建的模型如下:

$$\max \sum_{i=1}^{N}\sum_{j=1}^{N}S_{ij}x_{ij} \tag{2.11}$$

$$\text{s.t.}$$

$$S_{ij}=w_{ij}R_{ij}, \quad \forall i,j=1,2,\cdots,N \tag{2.12}$$

$$\sum_{j=1}^{N}x_{ij}=1, \quad \forall i=1,2,\cdots,N \tag{2.13}$$

$$x_{ij} \leqslant y_{j}, \quad \forall i,j=1,2,\cdots,N \tag{2.14}$$

$$\sum_{j=1}^{N}y_{j}=M \tag{2.15}$$

$$\sum_{i=1}^{N}Q_{i}x_{ij} \leqslant C, \quad \forall j=1,2,\cdots,N \tag{2.16}$$

$$x_{ij}=0\text{或}1, \quad \forall i,j=1,2,\cdots,N \tag{2.17}$$

$$y_{j}=0\text{或}1, \quad \forall j=1,2,\cdots,N \tag{2.18}$$

式(2.11)表示最大化订单释放波次内各订单流向的订单复合相似度。式(2.12)是订单复合相似度的计算方法,由订单流向间的时效要求差值系数 w_{ij} 与 SKU 的关联度 R_{ij} 相乘所得。式(2.13)是对订单释放波次划分的约束,保证一个流向的订单只能划分到一个订单释放波次中,需要满足流向不可拆分的前提。式(2.14)和式(2.15)能够对订单释放波次的数量进行限制。式(2.16)是对订单释放波次的容量约束,表示波次中所有订单中的 SKU 容量不能超过仓库所能提供的最大拣选能力,由于所研究的波次在仓库中只有一个订单拣选人员进行拣选,仓库拣选能力 C 由拣选设备的容量决定。式(2.17)和式(2.18)是对订单流向合并模型中 0-1 变量的描述。

基于订单相似性的订单流向合并模型能够综合考虑订单时效要求与 SKU 的关联度进行流向合并,可以最大化所生成的订单释放波次中订单的复合相似度。波次数目 M 最初设置为 $M_{\min}=\sum Q_{i}/C$ [25],保证从最小的订单释放波次数目开始遍历。如果找不到可行解,则订单释放波次数目增加 1,并再次求解上述模型,直到获得可行的订单流向合并结果。

2.4.3　基于流向选择规则的订单释放波次生成算法

种子算法是典型的基于订单相似性度量结果指导订单合并的启发式方法[26]。本节生成订单释放波次时，需要对不同流向的订单进行合并，种子算法中种子订单选择规则与伴随订单选择规则的设计，对本节订单流向的选择与合并具有一定的参考意义。本节考虑订单拣选与配送两个环节作业资源约束以及物流作业时间要求，通过对种子算法中的种子订单选择规则与伴随订单选择规则的分析，建立种子流向选择规则与合并流向选择规则，设计基于流向选择规则的订单释放波次生成算法（流程如图 2.9 所示），实现流向的选择与合并，进而实现订单释放波次的生成。建立的流向选择规则如下。

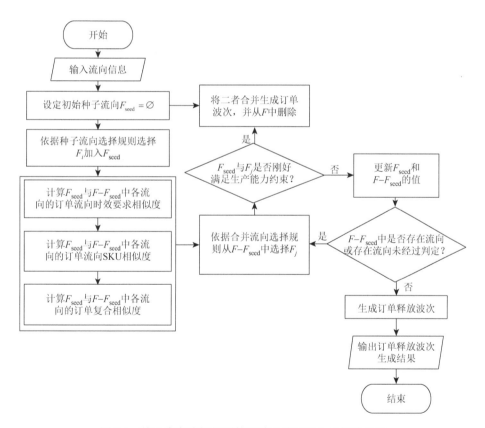

图 2.9　基于流向选择规则的订单释放波次生成算法流程

（1）种子流向选择规则：为了确保紧急程度最高、对订单履行过程时效要求最高的订单得到优先处理，按照流向整体时效要求从高到低进行流向选择。

当具有最高时效要求的流向有多个时，优先选择订单容量最大的流向。因为订单容量越大意味着 SKU 的种类越多，该流向在仓库中分布的拣选位置越分散，这虽然会增加订单拣选人员的拣选距离与时间，但这一流向中订单与其他流向中订单重合的通道数会越多，能够在增加商品拣选密度的同时，减少订单拣选人员需要额外行走的通道和距离（对应于订单释放波次生成算法的步骤（3）：选取种子流向）。

（2）合并流向选择规则：依据流向间订单复合相似度从大到小进行合并，对订单流向、时效要求与 SKU 三维属性进行全面的度量，有利于订单履行过程高效、有序地进行。在多个流向与种子流向复合相似度最大时，依据流向整体时效要求最高原则进行合并，即从中选择最为紧急的流向进行合并，降低订单延误。在多个流向的时效要求最高时，与种子流向选择规则一致，优先选择订单容量最大的流向进行合并流向的选择（对应于订单释放波次生成算法的步骤（7）：选择待合并流向）。

基于流向选择规则的 B2C 电商订单释放波次生成算法的具体流程说明如下。

（1）输入流向信息。流向集合 F 中各个流向 F_k 的基本信息包括流向编号、流向中包含的 SKU 及其数量、流向的容量（Q_k）、流向整体时效要求因子（$t\_f(F_k)$）。

（2）设定初始种子流向。$F_{seed} = \varnothing$，初始状态下种子流向集合中的订单总容量为 0，即存在 $Q_{seed} = 0$。

（3）选取种子流向。若流向集合 F 中存在大于 1 个流向，则将流向整体时效要求因子 $t\_f(F_k)$ 降序排列，在其中选取时效要求最高（$t\_f(F_k)$ 最大）的流向 F_i 为种子流向 F_{seed}，其对应容量为 $Q_{seed} = Q_i$；若存在大于 1 个流向的 $t\_f(F_k)$ 最大，则优先选择订单容量最大的流向作为种子流向。否则，直接将其生成波次。

（4）计算订单流向间时效要求相似度。依据订单流向时效要求差值系数公式即式（2.9），计算 F_{seed} 与流向集合 $F - F_{seed}$ 中各流向的时效要求差值系数值（w_{ij}）。

（5）挖掘订单流向间 SKU 的关联度。运行订单流向关联度挖掘算法 FCDM，得出 F_{seed} 与流向集合 $F - F_{seed}$ 中各流向的 SKU 关联度（R_{ij}）。

（6）计算订单的复合相似度。依据订单复合相似度计算公式即式（2.10），得出 F_{seed} 与流向集合 $F - F_{seed}$ 中各流向间的订单复合相似度（S_{ij}）。

（7）选择待合并流向。在流向集合 $F - F_{seed}$ 中选择与种子流向 F_{seed} 复合相似度最大的流向 F_j，其对应容量为 Q_j。若存在多个与 F_{seed} 复合相似度最大的流向，则将这些流向按其整体时效要求因子 $t\_f(F_k)$ 降序排列，在其中选取时效要求最高（$t\_f(F_k)$ 最大）的流向 F_j 作为待合并流向；若存在多个流向的 $t\_f(F_k)$ 最大且相同，则优先选择订单容量最大的流向作为待合并流向。

（8）判断拣选能力约束能否满足。判断种子流向集合与待合并流向的容量能否满足仓库拣选能力（C）的约束，分为以下三种情况。

①继续选择待合并流向：若 $Q_{seed} + Q_j < C$，即所选流向满足拣选能力约束，且当前拣选能力下还能继续添加其他流向的订单进行合并，则将 F_{seed} 与 F_j 合并后更新 F_{seed} 并加入 F，同时将 F_j 从 $F - F_{seed}$ 中删除。新的 F_{seed} 容量为二者之和，为了保证较为紧急的流向的时效要求依然能够满足，新的 F_{seed} 的流向整体时效要求因子 $t\_f(F_k)$ 按照原 $t\_f(F_k)$ 中较大的取值。返回步骤（4）。

②重新选择种子流向：若 $Q_{seed} + Q_j = C$，即所选流向刚好满足拣选能力约束，且不能继续添加其他流向的订单进行合并，则将 F_{seed} 与 F_j 合并后生成订单释放波次，同时将 F_{seed} 与 F_j 从 F 中删除。返回步骤（2）。

③重新选择待合并流向：若 $Q_{seed} + Q_j > C$，则所选流向不满足拣选能力约束，运行步骤（7），从未选择的其他流向中重新选择；若 $F - F_{seed}$ 中不存在未选择的其他流向，或者不存在任何一个流向能够与当前 F_{seed} 满足拣选能力约束，则运行步骤（9）。

（9）直接生成订单释放波次。若 $F - F_{seed}$ 中不存在与当前 F_{seed} 满足拣选能力约束的流向，则直接将 F_{seed} 生成订单释放波次，同时将 F_{seed} 从 F 中删除，返回步骤（2）。

若不存在任何一个其他流向能够与当前 F_{seed} 满足拣选能力约束，则将 F_{seed} 与 F_j 分别生成订单释放波次，继续运行。

（10）输出订单释放波次生成结果 W。

2.5　数值实验与结果分析

为了验证本章所提出的考虑流向和时效的 B2C 电商订单释放波次生成方法的有效性，本节首先进行算例设计，其次选取合适的评价指标，再次对基准的订单释放波次生成方法进行描述，最后在所设计的算例下比较本章所提出方法与基准方法的各项评价指标，验证本章所提出方法的有效性。所有方法运行的硬件环境为 11th Gen Intel® Core i5-1135G7@2.40GHz 处理器、16GB 内存；软件环境为 Windows 11 家庭中文版操作系统、Python 3.7。

2.5.1　算例说明

考虑到订单特征属性和物流作业情景对于 B2C 电商订单释放波次生成决策问题的影响，本节从这两个方面确定实验所需的关键参数，并基于国内某大型电商平台提供的原始订单拣选数据与配送站数据集，设计符合 B2C 电商订单特征与波次生成决策情景的算例，以验证本章所提方法的有效性。

订单特征属性相关的参数包括订单中包含的 SKU 种类及订单数目（订单自身结构特征）、订单的期望收货时间（订单时效要求特征）与订单所属的配送站（订单的客户分布特征）。其中，订单所属的配送站直接采用原始数据，包括 630 个订单与 46 个配送站点的对应关系信息。订单期望收货时间参数的数据未能获得，本节依据消费者购物习惯与该电商平台所提供的 8:00～21:00 的可选配送时间区间，进行空值 Null 与 $U(8,21)$ 的随机生成，分别对应消费者未选定期望收货时间与选定期望收货时间两种情形。订单中包含的 SKU 种类及订单数目则借鉴同领域文献中的参数设置进行生成，具体来说：①为了探究各种方法在不同 SKU 种类数分布下的表现，针对原始 630 个订单生成 $U(1,5)$ 与 $U(1,10)$ 两种 SKU 种类数分布[6, 27] 的算例，分别标记为 A01～A06 与 B01～B06；②为了探究各种方法在不同订单数量下的表现，生成 500 个订单、1000 个订单与 1500 个订单三种订单数量下的算例，分别标记为 C01～C06、D01～D06 与 E01～E06。

物流作业情景相关的实验参数划分为订单拣选与配送两个方面。在订单拣选方面，仓库采用单区块仓库布局，拣选区域包含 100 个储位[27]，货架上每个储位的长度与宽度均为 1m，拣选通道长度为 10m，宽度为 1m，商品采用 ABC 商品存储策略且 SKU 编号与储位一一对应。订单拣选人员采用 U 形拣选路径策略进行商品拣选，行走速度为 50m/min，拣选设备的容量一致，最大容量均为 100 个 SKU，仓库拣选区域布局与 U 形拣选路径策略示意如图 2.10 所示。在订单配送方面，中心仓库与 46 个配送站点直接使用真实数据，地理位置分布如图 2.11 所示，配送车辆的车型一致，车辆行驶速度为 40km/h。

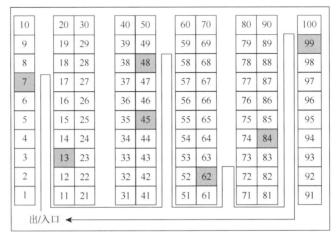

图 2.10　仓库拣选区域布局与 U 形拣选路径策略

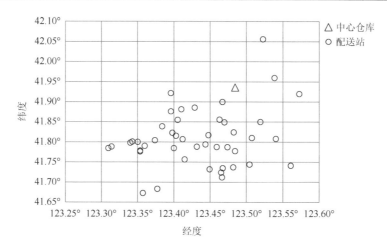

图 2.11　中心仓库与配送站点的地理位置分布

综上所述，数值实验的参数设置如表 2.5 所示。其中，在 630 个原始订单下设置了两种 SKU 种类数分布生成两组算例 A01～A06 和 B01～B06，在 SKU 种类数分布 $U(1,5)$ 下设置了三种订单数量生成三组算例 C01～C06、D01～D06 和 E01～E06，具体见表 2.6。

表 2.5　数值实验的参数设置

参数类别	参数名称	参数值
订单数据	订单个数	630、500、1000、1500
	订单中的 SKU 种类数	$U(1,5)$；$U(1,10)$
	订单中各种 SKU 的个数	1
	期望收货时间/h	Null 与 $U(8,21)$ 随机
作业资源	拣选区域储位数	100
	拣选通道一侧储位数	10
	单个储位的长度与宽度/m	1
	拣选通道的长度/m	10
	拣选通道的宽度/m	1
	商品存储策略	ABC
	订单拣选人员数	1
	订单拣选人员的行走速度/（m/min）	50
	订单拣选人员拣选路径策略	U 形
	拣选设备的容量	100 个 SKU
	配送站点个数	46
	配送车辆的行驶速度/（km/h）	40

表 2.6 算例说明

订单数量/个	SKU 种类数分布	算例序号
630	$U(1,5)$	A01～A06
630	$U(1,10)$	B01～B06
500	$U(1,5)$	C01～C06
1000	$U(1,5)$	D01～D06
1500	$U(1,5)$	E01～E06

2.5.2 评价指标的选取

本章提出了考虑流向和时效的 B2C 电商订单释放波次生成方法，期望通过订单释放波次的决策实现订单履行效率的提高与订单时效要求的满足，提高订单履行过程对订单的快速响应能力。因此，经过对相关文献的分析与实际案例的调研，选用订单波次拣选时间、订单波次配送时间与订单履行时间三个指标评价订单履行的效率，选用订单完成数、订单延误率与订单延误时间三个指标评价订单时效要求的满足情况。评价指标的符号表示与具体含义如下。

1）订单履行效率的评价指标

（1）订单波次拣选时间：T_{prod}，表示订单池中的订单按波次释放后进行分批拣选所花费的拣选时间。

（2）订单波次配送时间：T_{dist}，表示订单池中的订单按波次拣选完成后进行分批配送所花费的配送时间。

（3）订单履行时间：T，表示订单池中的订单按波次进行拣选与配送作业所花费的时间，由订单波次拣选时间与订单波次配送时间两部分构成。

2）订单时效要求满足的评价指标

（1）订单完成数：N，表示订单送达所属配送站点的时间刚好满足或没有超过订单期望收货时间的订单数目。

（2）订单延误率：R_{delay}，表示订单按波次进行拣选与配送作业造成的订单延误水平，由订单送达所属配送站点的时间超过期望收货时间的订单数除以订单释放波次生成决策的订单总数得出。

（3）订单延误时间：T_{delay}，表示订单按波次进行拣选与配送作业造成的延误总时长，由所有发生延误的订单送达配送站点的时间与其期望收货时间的差值之和计算得出。

2.5.3　基准订单释放波次生成方法描述

在实际的订单释放过程中，主要由人工依据经验制定相应的订单释放波次生成规则，进行订单释放波次生成决策。这种方法虽然能够为后续拣选或配送的某一环节提供指导，但是不能满足订单履行过程对订单快速响应的要求。为了验证本章所提方法的有效性和适用性，本节选取基于先到先服务的订单释放波次生成方法、基于送达时间要求的订单释放波次生成方法以及基于配送区域的订单释放波次生成方法这三种基于规则的方法作为基准的订单释放波次生成方法。

1）基于先到先服务的订单释放波次生成方法

基于先到先服务的订单释放波次生成方法不考虑订单时效和流向对拣选及配送环节作业效率的影响，而是按照订单到达仓库时间的先后顺序进行订单合并。首先将订单按照其到达仓库的时间从早到晚进行排序；然后根据仓库的拣选能力依次对订单进行截取，并将每次截取的订单合并生成订单释放波次。

2）基于送达时间要求的订单释放波次生成方法

基于送达时间要求的订单释放波次生成方法关注订单所要求的送达时间，按照"要求送达时间早的订单→要求送达时间晚的订单→没有送达时间要求、到达时间早的订单→没有送达时间要求、到达时间晚的订单"的顺序进行订单合并。具体来说，首先对具有送达时间要求的订单按照其要求送达时间从早到晚进行排序；其次对没有送达时间要求的订单按照其到达时间从早到晚进行排序，然后将后一个序列放到前一个序列后面；最后根据仓库的拣选能力依次对订单进行截取，并将每次截取的订单合并生成订单释放波次。

3）基于配送区域的订单释放波次生成方法

基于配送区域的订单释放波次生成方法关注订单配送站点所属的配送区域，将配送区域邻近的订单合并生成订单释放波次。具体来说，首先将中心仓库服务的配送站点进行聚类，划分配送区域；其次将配送区域按照其中心点与中心仓库的距离从近到远进行排序，并统计各个配送区域中的订单；最后根据仓库的拣选能力依次对配送区域进行截取，并将每次截取的配送区域中的订单合并生成订单释放波次。

为了便于各方法在实验结果中的展示，本节将基于先到先服务（first come first serve，FCFS）的订单释放波次生成方法、基于送达时间（time-based，TB）要求的订单释放波次生成方法和基于配送区域（distribution area，DA）的订单释放波次生成方法分别用 FCFS、TB 和 DA 来表示，而将本章所提出的考虑流向和时效的 B2C 电商订单释放波次生成方法用符号 AF 来表示。

2.5.4　实验结果与分析

为了验证本章所提出的方法的有效性，本节在不同订单 SKU 种类数分布和订单数量下，比较了本章所提出的方法与三个基准方法在各个评价指标上的表现。

1. 不同订单 SKU 种类数分布的结果分析

本节在不同订单 SKU 种类数分布下（算例 A01～A06 和 B01～B06），比较本章所提出的方法与三个基准方法在订单履行效率与订单时效要求满足两个方面的表现。

1）订单履行效率方面

表 2.7 展示了不同订单 SKU 种类数分布下，本章所提出的方法与三种基准方法的订单波次拣选时间和订单波次配送时间。以订单 SKU 种类数分布 $U(1,5)$ 下的结果为例，在订单波次拣选时间方面，FCFS 方法、TB 方法、DA 方法和 AF 方法的平均订单波次拣选时间分别为 0.74h、0.73h、0.72h 和 0.71h。本章所提出的 AF 方法表现最好，与三种基准方法 FCFS、TB 和 DA 相比分别节省了 4.05%、2.74% 和 1.39% 的平均订单波次拣选时间。在订单波次配送时间方面，FCFS 方法、TB 方法、DA 方法和 AF 方法的平均订单波次配送时间分别为 6.55h、10.50h、5.33h、5.24h。本章所提出的 AF 方法表现最好，与三种基准方法 FCFS、TB 和 DA 相比分别节省了 20.00%、50.10% 和 1.69% 的平均订单波次配送时间。

表 2.7　四种方法在不同订单 SKU 种类数分布下的订单波次拣选时间与订单波次配送时间

订单 SKU 种类数分布	算例	FCFS		TB		DA		AF	
		T_{prod}	T_{dist}	T_{prod}	T_{dist}	T_{prod}	T_{dist}	T_{prod}	T_{dist}
$U(1,5)$	A01	0.75	6.66	0.72	11.22	0.71	5.28	0.70	5.12
	A02	0.69	6.47	0.71	10.34	0.67	5.60	0.68	4.64
	A03	0.72	6.58	0.73	10.24	0.72	5.48	0.72	5.52
	A04	0.73	6.34	0.71	10.16	0.75	5.24	0.70	5.52
	A05	0.78	6.60	0.78	10.59	0.76	4.86	0.74	5.17
	A06	0.75	6.66	0.74	10.42	0.72	5.49	0.73	5.46
平均值		0.74	6.55	0.73	10.50	0.72	5.33	0.71	5.24
AF 改进率		4.05%	20.00%	2.74%	50.10%	1.39%	1.69%	—	—
$U(1,10)$	B01	1.31	6.63	1.33	10.54	1.33	4.83	1.33	5.16
	B02	1.32	6.41	1.27	10.66	1.32	4.52	1.28	4.93
	B03	1.36	6.23	1.35	10.22	1.36	5.43	1.34	4.78
	B04	1.37	6.68	1.36	10.13	1.38	5.35	1.34	4.86

订单SKU种类数分布	算例	FCFS		TB		DA		AF	
		T_{prod}	T_{dist}	T_{prod}	T_{dist}	T_{prod}	T_{dist}	T_{prod}	T_{dist}
$U(1,10)$	B05	1.37	6.82	1.36	9.64	1.35	5.18	1.33	5.67
	B06	1.30	6.51	1.28	10.03	1.32	5.47	1.30	5.10
平均值		1.34	6.55	1.33	10.20	1.34	5.13	1.32	5.08
AF 改进率		1.49%	22.44%	0.75%	50.20%	1.49%	0.97%	—	—
AF 平均改进率		2.77%	21.22%	1.75%	50.15%	1.44%	1.33%	—	—

注：表中所有时间的单位均为 h；某个方法某个指标的 AF 改进率 =（该方法在该指标的平均值–AF 方法在该指标的平均值）/该方法在该指标的平均值×100%；某个方法某个指标的 AF 平均改进率为两种订单 SKU 种类数分布下该方法该指标 AF 改进率的均值；结果均保留两位小数。

综合两种订单 SKU 种类数分布下的实验结果，本章所提出的 AF 方法在订单波次拣选时间和订单波次配送时间方面都优于三种基准方法。在订单波次拣选时间方面，本章所提出的 AF 方法与三种基准方法 FCFS、TB 和 DA 相比，分别节省了 2.77%、1.75% 和 1.44% 的订单波次拣选时间；在订单波次配送时间方面，本章所提出的 AF 方法与三种基准方法 FCFS、TB 和 DA 相比，分别节省了 21.22%、50.15%、1.33% 的订单波次配送时间。

表 2.8 展示了在不同订单 SKU 种类数分布下，本章所提出的方法与三种基准方法的订单履行时间。总体而言，本章所提出的 AF 方法表现最好，与三种基准方法 FCFS、TB 和 DA 相比分别节省了 18.63%、45.76%、1.37% 的订单履行时间。

表 2.8　四种方法在不同订单 SKU 种类数分布下的订单履行时间

订单SKU种类数分布	算例	FCFS	TB	DA	AF
$U(1,5)$	A01	7.41	11.94	5.99	5.82
	A02	7.16	11.05	6.27	5.32
	A03	7.30	10.97	6.20	6.24
	A04	7.07	10.87	5.99	6.22
	A05	7.38	11.37	5.62	5.91
	A06	7.41	11.16	6.21	6.19
平均值		7.29	11.23	6.05	5.95
AF 改进率		18.38%	47.02%	1.65%	—
$U(1,10)$	B01	7.94	11.87	6.16	6.49
	B02	7.73	11.93	5.84	6.21
	B03	7.59	11.57	6.79	6.12
	B04	8.05	11.49	6.73	6.20
	B05	8.19	11.00	6.53	7.00
	B06	7.81	11.31	6.79	6.40

续表

订单SKU种类数分布	算例	FCFS	TB	DA	AF
平均值		7.89	11.53	6.47	6.40
AF 改进率		18.88%	44.49%	1.08%	—
AF 平均改进率		18.63%	45.76%	1.37%	—

注：表中所有时间的单位均为 h；AF 改进率与 AF 平均改进率的计算方式与表 2.7 相同；结果均保留两位小数。

2）订单时效要求满足方面

表 2.9 展示了不同订单 SKU 种类数分布下，本章所提的 AF 方法与三种基准方法的订单完成数与订单延误率。由于订单完成数越多，订单延误率越低，因此后面只对订单延误率进行分析。由表 2.9 可知，四种订单释放波次生成方法在订单 SKU 种类数分布为 $U(1,5)$ 时的平均订单延误率均小于它们在订单 SKU 种类数分布为 $U(1,10)$ 时的平均订单延误率。总体而言，本章所提出的 AF 方法在订单延误率方面表现最好，与三种基准方法 DA、FCFS 和 TB 相比分别降低了 8.68%、9.38% 和 30.30% 的平均订单延误率。

表 2.9　四种方法在不同订单 SKU 种类数分布下的订单完成数与订单延误率

订单 SKU 种类数分布	算例	FCFS		TB		DA		AF	
		N	R_{delay}	N	R_{delay}	N	R_{delay}	N	R_{delay}
$U(1,5)$	A01	571	9.37%	548	13.02%	570	9.52%	577	8.41%
	A02	595	5.56%	584	7.30%	590	6.35%	601	4.60%
	A03	605	3.97%	567	10.00%	590	6.35%	601	4.60%
	A04	584	7.30%	568	9.84%	588	6.67%	588	6.67%
	A05	584	6.35%	578	8.25%	589	6.51%	593	5.87%
	A06	582	7.62%	564	10.48%	591	6.19%	590	6.35%
平均值		586	6.70%	568	9.82%	586	6.93%	591	6.08%
AF 改进率		—	9.25%	—	38.09%	—	12.27%	—	—
$U(1,10)$	B01	574	8.89%	553	12.22%	573	9.05%	586	6.98%
	B02	581	7.78%	567	10.00%	574	8.89%	583	7.46%
	B03	571	9.37%	570	9.52%	583	7.46%	583	7.46%
	B04	566	10.16%	563	10.63%	566	10.16%	564	10.48%
	B05	566	10.16%	565	10.32%	577	8.41%	569	9.68%
	B06	564	10.48%	544	13.65%	566	10.19%	571	9.37%
平均值		570	9.47%	560	11.06%	573	9.03%	576	8.57%
AF 改进率		—	9.50%	—	22.51%	—	5.09%	—	—
AF 平均改进率		—	9.38%	—	30.30%	—	8.68%	—	—

注：订单完成数的单位均为个；订单完成数的平均值向下取整；AF 改进率与 AF 平均改进率的计算方式与表 2.7 相同；结果均保留两位小数。

　　表 2.10 反映了两种订单 SKU 种类数分布下，本章所提的 AF 方法与三种基准方法的订单延误时间。由表 2.10 可知，四种订单释放波次生成方法在订单 SKU 种类数分布为 $U(1,5)$ 时的平均订单延误时间均短于其在订单 SKU 种类数分布为 $U(1,10)$ 时的平均订单延误时间。总体而言，本章所提出的 AF 方法在订单延误时间方面表现最好，与三种基准方法 DA、FCFS 和 TB 相比分别节省了 7.95%、16.37% 和 49.36% 的平均订单延误时间。

表 2.10　四种方法在不同订单 SKU 种类数分布下的订单延误时间

订单 SKU 种类数分布	算例	FCFS	TB	DA	AF
$U(1,5)$	A01	4000	7300	3873	2880
	A02	2267	3942	2272	1615
	A03	2011	5992	2752	2353
	A04	2650	5348	2115	2761
	A05	3138	5513	2393	2370
	A06	3549	6654	2871	2890
平均值		2936	5792	2713	2478
AF 改进率		15.60%	57.22%	8.66%	—
$U(1,10)$	B01	4706	7946	4453	2876
	B02	4079	6371	4418	3753
	B03	4699	6232	4077	3548
	B04	6088	6728	4951	4924
	B05	5634	6889	4193	4858
	B06	5669	9570	5489	5623
平均值		5146	7289	4597	4264
AF 改进率		17.14%	41.50%	7.24%	—
AF 平均改进率		16.37%	49.36%	7.95%	—

　　注：表中所有时间的单位均为 min；AF 改进率与 AF 平均改进率的计算方式与表 2.7 相同。

　　综上所述，在不同订单 SKU 种类数分布下，本章提出的 AF 方法在订单履行效率和订单时效要求满足两个方面都优于三种基准方法，说明了本章所提出的方法的有效性。

2. 不同订单数量的结果分析

　　本节在不同订单数量下（算例 C01～C06、D01～D06 和 E01～E06），比较本章所提出的方法与三个基准方法在订单履行效率与订单时效要求满足两个方面的表现。

1）订单履行效率方面

图 2.12 与图 2.13 分别展示了在不同订单数量下，本章所提出的方法与三个基准方法的订单波次拣选时间与订单波次配送时间。从图 2.12 可以看出，随着订单数量的增多，各方法的订单波次拣选时间逐渐增加，而在不同订单数量下，本章所提出的 AF 方法的订单波次拣选时间都短于三种基准方法，但 AF 方法和三种基准方法在订单波次拣选时间上差距不大。从图 2.13 中可以看出，随着订单数量的增多，各方法的订单波次配送时间逐渐增加，而在不同订单数量下，本章所提出的 AF 方法的订单波次配送时间都短于三种基准方法，其中 AF 方法与 DA 方法在订单波次配送时间上差距不大，而与 FCFS 方法和 TB 方法在订单波次配送时间上差距较大。

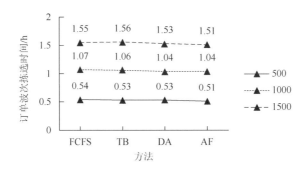

图 2.12　四种方法在不同订单数量下的订单波次拣选时间

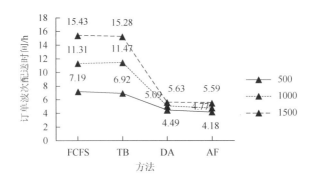

图 2.13　四种方法在不同订单数量下的订单波次配送时间

图 2.14 展示了在不同订单数量下，本章所提出的方法与三种基准方法的订单履行时间。从图 2.14 可以看出，在不同订单数量下，本章所提出的 AF 方法表现最好，与三种基准方法 FCFS、TB 和 DA 相比分别节省了 52.55%、52.20% 和 3.88% 的平均订单履行时间。

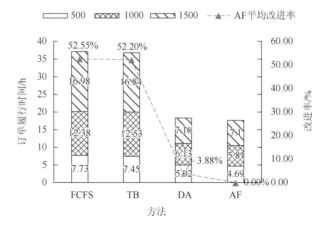

图 2.14 四种方法在不同订单数量下的订单履行时间

2）订单时效要求满足方面

表 2.11 展示了不同订单数量下，本章所提出的方法与三种基准方法的订单延误率。从表 2.11 可以看出，在三种订单数量下，本章所提出的 AF 方法的平均订单延误率比三种基准方法的平均订单延误率都低。以订单数量 500 为例，三种基准方法 FCFS、TB 和 DA 的平均订单延误率分别为 9.97%、10.50% 和 10.23%，而本章所提出的 AF 方法的平均订单延误率为 8.43%。总体而言，本章所提出的 AF 方法与三种基准方法 FCFS、TB 与 DA 相比分别减少了 32.45%、31.37% 和 7.72% 的订单延误率。

表 2.11 四种方法在不同订单数量下的订单延误率　　（单位：%）

订单数量	算例	FCFS	TB	DA	AF
	C01	9.80	8.80	10.40	8.00
	C02	12.80	14.20	13.00	11.00
	C03	9.40	10.40	8.80	8.20
500	C04	9.20	9.40	11.20	8.20
	C05	7.00	8.60	6.60	6.20
	C06	11.60	11.60	11.40	9.00
平均值		9.97	10.50	10.23	8.43
AF 改进率		15.45	19.71	17.60	—
	D01	10.60	11.70	7.40	7.60
	D02	12.20	14.00	8.00	7.70
1000	D03	14.10	10.90	7.20	7.00
	D04	14.80	11.80	9.10	9.20
	D05	11.10	11.50	9.00	8.90
	D06	10.80	11.90	7.10	5.70

续表

订单数量	算例	FCFS	TB	DA	AF
平均值		12.27	11.97	7.97	7.68
AF 改进率		37.41	35.84	3.64	—
1500	E01	14.73	15.07	8.47	7.80
	E02	14.13	12.80	8.60	8.40
	E03	17.40	15.00	8.87	9.40
	E04	16.47	13.60	9.00	9.47
	E05	15.47	15.20	8.67	8.33
	E06	15.80	13.27	9.60	8.80
平均值		15.67	14.16	8.87	8.70
AF 改进率		44.48	38.56	1.92	—
AF 平均改进率		32.45	31.37	7.72	—

注：AF 改进率与 AF 平均改进率的计算方式与表 2.7 相同；结果保留两位小数。

综上所述，在不同订单数量下，本章提出的 AF 方法在订单履行效率和订单时效要求满足两个方面都优于三种基准方法，说明了本章所提出的方法的有效性。

2.6　结　　论

B2C 电商平台间的激烈竞争和消费者日益增长的物流服务时效要求，使得如何提高对客户订单的快速响应能力成为 B2C 电商订单履行过程面临的极大挑战。按波次进行拣选与配送是订单履行过程中常用的作业方式，其决策结果直接关系到订单履行作业的效率。本章针对 B2C 电商订单释放波次生成决策问题展开研究，通过问题描述、影响要素与复杂性分析，发现订单释放波次生成决策面临的难点：①多维的订单特征属性和复杂的物流作业情景带来的订单分析处理难题；②订单拣选与配送两个环节的目标与两者的约束不一致带来的订单合并难题。对此，本章综合订单数据与波次作业情景提出了考虑流向和时效的 B2C 电商订单释放波次生成方法，包括"考虑流向和时效的 B2C 电商订单相似性度量方法"与"基于订单相似性的 B2C 电商订单释放波次生成方法"两个部分，对应解决两个难题。最后，通过数值实验比较了本章方法和三种基准方法在订单履行效率和订单时效要求满足两个方面的表现，验证了本章方法的有效性。

具体来说，本章的主要贡献与创新包括以下几点。

（1）本章提出了考虑流向和时效的 B2C 电商订单相似性度量方法。利用集成投票聚类的方法，对订单所属配送站的地理位置进行聚类，实现订单流向的划分，为订单履行作业中的订单合并提供了新的思路。基于"订单流向时效要求的衡量与相似性度量→订单流向间 SKU 关联度的挖掘→订单流向间订单的复合相似性度量"的思路,集成时效要求与 SKU 关联度构建订单复合相似性度量指标,对订单进行相似性度量,为多属性订单相似性度量提供了科学的依据,丰富了订单相似性度量方法在电子商务与物流管理领域的研究。在相似性度量过程中,通过分析订单履行的作业情景,结合订单数据中的时间属性对订单进行时效要求的衡量,弥补了现有研究在指导订单作业时忽略订单时效要求的不足;通过改造关联规则挖掘方法,获得各个流向的 SKU 关联度,同时考虑订单属性数据与波次作业情景对波次生成决策过程的影响,提高了方法在实际作业中的适用性。

(2)本章提出了基于订单相似性的 B2C 电商订单释放波次生成方法。将订单流向中订单的时效要求与 SKU 的复合相似性考虑在内,构建了基于订单相似性的订单流向合并模型,以订单数据驱动不同流向间的科学合并。以经典的种子算法为基础,考虑物流作业情景对订单释放波次生成的影响,建立种子流向与合并流向的选择规则,设计基于流向选择规则的订单释放波次生成算法,对模型进行求解。这一方法采用定性与定量相结合的学术思想,将定量的聚类模型与定性的流向选择规则相融合,指导订单释放波次的生成,在一定程度上克服了传统的依靠人工经验制定波次生成规则的主观性与局限性,保证了订单释放波次生成决策的科学性与实用性。

综上所述,本章所提的考虑流向和时效的 B2C 电商订单释放波次生成方法,在订单释放时就充分考虑到与订单波次作业相关的多维订单属性,并结合波次作业的实际情景对订单进行相似性度量与订单流向合并,在保证订单物流作业效率的前提下实现了订单延误水平的降低,提高了 B2C 电商订单履行过程对订单的快速响应能力。订单释放波次生成决策在指导电商物流实际作业过程和保证消费者服务水平方面具有重要意义,有必要对其展开进一步的研究,未来可能的研究方向有:①B2C 电商仓库呈现多区块仓库布局的新特点,多区块仓库布局下的订单释放波次生成决策问题值得进一步研究;②实践中的 B2C 电商订单是在线到达的,订单在线到达情形下的订单释放波次生成决策问题需要进一步研究。

参 考 文 献

[1] Boysen N, de Koster R, Weidinger F. Warehousing in the e-commerce era: A survey[J]. European Journal of Operational Research, 2019, 277 (2): 396-411.

[2] de Koster R, Le-Duc T, Roodbergen K J. Design and control of warehouse order picking: A literature review[J]. European Journal of Operational Research, 2007, 182 (2): 481-501.

[3] Henn S, Schmid V. Metaheuristics for order batching and sequencing in manual order picking systems[J]. Computers & Industrial Engineering, 2013, 66 (2): 338-351.

[4] Yaman H D, Karasan O E, Kara B Y. Release time scheduling and hub location for next-day delivery[J]. Operations Research, 2012, 60 (4): 906-917.

[5]　Henn S. Algorithms for on-line order batching in an order picking warehouse[J]. Computers & Operations Research，2012，39（11）：2549-2563.

[6]　van Gils T，Ramaekers K，Caris A，et al. Designing efficient order picking systems by combining planning problems：State-of-the-art classification and review[J]. European Journal of Operational Research，2018，267（1）：1-15.

[7]　国务院办公厅. 国务院办公厅关于推进电子商务与快递物流协同发展的意见 [EB/OL]. [2019-09-19]. http://www.gov.cn/zhengce/content/2018-01/23/content_5259695.htm.

[8]　Çeven E，Gue K R. Optimal wave release times for order fulfillment systems with deadlines[J]. Transportation Science，2017，51（1）：52-66.

[9]　Aerts B，Cornelissens T，Sörensen K. The joint order batching and picker routing problem：Modelled and solved as a clustered vehicle routing problem[J]. Computers & Operations Research，2021，129：105168.

[10]　Leung K H，Choy K L，Siu P K Y，et al. A B2C e-commerce intelligent system for re-engineering the e-order fulfilment process[J]. Expert Systems with Applications，2018，91：386-401.

[11]　中国互联网络信息中心. 2021. 第 47 次《中国互联网络发展状况统计报告》[EB/OL]. [2021-02-03]. https://www. cac.gov. cn/2021-02/03/c_1613923423079314.htm.

[12]　MacQueen J. Some methods for classification and analysis of multivariate observations[J]. Proceedings of the fifth Berkeley Symposium on Mathematical Statistics and Probability，1967，1（14）：281-297.

[13]　Giguère G. Collecting and analyzing data in multidimensional scaling experiments：A guide for psychologists using SPSS[J]. Tutorials in Quantitative Methods for Psychology，2006，2（1）：26-38.

[14]　Kanungo T，Mount D M，Netanyahu N S，et al. An efficient k-means clustering algorithm：Analysis and implementation[J]. IEEE Transactions on Pattern Analysis and Machine Intelligence，2002，24（7）：881-892.

[15]　谢娟英，周颖，王明钊，等. 聚类有效性评价新指标[J]. 智能系统学报，2017，12（6）：873-882.

[16]　Salem S A，Nandi A K. Development of assessment criteria for clustering algorithms[J]. Pattern Analysis and Applications，2009，12（1）：79-98.

[17]　Rousseeuw P J. Silhouettes：A graphical aid to the interpretation and validation of cluster analysis[J]. Journal of Computational and Applied Mathematics，1987，20：53-65.

[18]　Calinski T，Harabasz J. A dendrite method for cluster analysis[J]. Communications in Statistics - Simulation and Computation，1974，3（1）：791519860.

[19]　Davies D L，Bouldin D W. A cluster separation measure[J]. IEEE Transactions on Pattern Analysis and Machine Intelligence，1979，1（2）：224-227.

[20]　Hashimoto W，Nakamura T，Miyamoto S. Comparison and evaluation of different cluster validity measures including their kernelization[J]. Journal of Advanced Computational Intelligence and Intelligent Informatics，2009，13（3）：204-209.

[21]　Dunn J C. Well-separated clusters and optimal fuzzy partitions[J]. Journal of Cybernetics，1974，4（1）：95-104.

[22]　Lu C J，Kao L J. A clustering-based sales forecasting scheme by using extreme learning machine and ensembling linkage methods with applications to computer server[J]. Engineering Applications of Artificial Intelligence，2016，55：231-238.

[23]　Sun L J，Xing X W，Zhou Y X，et al. Demand forecasting for petrol products in gas stations using clustering and decision tree[J]. Journal of Advanced Computational Intelligence and Intelligent Informatics，2018，22（3）：387-393.

[24]　Agrawal R，Imieliński T，Swami A. Mining association rules between sets of items in large databases[C]//

Proceedings of the 1993 ACM SIGMOD International Conference on Management of Data，Washington D.C.，1993：207-216.

[25]　Chen M，Wu H. An association-based clustering approach to order batching considering customer demand patterns[J]. Omega，2005，33（4）：333-343.

[26]　Jiang X W，Sun L J，Zhang Y K，et al. Order batching and sequencing for minimising the total order completion time in pick-and-sort warehouses[J]. Expert Systems with Applications，2022，187：115943.

[27]　肖可，谢勇，王红卫，等. 基于复合相似度的订单分批启发式种子算法[J]. 系统工程学报，2020，35（6）：796-805.

第 3 章　多区块仓库布局下 B2C 电商订单分批优化方法

第 2 章研究了 B2C 电商订单释放波次生成决策问题,订单按波次释放进入拣选环节后面临两个挑战:一是订单拣选首先需要进行订单分批,但 B2C 电商目前常用的多区块仓库布局特点使原有针对单区块仓库布局的订单分批方法不再适用;二是订单拣选批次需要排序,但目前 B2C 电商仓库普遍采用先拣后合的订单分批拣选策略,在这种策略下不合理的批次排序方案会导致订单拣选过程的停滞以及订单合并过程的空闲。本章将针对第一个挑战,研究多区块仓库布局下的订单分批问题,第二个挑战将在第 4 章中开展研究。

3.1　引　　言

B2C 电商订单履行活动包括订单拣选、复核打包、分拣、配送等,其中订单拣选尤为重要,其工作时间占整体的 30%~40%[1],成本占仓库总运营成本的 55%[2],被认为是整个仓库中劳动强度最大、成本最高的活动。订单分批拣选是提高仓库订单拣选效率的关键举措之一[3,4],并在 B2C 电商仓库中得到普遍应用,订单分批拣选是指将多个订单组成一个订单批次,由拣选人员经过一次路由进行拣选,其中一个订单批次中的商品数量不能超过拣选设备的容量。如何科学、合理地将给定订单集合中的订单分成多个拣选批次,以最小化订单总拣选距离,从而节省订单的拣选时间,更快地将订单交付给客户,是当前 B2C 电商企业关注的重点和难点问题。

随着 B2C 电商的快速发展,B2C 电商仓库出现多区块仓库布局的特点,这给订单分批带来了新的挑战。根据对某大型 B2C 电商物流园区的调研,我们观察到其仓库呈现超窄通道、多区块的布局特点。这是因为,一方面,随着电子商务的迅速发展,商品品类众多且不断扩张,为了增加仓库的存储能力、提高空间利用率,仓库管理者不断缩窄货架间拣选通道的距离以获得更多摆放货架的空间,因此仓库呈现出超窄通道的特点;另一方面,在超窄通道中拣选设备无法通过,仓库中仍有部分宽通道使拣选设备通过,以避免拣选人员每次订单拣选都需遍历整个仓库,这样的宽通道将仓库划分为多个区块,因此仓库呈现出多区块的特点。

这种仓库的布局如图 3.1 所示。仓库的纵向方向为两个并排的区块，形成一对，两区块紧密相排，中间没有通道。每个区块由两个货架组组成，在货架组内的货架之间为超窄通道，拣选设备无法直接进入，需要由人进入通道进行商品拣选；货架组之间为宽的横向通道，用于拣选设备的路由。仓库的横向方向为并列的区块对，区块对之间为宽的交叉通道，用于拣选设备通过以避免所有的订单拣选都遍历整个仓库。与已有文献中大多数仓库的入口和出口在同一位置不同[5, 6]，在本章的多区块仓库中，其入口和出口在不同位置。仓库纵向方向最左侧一列有两个区块，为最靠近仓库边缘并排的区块，其中上方区块内横向通道左侧为仓库的入口，下方区块内横向通道左侧为仓库的出口。

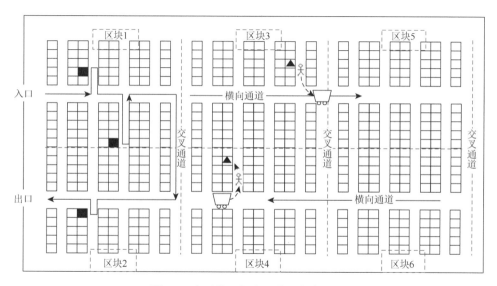

图 3.1　多区块（超窄通道）仓库布局

这种具有超窄通道的多区块仓库布局给订单分批带来以下难点。

（1）在这种仓库布局下，拣选人员和拣选设备按 U 形拣选路径策略进行商品拣选，如图 3.1 所示，一个批次的拣选路径由两侧的横向通道和批次中商品所在最远区块外侧的交叉通道形成 U 形，拣选人员在 U 形拣选路径上进入货架间的超窄通道内进行商品拣选，且拣选人员在拣选通道内的总拣选距离受拣选人员单次拣选能力的影响，当超窄通道内需要拣选的商品数量超过拣选人员的单次拣选能力时，拣选人员需要在超窄通道内往返多次拣选需要拣选的商品。这种仓库布局下的 U 形拣选路径策略不同于以往的拣选路径策略，且拣选人员在超窄通道内的总拣选距离与拣选人员的单次拣选能力有关，这给订单批次的拣选距离计算以及订单分批模型的建立带来了挑战。

（2）在这种仓库布局下，订单具有区块、通道以及通道内位置三个维度的信息，而已有的订单分批算法只能利用订单的通道及通道内的位置这两个维度的信息，因此如何将已有的订单分批算法应用于多区块仓库布局下的分批问题，以及如何将订单的区块信息整合到已有的订单分批算法中，提高其在多区块仓库布局下的订单分批性能是本章面临的另一个挑战。

综上所述，针对 B2C 电商仓库多区块仓库布局给订单分批带来的挑战，本章开展了多区块仓库布局下的订单分批优化方法研究。首先，根据 U 形拣选路径和拣选人员的单次拣选能力，对拣选人员在超窄通道内的拣选距离进行分段式数学公式表达，并据此建立订单分批优化模型；其次，基于三种基础种子算法，提出三种改造方法，使其可以处理多区块仓库布局下具有区块、通道以及通道内位置三个维度信息的订单；最后，参考同领域文献中的实验参数和实际仓库布局情况构造算例，通过数值实验验证本章所提算法的有效性，并得到相应的管理启示。

3.2　问　题　分　析

本节首先对多区块仓库布局下的订单分批问题进行界定和描述；其次对影响该问题的关键因素进行分析，主要有 B2C 电商订单、具有超窄通道的多区块仓库布局和拣选人员的单次拣选能力三方面；再次，分析多区块仓库布局下订单分批问题的复杂性；最后阐述问题的求解思路，为后续分批优化模型的构建以及求解算法的设计奠定基础。

3.2.1　多区块仓库布局下的订单分批问题描述

多区块仓库布局下的订单分批问题的研究背景是在人到货的拣选系统中，订单拣选的方式为按批拣选，且订单信息是已知的。订单分批拣选中多个订单形成一个订单组，由一个拣选人员进行拣选，一个订单组中的商品数量不能超过拣选车的容量，一个订单组所包含的要拣选商品的数量和位置信息形成一个拣选列表。仓库管理者将 B2C 电商客户订单进行分批，由拣选人员按照批次的拣选列表进行拣货。其中，客户订单信息包含订购的商品以及商品在仓库中的位置（区块、通道、通道内位置）。

在仓库内进行订单按批次拣选活动与仓库布局关系密切。在具有超窄通道的多区块仓库布局下 [图 3.2（a）]，有一组订单需要处理，订单按批次进行拣选，多个订单形成一个批次，批次中的商品数量不能超过拣选车的容量，拣选人员根据批次中商品信息形成的拣选列表按照 U 形路径进行拣选，具体拣选路径流程如图 3.2（b）所示。拣选人员的拣选路径分为主路径和辅路径。主路径由两侧的横向通道和批次中商品所在最远区块外侧的交叉通道形成 U 形路径。拣选人员从入口进入横向宽通道，在批次中最远商品所在区块外侧的宽交叉通道转弯，到达另一侧的横向通道，直至行走至出口。拣选人员在主路径上行走的过程中，在经过含有需要拣选商品的超窄通道时，拣选人员会将拣选设备停留在主路径，自己进入超窄通道，拣选需要拣选的商品返回至主路径，在超窄通道内，拣选人员拣选商品的路径为辅路径，可见拣选通道内的拣选路径也为 U 形。需要注意的是，由于拣选设备无法进入超窄通道，受拣选人员的单次拣选能力的影响，拣选人员可能需要在包含需要拣选商品的超窄通道内进行多趟拣选，形成多个 U 形辅路径。具体来说，在含有需要拣选商品的超窄通道内，拣选人员按照需要拣选商品的位置从远到近依次进行拣选，在这个过程中，如果所需拣选商品的数量小于或等于拣选人员的单次拣选能力，则拣选人员拣选完所有商品，回到主路径；如果所需拣选的商品的数量大于拣选人员的单次拣选能力，则拣选人员会从远到近进行拣选，直到拣选的商品数量等于单次拣选能力后返回主路径，之后再次进入超窄通道拣选剩余的商品，以此类推，直至拣完所有的商品，其中，最后一次进入超窄通道拣选的商品数量小于或等于单次拣选能力。拣选完一个超窄通道内的商品后，拣选人员推着拣选设备继续沿主路径行走，直至走到下一个需要拣货的超窄通道，并按照上述方式进行拣货。

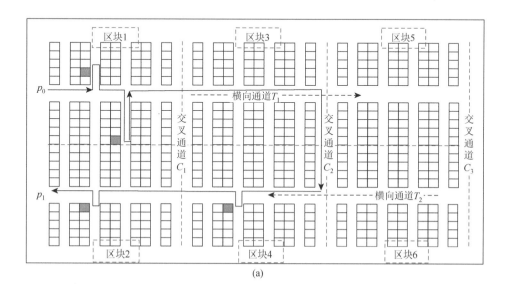

(a)

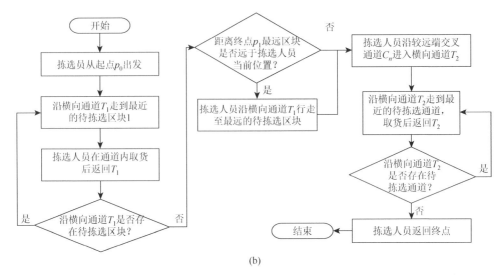

图 3.2　多区块仓库布局下的拣选路径规则流程图

本章的重要决策问题是制定在这种多区块仓库布局下的订单分批策略。因此，本章研究的多区块仓库布局下的订单分批问题是指：在具有超窄通道的多区块仓库布局下，如何对一组订单进行分批，以最小化订单的总拣选距离。该问题综合考虑多区块仓库布局下的多区块、超窄通道，以及拣选人员的行走路径、单次拣选能力等特征，生成的方案有助于在实践中指导分批拣货，提高仓库拣选的效率，缩短订单的交付时间。

3.2.2　问题的影响要素分析

制定多区块仓库布局下的订单分批策略，需要对与其密切相关的影响要素进行分析，如与本章密切相关的要素有 B2C 电商订单、具有超窄通道的多区块仓库布局和拣选人员的单次拣选能力，这些影响要素增大了多区块仓库布局中的订单分批模型建立和求解算法设计的难度。下面将对本章问题的三个影响要素进行分析。

1）B2C 电商订单

B2C 电商订单分为一单一品和一单多品。一单一品订单是指一个订单中只包含一种 SKU。一单多品订单是指一个订单中包含多种 SKU，每个 SKU 存储在不同的货架位置上。B2C 电商顾客购买商品的种类与其需求有关，也与商家的满减活动、满额包邮活动等优惠政策有关。例如，某京东自营店买两件打八折、京东超市满 99 元免运费等，顾客为了以优惠价格购买商品或减免运费，通常会在下单时多购买几种商品。在本章问题的多区块仓库布局中，对于一单多品的订单来说，订单中的 SKU 可能分布在同一区块，也可能分布在不同区块；同一区块中的 SKU 可能分布在同一通道，也可能分布在不同通道内。又因为不同客户订单的商品需求不同，所以不同客户订单中的 SKU 分布情况有差异。因此，对于客户下达的订单来说，不同订单间的 SKU 区块分布差异性大，同一订单的不同 SKU 区块分布密集程度差异性大，使分批规则的制定难度增大。

　　一个批次的拣选距离与 SKU 在仓库中的存储位置及拣选人员进行商品拣选的行走路径有关。当批次中的订单 SKU 存放位置在不同区块时，需要拣选的区块数量增多，行走距离增大。图 3.3 展示了三个订单中商品的位置分布及不同 SKU 在同一批次中一起拣选的拣选路径。根据图 3.3 可知，订单 1 中的 SKU 分布在区块 1、2，订单 2 中的 SKU 分布在区块 1、2、3、4，订单 3 中的 SKU 分布在区块 1、3、5。不同订单合并拣选时的拣选路径不同，需要拣选的区块数量不同，需要行走的距离也不同。将订单 1 与订单 2 合并拣选，所需要行走的区块包含 1～4；将订单 1 与订单 3 合并拣选，所需要行走的区块包含 1～6，可以明显看出，将订单 1 与订单 2 进行合并拣选所行走的距离，与订单 1 与订单 3 合并拣选的行走距离相比更短。一单多品中的订单不可拆分性和区块分布差异性，给订单的分批拣选带来了挑战，不合理的订单合并会增加需要拣选的区块数量。因此，本章综合分析订单、多区块仓库的特点，制定合理的分批策略以提高批次内订单间的相似性，减少批次拣选的区块的数量，以最小化订单的总拣选距离。

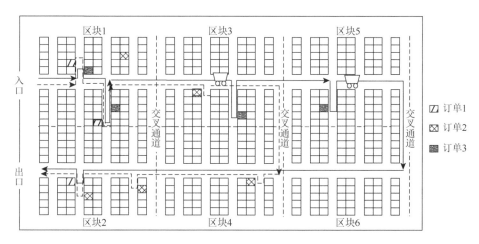

图 3.3　多区块仓库布局下订单 1～3 的 SKU 位置分布

　　2）具有超窄通道的多区块仓库布局

　　（1）多区块：随着商品品类的增多，B2C 电商仓库逐渐演变成拣选通道超窄的多区块仓库，以存储更多种类的商品。在多区块仓库布局下，一个批次的拣选路径中包括在横向通道、交叉通道内行走的 U 形路径和在拣选通道内行走的 U 形路径。这种拣选路径与单区块仓库中的拣选路径不同,拣选距离的表达与计算更加复杂。与单区块仓库布局相比,多区块仓库布局下的订单分批需要处理的订单信息更加复杂。在单区块仓库布局下,订单信息仅含有通道和通道内位置两个维度的信息,而在多区块仓库布局中,对订单进行分批需要考虑区块、通道和通道内位置三个维度的信息。

(2)超窄通道:与一些研究中的宽通道、窄通道不同,超窄通道的宽度更窄,导致拣选设备无法进入,只能放在通道入口,由拣选人员进入通道拣选商品并返回后放置在拣选设备上。因此,在拣选通道超窄情形下,必须分析通道内的 U 形拣选路径和拣选人员的单次拣选能力的特点,以进行订单总拣选距离的表达与计算。

3)拣选人员的单次拣选能力

通过上述分析可知,拣选人员在通道内进行拣选的行走距离与其单次拣选能力有关。拣选人员进入通道内拣货,拣选在其能力范围内的商品数量。拣选人员有单次拣选能力限制,这影响着其进入同一拣选通道内拣货的次数,进而影响批次内订单的总拣选距离。随着 B2C 电子商务的飞速发展,网上购物模式越来越受到客户的青睐,B2C 电商订单增多,且畅销品被购买的可能性更高,因此存放畅销品货架的拣选通道更易被访问,通道内需要拣选的商品数量更多,此时,拣选人员的单次拣选能力限制对订单批次生成方案下的订单总拣选距离会产生更大的影响。

3.2.3 问题的难点分析

多区块仓库布局下的 B2C 电商订单分批问题的复杂性来源于本章问题的订单、多区块仓库布局、拣选人员的单次拣选能力等因素。这些因素为模型的建立、求解算法的设计均带来了一定的难度。该问题的难点主要包含以下四个方面。

(1)多区块仓库布局下的 B2C 电商订单分批问题中,首先要对具有超窄通道的多区块仓库布局进行分析,在这种仓库布局下的 U 形拣选路径策略不同于以往的拣选路径策略,且拣选人员在超窄通道内的总拣选距离与拣选人员的单次拣选能力有关,这给订单批次的拣选距离计算以及模型的建立带来了困难。

(2)在这种仓库布局下,订单具有区块、通道以及通道内位置三个维度的信息。已有的订单分批策略只考虑订单的通道及通道内的位置信息,无法直接应用于本章问题,且订单的区块信息没有得到有效利用,因此如何有效利用订单的区块信息,制定分批策略、设计高效的订单分批求解算法是本章面临的又一困难。

(3)多区块仓库布局下的 B2C 电商订单分批问题是非确定多项式级复杂度

（non-deterministic polynomial hard，NP-hard）问题。随着问题规模的扩大，其求解空间呈指数级增长，很难用精确算法在有效的时间内进行求解。Gademann 和 Velde 证明了订单分批问题从严格意义上来讲是 NP-hard 问题，但在所有批次中只包含一个订单的情形下，该问题可以在多项式时间内得到解决[7]。B2C 电商订单呈现小订单、大规模等特点[8]，批次中包含的订单数量在两个以上，因此可以证明本章问题是 NP-hard 问题，说明了本章问题的复杂性。

（4）多区块仓库布局下的 B2C 电商订单分批问题需要在短时间内得到较优的方案。因为该问题不仅本身很难求解，而且 B2C 电商客户对订单交付的要求较高，为了满足较高的订单履行时效，需要快速生成订单按批次拣选的方案，这使多区块仓库布局下的 B2C 电商订单分批问题的求解难度更加突出。

3.2.4　问题求解思路

通过对订单分批问题的界定和描述、对问题影响要素和复杂性进行分析，可以发现多区块仓库布局下的 B2C 电商订单分批拣选方案的生成是一个具有现实应用背景和独特仓库布局特点的订单分批问题。与单区块、宽通道的仓库布局环境相比，该问题具有多区块、超窄通道仓库布局环境且拣选人员的单次拣选能力有限制等新特点。这些新特点给模型的建立和求解带来了新的困难和挑战。

针对订单批次的拣选距离计算以及模型建立的复杂性，本章首先根据 U 形拣选路径和拣选人员的单次拣选能力，对拣选通道内的拣选距离进行分段式数学公式表达，并将其作为一个约束条件；一个批次的数量不能超过拣选设备的容量限制同样是一个约束条件，根据相应的决策变量和约束条件建立订单分批优化模型。

订单分批问题是一个 NP-hard 问题，其求解空间巨大，精确算法很难在有限时间内进行求解，而且本章问题中拣选距离的计算涉及分段公式，使用精确算法无法计算。基于此，本章提出了一种启发式算法进行求解。在多区块仓库布局中，B2C 电商订单包含了区块、通道和通道内位置三个维度的信息，但已有的启发式订单分批方法在设计时仅考虑了通道和通道内位置两个维度的信息，不符合实践中多区块仓库布局的情况。因此，本书通过对已有单区块仓库布局下的三个最优启发式种子算法进行三种改造，在改造过程中充分考虑了订单的区块信息，设计出了多区块仓库布局下的订单分批优化算法进行模型的求解。通过对不同改造方法下的算法进行对比分析，选择表现较好的订单分批优化算法，生成订单分批拣选方案。本章将在 3.3 节、3.4 节具体介绍多区块仓库布局下的 B2C 电商订单分批优化模型的建立，以及该仓库布局下启式求解算法的设计。

3.3　多区块仓库布局下的订单分批优化模型

本节在 3.2 节对多区块仓库布局下的订单分批问题分析的基础上，首先对问题的基本假设和相关变量表示进行说明，然后依据模型建立的思路，针对本章问题多区块、超窄通道、拣选人员的单次拣选能力有限等特点，构建以最小化订单的总拣选距离为目标的订单分批优化模型，并对其求解复杂性进行分析。

3.3.1　问题假设与变量表示

1. 问题假设

结合多区块仓库布局下的订单分批问题的实践调研和已有研究中订单分批问题的相关文献，本章提出以下假设。

（1）拣选人员在拣选通道的两侧进行拣货，从一侧到达另一侧的时间忽略不计。

（2）客户订单信息已知。

（3）订单不可拆分，即一个订单内的所有商品必须在同一个批次内拣选完成。

（4）拣选设备容量受到限制，确保批次中所有订单商品数量之和不超过拣选设备的容量。

（5）忽略仓库中 SKU 的大小和重量差异。

2. 变量表示

具体变量的定义和说明如下。

1）集合

B 表示区块集合，$b \in B$；A 表示通道集合，$a \in A$；P 表示拣选位置集合，$p \in P$；J 表示订单集合，$j \in J$；I 表示商品集合，$i \in I$；K 表示批次集合，$k \in K$。

2）参数

b_i 表示商品 i 所在区块；a_i 表示商品 i 所在通道；p_i 表示商品 i 所在位置；L_{position} 表示每个位置的长度；S_j 表示订单 j 中的商品多重集（即包含了重复商品的商品集合）；n_j 表示订单 j 中的商品数量；C 表示拣选设备的容量；c 表示拣选人员的单次拣选能力；L_{block} 表示单个区块的宽度；L_{pick} 表示交叉通道的长度；L_{main} 表示横向通道的宽度。

3）决策变量

X_{jk} 为 0-1 变量，表示订单 j 是否分配给批次 k，如果订单 j 分配给批次 k，$X_{jk} = 1$，否则 $X_{jk} = 0$。

4）因变量

dis_k 表示批次 k 的拣选距离；$R_k = \{j|X_{jk}=1\}, \forall k \in K$ 表示批次 k 中的订单集合；$T_k = \bigcup_{j \in R_k} S_j, \forall k \in K$ 表示批次 k 中的商品多重集；$B_k = \{b_i|i \in T_k\}, \forall k \in K$ 表示批次 k 中需要拣选商品的区块集合；$A_{kb} = \{a_i|i \in T_k, \text{ and } b_i = b\}, \forall k \in K$ 表示批次 k 中在区块 b 内需要拣选商品的通道集合；$P_{kba} = [p_i| \ i \in T_k, \text{and } b_i = b, \text{and } a_i = a], \forall k \in K$ 表示批次 k 在区块 b 的通道 a 内需要拣选商品的位置多重集；d_{kba} 表示批次 k 在区块 b 的通道 a 所需的行走距离。

3.3.2　模型建立的思路

订单分批模型的重点是如何表示出订单的分批。对于多区块仓库布局下的订单分批优化模型，由于超窄通道和拣选人员的单次拣选能力限制两个因素的影响，要完成某个批次某一拣选通道内的商品拣选，拣选人员进行拣选的次数和所需的行走距离与拣选通道内所需拣选商品的数量和拣选人员的单次拣选能力有关。单个批次的拣选距离为分段表达，将其作为约束添加到模型中，这是与已有单区块仓库布局下的 B2C 电商订单分批问题的不同之处。

多区块仓库布局下批次距离的计算与表达是建立多区块仓库布局下的 B2C 电商订单分批优化模型的难点之一，本节采用分段式数学公式表示拣选人员在超窄通道内的行走距离，进而表示单个批次所需的行走距离。拣选人员在拣选批次 k 时，在区块 b 的通道 a 中所需的行走距离与批次 k 在区块 b 的通道 a 中需要拣选商品的数量和位置有关。P_{kba} 是批次 k 在区块 b 的通道 a 中需要拣选商品的位置多重集。通过商品的位置集合，可以计算出批次 k 在区块 b 的通道 a 中共有 $|P_{kba}|$ 个需要拣选的商品。拣选人员的单次拣选能力为 c，即进入一次拣选通道最多拣选 c 个商品。

通道内需要拣选的商品的数量 $|P_{kba}|$ 和拣选人员的单次拣选能力决定了需要拣选的次数为 $n = |P_{kba}|/c$。把 P_{kba} 中的拣选位置从小到大依次进行排序，用元素 $p_{kba}(m)$ 表示集合 P_{kba} 中的第 m 个拣选位置，拣选人员对批次 k 在区块 b 的通道 a 中进行 n 次拣选的过程如下。

（1）当 $n=1$ 时，拣选人员只在通道内拣选一次，行走至最远商品位置处并返回，在行走过程中拣选所有商品。此时的拣选距离为

$$e_n = p_{kba}(|P_{kba}|)/2 \times L_{\text{position}} \times 2 \tag{3.1}$$

（2）当 $n>1$ 时，第一次拣选当前通道内距离入口最远的 c 个商品，拣选距离和式（3.1）相同。

第二次拣选剩余所需拣选商品中距离入口最远的 c 个商品，拣选距离为

$$e_n = p_{kba}\left(\left|P_{kba}\right| - c\right) / 2 \times L_{\text{position}} \times 2 \qquad (3.2)$$

以此类推，直至拣选完成区块 b 的通道 a 中所有需要拣选的商品。

综上，第 n 次拣选的距离为

$$e_n = \begin{cases} p_{kba}\left(\left|P_{kba}\right|\right) / 2 \times L_{\text{position}} \times 2, & n = 1 \\ p_{kba}\left(\left|P_{kba}\right| - (n-1) \times c\right) / 2 \times L_{\text{position}} \times 2, & \text{否则} \end{cases} \qquad (3.3)$$

拣选人员对批次 k 在区块 b 的通道 a 中进行 n 次拣选共行走的距离为

$$d_{kba} = \sum_{n=1}^{\left|P_{kba}\right|/c} e_n \qquad (3.4)$$

3.3.3　订单分批优化模型构建

基于上述模型假设、参数及相关分析，建立如下多区块仓库布局下的 B2C 电商订单分批优化模型：

$$\min \ \sum_{k \in K} \text{dis}_k \qquad (3.5)$$

$$\text{s.t.}$$

$$\sum_{k \in K} X_{jk} = 1 , \quad \forall j \in J \qquad (3.6)$$

$$\sum_{j \in J} X_{jk} n_j \leqslant C , \quad \forall k \in K \qquad (3.7)$$

$$\text{dis}_k = \sum_{b \in B} \sum_{a \in A} d_{kba} + \left\lceil \max\{B_k\} / 2 \right\rceil L_{\text{block}} + 2L_{\text{pick}} + \left|A_{kb}\right| L_{\text{main}} / 2 \qquad (3.8)$$

模型的目标式（3.5）为最小化批次的总拣选距离；式（3.6）确保一个订单只能分给一个批次；式（3.7）定义了每个批次的容量限制；式（3.8）定义了每个批次的拣选距离 dis_k，dis_k 由拣选通道内行走的距离、变换区块时沿横向通道和交叉通道行走的距离以及改变拣选通道时垂直于横向通道行走的距离组成。

3.3.4　模型求解复杂性分析

基于所构建的订单分批优化模型，本节从以下两个方面对模型求解的复杂性进行分析。

一方面，多区块仓库布局下的订单分批问题是一个 NP-hard 问题，解空间巨大。例如，假设有 500 个一单多品订单（每个订单中的 SKU 数量均处于[2, 10]范

围内），拣选设备的容量限制为 45 个 SKU。由于订单不可拆分，同一个订单中的 SKU 需要在同一个批次内进行拣选，订单分配变量 X_{jk} 有 500 个，即进行订单分配决策的变量有 500 个。对于 B2C 电商仓库，每天有数以万计的小规模订单，使订单分批问题变量增多，求解空间增大，很难在有限时间内利用精确算法进行求解。同时，由于本章仓库具有多区块、超窄通道的特征，且拣选过程受到拣选人员单次拣选能力的影响，拣选每个批次中的商品时，拣选人员在拣选通道内的行走距离需要用分段公式表达，所以在订单规模较小的情况下，也无法直接用精确算法求解。

另一方面，订单分批优化模型的求解难度还体现在需要在短时间内得到较优的方案。B2C 电商订单越来越高的时效要求，对 B2C 电商仓库生产活动提出了更高的时效要求。仓库需要在更短的时间内生成较优的订单拣选方案，以指导拣选人员进行拣货，从而满足顾客订单的时效要求。

因此，考虑到订单分批优化模型解空间巨大以及需要在短时间内进行求解的难点，本章接下来选择启发式求解算法对该模型进行求解。

3.4　多区块仓库布局下的订单分批算法

多区块仓库布局下的订单分批问题是 NP-hard 问题，建立的分批优化模型是混合整数规划模型，解空间巨大，使用精确算法很难在短时间内进行求解。本节选择以种子算法为基础算法，通过三种改造方法，设计多区块仓库布局下的订单分批算法。算法设计的思路、基础种子算法以及三种改造方法下的订单分批算法阐述如下。

3.4.1　算法设计的思路

本章构建的多区块仓库布局下的订单分批优化模型是混合整数规划模型，其求解算法可以分为精确算法和启发式算法两大类[9]。已有的精确算法（如分支定价算法[10]、列生成算法[11]等）通常只能求解小规模的问题，而订单分批问题已被证明是 NP-hard 问题，解空间巨大，精确算法求解的规模有限且效率很低[12]，难以应用于实践中的订单分批问题，此外，本章问题的订单分批模型中拣选距离的计算为分段公式，无法利用精确算法进行求解。因此，本节选择使用启发式算法求解该问题。

本节以种子算法为基础设计启发式算法。种子算法是订单分批算法中一种常见、高效的启发式算法，在订单分批拣选研究中得到广泛的应用，算法分批规则改造方便，且易于在实践中实现[13]。种子算法包含两个部分：种子订单选择和附加订单选择。首先依据种子订单选择规则选择一个订单作为种子订单，然后根据订单池中的订单与种子订单的相似性，选择附加订单添加到当前批次中，直到达到拣选设备的最大容量。

现有的求解单区块仓库布局下订单分批问题的种子算法无法直接应用于本章问题，因此，本节基于多区块的仓库布局，综合考虑多区块、超窄通道、拣选人员的单次拣选能力、U 形拣选路径等影响因素，以现有研究中单区块仓库布局下的订单分批问题求解算法为基础，通过三种改造方法构建适用于多区块仓库布局下的订单分批启发式算法。

3.4.2 基础种子算法

本节主要介绍种子算法的基本流程以及所选择的三个基础种子算法的分批规则。累积种子算法比种子算法的表现要好[14]，在累积种子算法中，一个批次的种子订单不是一直不变的，每次订单合并后，都将当前批次中的所有订单作为下一次订单合并操作的种子订单。种子算法主要包括种子订单选择和附加订单选择两部分，算法流程如图 3.4 所示。设订单池中的订单集合为 O，具体步骤如下。

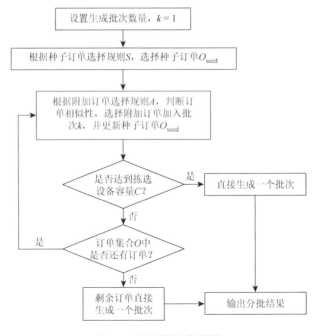

图 3.4　种子算法流程图

（1）根据种子订单选择规则 S，在当前订单池 O 中选择一个订单作为种子订单 O_{seed}，加入当前批次，并在订单池 O 中删除此订单。

（2）根据附加订单选择规则 A，判断订单池中的订单与种子订单 O_{seed} 的相似性，选择与种子订单 O_{seed} 相似性最高的订单作为附加订单，加入当前批次，然后在订单池中删除此订单，并将当前批次中的所有订单更新为种子订单 O_{seed}。

（3）判断当前批次的容量是否达到拣选设备容量 C，如果没有达到，转到步骤（4），如果已经达到，转到步骤（5）。

（4）判断订单池中是否还有订单用于批次生成，如果有，转到步骤（2），如果没有，转到步骤（6）。

（5）直接生成一个拣选批次。

（6）订单池中的剩余订单直接生成一个批次，排列在批次结果的最后。

（7）输出分批结果。

已有学者对种子算法进行了广泛的研究，本节选择文献中的三个最优种子算法（分别来源于文献[15]、文献[16]和文献[14]）作为基础种子算法，并命名为种子算法 A、种子算法 B 和种子算法 C。选择的三个基础种子算法的分批规则介绍如下。

（1）种子算法 A。Ho 和 Tseng 在对种子算法的研究中，得出最少拣选通道数量（smallest number of picking aisles，SNPA）的种子订单选择规则和最少增加通道数量（smallest number of additional picking aisles，SNAPA）的附加订单选择规则的组合性能较好[15]。接下来对这两个规则进行详细描述。

种子订单选择规则：SNPA。首先分别计算拣选人员拣选订单池 O 中订单 i 所需访问的拣选通道的数量 NPA(i)，然后从订单池 O 中选择具有拣选通道数量 NPA(i^*) 最小的订单 i^* 作为种子订单 O_{seed}；若订单 i^* 为多个，则按顺序选择第一个。

附加订单选择规则：SNAPA。对于除种子订单之外的订单池 O 中的其他订单，首先计算如果将订单 j 加入当前批次（batch）中，拣选人员所需访问的额外的通道数量 NAPA(j,batch)，然后选择需要拣选的额外通道数量 NAPA(j^*,batch) 最少的订单 j^* 作为附加订单。

（2）种子算法 B。根据 Ho 等在 2008 年的研究，SNPA 和最短平均相互最近通道距离（shortest average mutual-nearest-aisle distance，SAMAD）的附加订单选择规则的组合性能较好[16]。

种子订单选择规则：SNPA。此规则与种子算法 A 中的种子订单选择规则一致。

附加订单选择规则：SAMAD。对于除种子订单 i 之外的订单池 O 中的其他订单，首先分别计算订单 j 中的商品与订单 i 中的商品之间的平均最近通道距离 ANAD$_{j \to i}$，其为订单 j 各商品与订单 i 中距离最近商品的通道距离之和与订单 j 中商品数量之比；其次计算订单 i 中的商品与订单 j 中的商品之间的平均最近通道距离 ANAD$_{i \to j}$，其为订单 i 中各商品与订单 j 中距离最近商品的通道距离之和

与订单 i 中商品数量之比；然后计算订单 i 与订单 j 的平均相互最近通道距离 AMAD(j,i)（ AMAD(j,i) = (ANAD$_{j\to i}$ + ANAD$_{i\to j}$) / 2 ）；最后选择与种子订单 i 合并拣选时，平均相互最近通道距离 AMAD(j^*,i) 最短的订单 j^* 作为附加订单。

（3）种子算法 C。De Koster 等在 1999 年的研究中，得出最多拣选通道（greatest number of picking aisles，GNPA）的种子订单选择规则和最大节省距离（greatest total distance saving，GTDS）的附加订单选择规则的组合性能较好[14]。

种子订单选择规则：GNPA。首先分别计算拣选人员拣选订单池 O 中订单 i 所需访问的拣选通道的数量 NPA(i)，然后从订单池 O 中选择具有拣选通道数量 NPA(i^*) 最多的订单 i^* 作为种子订单 O_{seed}。

附加订单选择规则：GTDS。对于除种子订单 i 之外的订单池 O 中的其他订单，首先分别计算拣选订单 i 的行走距离 d_i、拣选订单 j 的行走距离 d_j 以及订单 i 与订单 j 合并拣选的行走距离 d_{ij}，然后计算两个订单合并拣选比分别拣选时节省的距离 TDS(j,i)（ TDS(j,i) = $d_i + d_j - d_{ij}$ ），最后选择与种子订单 i 合并拣选时节省距离 TDS(j^*,i) 最大的订单 j^* 作为附加订单。

3.4.3　三种改造方法下的订单分批算法

本节对 3.4.2 节中的三个基础种子算法进行改造，使其能够求解多区块仓库布局下的订单分批问题，主要采用了三种改造方法。接下来主要介绍三种改造方法及每种改造方法下的三个算法。

参考 3.3.3 节构建的订单分批模型，结合订单分批约束和多区块仓库布局下的拣选路径策略，对三个基础种子算法进行改造，以构建适用于多区块仓库布局的订单分批算法。在多区块仓库布局下，SKU 具有区块、通道以及通道内位置三个维度的信息，已有种子算法中的订单分批策略只能利用订单的通道及通道内的位置这两个维度的信息，将订单信息由三个维度转化为两个维度，并利用三个基础种子算法进行求解，是第一种改造方法。由于仓库多区块、超窄通道和 B2C 电商订单一单多品的特征，一个订单中的 SKU 可能位于多个区块，不同订单的 SKU 区块分布差异性大，同一订单的不同 SKU 区块分布密集程度差异大。合理、有效地利用订单的区块信息设计算法能够有效提高分批性能。第二种改造方法是对种子算法的分批规则进行改造，三个基础种子算法分批时未考虑区块信息，对其采用的种子订单选择规则和附加订单选择规则进行改造，在选择规则中加入订单信息中的区块信息进行考量，构建三个考虑区块要素的分批算法。第三种改造方法是对种子算法的流程进行改造，在进行分批前，先依据订单的区块信息对订单集合进行初步筛选，筛选出订单集合中的一部分订单，再依据三个基础种子算法中的种子订单选择规则和附加订单选择规则进行分批。三种改造方法下的订单分批算法如图 3.5 所示。

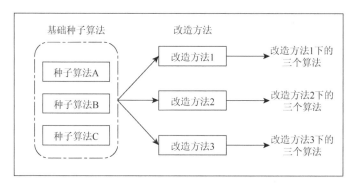

图 3.5　三种改造方法下的订单分批算法

1. 三个基于改造方法 1 的算法

多区块仓库布局下的 B2C 电商订单具有区块、通道和通道内位置三个维度的信息，用 (x, y, z) 表示；上述三个种子算法解决的是单区块仓库布局下的订单分批问题，订单具有通道和通道内位置两个维度的信息，用 (a, b) 表示。将多区块仓库布局下的订单信息 (x, y, z) 转化为三个种子算法中可以使用的 (a, b) 信息，在设计中将多区块仓库布局下的订单信息中的区块和通道信息看作一个整体，根据 $(x, y, z) \rightarrow ((x, y), z)$ 去衡量三个基础种子算法中种子订单选择规则和附加订单选择规则所需的量。

对订单池中的订单进行信息维度改造后，直接采用 3.4.2 节中的种子算法 A、种子算法 B 和种子算法 C 进行订单分批，将改造方法 1 下的三个算法分别命名为算法 A1、算法 B1 和算法 C1。

2. 三个基于改造方法 2 的算法

多区块仓库布局中超窄通道的存在使区块之间交叉通道的作用更加鲜明，更影响一次拣货巡回的行走距离，在订单分批时加入订单区块信息的考量，可以有效减少由横向通道和交叉通道组成的大的 U 形拣选路径的距离。第二种改造方法是在对种子算法的种子订单选择规则和附加订单选择规则进行改造，在设计多区块仓库布局下分批优化算法的种子订单选择规则和附加订单选择规则时，考虑订单的区块要素信息，对单个订单或订单之间所需拣选的区块数量变化进行衡量。在第二种改造方法下，种子算法 A、种子算法 B 和种子算法 C 的算法流程不变，其采用的分批规则改变，将改造方法 2 下的三个算法分别命名为算法 A2、算法 B2 和算法 C2。对三个算法的分批规则介绍如下。

1）算法 A2

算法 A2 中种子订单选择规则和附加订单选择规则分别是：最小最远区块 & 最少拣选通道（smallest the farthest block & smallest number of picking aisles，

SFBSNPA）和最少增加区块数量&最少增加通道数量（smallest number of additional picking blocks & smallest number of additional picking aisles，SNAPBSNAPA）。

种子订单选择规则：SFBSNPA。首先分别计算订单池 O 中所有订单 i 的最远区块 $FB(i)$，选择具有最小 $FB(i^*)$ 的订单 i^*；然后计算订单 i^* 的拣选通道数量 $NPA(i^*)$，选择具有最小 $NPA(i^{**})$ 的订单 i^{**} 作为种子订单 O_{seed}。

附加订单选择规则：SNAPBSNAPA。对于除种子订单之外的订单池 O 中的其他订单，首先计算如果将订单 j 加入当前批次中，需要增加的拣选区块数量 $NAPB(j, batch)$，选择具有最小 $NAPB(j^*, batch)$ 的订单 j^*；然后计算若将订单 j^* 加入批次中，需要增加拣选的通道数量 $NAPA(j^*, batch)$，选择具有最小 $NAPA(j^{**}, batch)$ 的订单 j^{**} 作为附加订单。

2）算法 B2

算法 B2 中种子订单选择规则和附加订单选择规则分别是：SFBSNPA 与最短平均相互最近区块和通道距离（shortest average mutual-nearest block and aisle distance，SAMBAD）。

种子订单选择规则：SFBSNPA。此规则与算法 A2 中的种子订单选择规则一致。

附加订单选择规则：SAMBAD。对于除种子订单 i 之外的订单池 O 中的其他订单，首先分别计算订单 j 中的商品与订单 i 中的商品之间的平均最近区块距离 $ANBD_{j \to i}$，其为订单 j 中各商品与订单 i 中距离最近商品的区块距离之和与订单 j 中商品数量之比；其次计算订单 i 中的商品与订单 j 中的商品之间的平均最近区块距离 $ANBD_{i \to j}$，其为订单 i 中各商品与订单 j 中距离最近商品的区块距离之和与订单 i 中商品数量之比；然后计算订单 j 与订单 i 的平均相互最近区块距离 $AMBD(j, i)$（$AMBD(j,i) = (ANAD_{j \to i} + ANAD_{i \to j}) / 2$），选择具有最小 $AMBD(j^*, i)$ 的订单 j^*；然后计算订单 j^* 与订单 i 的平均相互最近通道距离 $AMAD(j^*, i)$，选择具有最小 $AMAD(j^{**}, i)$ 的订单 j^{**} 作为附加订单。

3）算法 C2

算法 C2 中种子订单选择规则和附加订单选择规则分别是：最大最远区块&最多拣选通道（greatest the farthest block & greatest number of picking aisles，GFBGNPA）和 GTDS。

种子订单选择规则：GFBGNPA。首先分别计算订单池 O 中所有订单 i 的最远区块 $FB(i)$，选择具有最大 $FB(i^*)$ 的订单 i^*，然后计算订单 i^* 的拣选通道数量 $NPA(i^*)$，选择具有最大 $NPA(i^{**})$ 的订单 i^{**} 作为种子订单 O_{seed}。

附加订单选择规则：GTDS。此规则与种子算法 C 中的附加订单选择规则一致。

3. 三个基于改造方法 3 的算法

多区块仓库布局的存在使订单可能存在于多个不同的区块，第三种改造方法是：第一步，在对订单池中的订单进行分批操作前，先筛选出特定区块的订单；第二步，再根据三个基础种子算法的分批规则进行订单合并。这种基于改造方法 3 的"先选区块—再分批"的算法流程，与基础种子算法的流程不同，其算法流程见图 3.6。在第三种改造方法下，订单量较少时，很有可能出现第一次选择区块时，订单数量达不到一个批次数量的情况。如果严格按照是否满足一个批次商品数量 C 进行分批，则在当前订单数量为 $C-1$ 时，不形成一个批次，等待与下一个订单集合一起进行分批，此时订单批次中商品所在的最远区块会变远，导致拣选距离增加，大于将当前订单集合直接分成一个批次的情况。因此，设置一个比例 R，当第一步筛选后的订单集合中的商品数量达到一个批次商品数量的比例 R 时，即可组成一个批次。将改造方法 3 下的三个算法分别命名为算法 A3、算法 B3 和算法 C3。

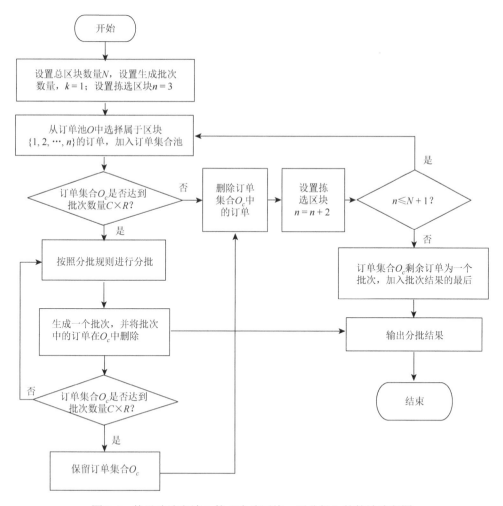

图 3.6　基于改造方法 3 的"先选区块—再分批"的算法流程图

基于改造方法 3 的"先选区块—再分批"的算法具体逻辑如下。

（1）选择商品仅在第 1 列区块中的订单，生成订单集合 O_c。

（2）订单数量的判断：判断集合中的商品数量是否满足一个批次商品数量的比例 R，若是，则进行分批，并在订单集合 O_c 中删除批次订单；若不是，则删除订单集合 O_c 中的全部订单，进行下一次的区块选择。

（3）选择仅在第 1、2 列区块（包括仅在第 1 列区块，仅在第 2 列区块，以及同时在第 1、2 列区块）中的订单，形成订单集合 O_c，并进行数量的判断。

（4）以此类推，进行订单池中的订单选择并分批。

（5）若所有订单池中的订单都被选择到订单集合 O_c 中，且订单集合 O_c 中的订单数量不满足一个批次商品数量的比例 R，此时，直接将订单集合 O_c 中的订单生成一个批次，并排列在所有批次的后面。

3.5　数值实验与结果分析

为了验证模型和算法的有效性，本节根据 B2C 电商仓库的实际运作情况并参考相关文献的实验参数设计了一系列算例。本章研究的多区块仓库布局下的 B2C 电商订单分批问题来源于真实物流运作场景，设计算例时应尽可能贴近实际，多区块仓库布局参考中国某大型网上超市的商品仓库布局设置。基于该仓库布局，3.4 节对三个基础种子算法进行三种改造，形成了 9 个新的算法，本节对 9 个算法进行对比分析，选择表现最好的分批算法并分析不同区块数量和不同单次拣选能力对其影响，根据测试结果得出相应的管理启示。然后，与先到先服务（first come first service，FCFS）算法进行对比分析，验证所提算法的有效性。算法基于 Python 3.7 实现，测试环境为 Intel 酷睿双核 3.71GHz 处理器，内存为 12GB 的 Windows 10 平台。

3.5.1　算例设计

本章研究的多区块仓库布局下的订单分批问题与已有订单分批问题的不同之处在于本章考虑了一种具有超窄通道的多区块仓库布局，虽然目前对多区块仓库布局中的订单分批问题研究较少，但对单区块仓库布局的 B2C 电商订单分批问题已得到广泛研究，因此可以参考已有文献的数值实验进行某些参数的设置。

由于本章中的多区块仓库布局来源于实践，每个仓库中商品品类的数量短时间内不会改变，因此设置仓库中存放货架的数量是不变的，增加交叉通道数量以改变区块数量。为了计算方便、便于划分区块，仓库中每一条横向通道的每侧设置 200 个货架，每侧货架之间有 100 个拣选通道，每个拣选通道两侧各有 20 个存储位置，每个存储位置的长度为 1m，每个存储位置只存放一种 SKU，且每种商品的体积、重量相等。每个货架和拣选通道的宽度为 1m，横向通道的宽度为 3m。
Scholz 等关于单个订单拣选人员的路径问题的研究中，通过改变拣选通道数量创
建不同实例[17]，本节参照这种方法，在货架总数量、拣选通道总数量保持不变的
情况下，增加交叉通道的数量以划分区块，每条交叉通道的宽度为 3m，根据上述
仓库布局，每条交叉通道的长度为两个货架的长度，即 40m。由于仓库内的货架
总数量保持不变，为了保证每个区块内的货架设置相同，交叉通道数量取值范围
为{1, 2, 4, 5, 10, 20, 25, 50, 100}。3.5.2 节对 9 个优化算法的测试中，设置交叉通
道的数量为 4、5、10，对应区块数量 b 为 8、10、20。拣选人员按照 3.2.1 节的 U
形拣选路径策略下的拣货规则在仓库中行走并拣货。

仓库中商品的存储位置分配，考虑一种常用的基于类别的存储策略：ABC 存
储策略，与 Henn[18]采用的存储策略一致。ABC 存储策略是根据商品的预期需求
频率，将商品分为 A、B、C 三类。A 类是畅销商品，B 类是中等级别的商品，C
类是需求频率低的商品，三类商品分别占比 52%、36%和 12%。A、B、C 三类商
品存放位置的比率为 1∶3∶6。在每一类商品中，商品的位置是随机确定的。本
章中的货架数量是固定的，货架摆放位置也是不变的，按照 ABC 存储策略存放商
品。在这种存储策略下，商品被分为三类：A 类商品是需求较高的商品，它包含
10%的商品，可以满足 52%的需求；B 类商品是需求中等的商品，它包含 30%的
商品，可以满足 36%的需求；C 类商品是需求较低的商品，它包含 60%的商品，
可以满足 12%的需求。这三类商品在仓库的水平方向上进行存储，其中前 10%的
货架存放 A 类商品、中部 30%的货架存放 B 类商品、后 60%的货架存放 C 类商
品。因此，在每一条横向通道的每一侧货架上，靠近仓库左侧出入口的前 20 个货
架存放 A 类商品，中间 60 个货架存放 B 类商品，后 120 个货架存放 C 类商品。

B2C 电商订单由客户在网上下单，不同的订单所包含的商品数量是随机的，
参考文献[19]中的经典算例，本节设置订单平均包含商品数量满足[2，10]的随机
分布。由于本章问题的拣选货架数量多，为了与仓库布局规模匹配，本章问题进
行数值实验时选择的订单规模，最大设置为 1000。因此，设置订单数量 n 取值为
50，200，500，1000。假设订单中每一种商品的数量均为 1。拣选设备的容量 C 设
置为 45，一个批次中所有订单的商品总数不能超过容量限制 C。

本节所研究的仓库为超窄通道，拣选设备无法进入通道拣货，同一个拣选通
道内需要拣选的商品数量不确定，实际中仓库拣选人员的能力受到自身限制，当
同一通道内需要拣选的商品数量过多时，存在多次拣选的可能。Chen 等在对超窄
通道拣选路径策略的研究中未涉及这个参数，假设拣选人员仅进入同一个通道一
次就能够拣完通道内的所有商品[20]。为了增加本算例与实际情况的贴近程度，引
入拣选人员的单次拣选能力参数。根据实践中拣选人员的实际行为能力，本算例
将拣选人员的单次拣选能力参数 SA 设置为 3。

在对三个基础种子算法进行第三种改造时，订单量较少时，第一步筛选出的订单数量可能达不到拣选设备的容量，此时，设置当第一步筛选出的订单数量达到一个批次商品数量的比例 R 时，即按照一个批次拣选。为了确定 R 的取值，选择对种子算法 A 进行第三种改造的算法 A3 进行初步实验，选择小订单量 $n=50$，$n=100$ 两种订单量情况，将区块数量固定为 10，设置比例 R 在[1/2, 3/5, 2/3, 3/4, 4/5, 1]中取值。在两种订单量的情况下，比例 R 的不同取值下，订单的平均拣选距离箱形图如图 3.7 所示。箱形图用于表示数据的分布特征，图 3.7 对各个比例 R 下订单平均拣选距离的中位数作折线图，直观地显示了平均拣选距离中位数随比例 R 变化的情况。由图 3.7 可知，当订单量 $n=50$，比例 R 取值为 3/4 时，订单的平均拣选距离最短；当订单量 $n=100$ 时，比例 R 取值为 2/3、3/4、4/5 时，平均拣选距离差别不大。由于比例 R 的取值在订单量较小时影响较大，因此设置比例 R 的值为 3/4。

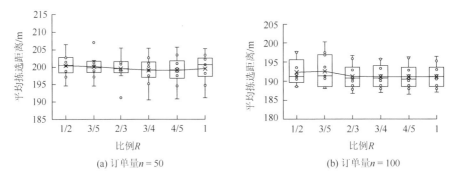

(a) 订单量 $n=50$　　　　　　　　(b) 订单量 $n=100$

图 3.7　比例 R 变化时订单平均拣选距离箱型图（订单量 $n=50,100$）

如上所述，表 3.1 为数值实验拣选区域的参数设置。其中，设置了 4 种订单规模，3 种区块数量，共 12 个问题集合，如表 3.2 所示。

表 3.1　数值实验拣选区域的参数设置

实验参数	数值
拣选设备容量	45 个 SKU
订单平均包含商品数量	U（2，10）
横向通道每侧货架数量	200
单个货架存储位置数量	20
存储方式	ABC 存储策略
单次拣选能力	3 个 SKU
比例 R	3/4
订单规模	50，200，500，1000
区块数量	8，10，20

表 3.2　问题集合参数设置

问题集合	订单数量/个	区块数量/个	交叉通道数量/个	交叉通道宽度/m	货架数量/个	存储策略	订单商品数/个	拣选设备容量/SKU
1	50	8	4	3	800	ABC	$U(2, 10)$	45
2	50	10	5	3	800	ABC	$U(2, 10)$	45
3	50	20	10	3	800	ABC	$U(2, 10)$	45
4	200	8	4	3	800	ABC	$U(2, 10)$	45
5	200	10	5	3	800	ABC	$U(2, 10)$	45
6	200	20	10	3	800	ABC	$U(2, 10)$	45
7	500	8	4	3	800	ABC	$U(2, 10)$	45
8	500	10	5	3	800	ABC	$U(2, 10)$	45
9	500	20	10	3	800	ABC	$U(2, 10)$	45
10	1000	8	4	3	800	ABC	$U(2, 10)$	45
11	1000	10	5	3	800	ABC	$U(2, 10)$	45
12	1000	20	10	3	800	ABC	$U(2, 10)$	45

3.5.2　三种改造方法下 9 个算法的测试结果分析

根据 3.4 节对基于种子算法的订单分批问题求解算法的介绍，三种改造方法下的 9 个算法如表 3.3 所示。为了便于表示与比较，这里将对种子算法 A 进行三种改造的算法 A1、算法 A2、算法 A3 统称为 AT 类。同理，对种子算法 B、种子算法 C 分别进行三种改造的三个算法统称为 BT 类、CT 类。为了验证所提算法的有效性，对 9 个算法的测试结果进行对比分析，选择 12 个问题集合下的订单平均拣选距离这一指标，3.3.3 节模型的目标函数为总拣选距离最小化，在订单量一定的情况下，平均拣选距离与总拣选距离相当，在订单量不同的情况下，平均拣选距离更能衡量算法的优劣。

表 3.3　三种改造方法下的 9 个算法

基础种子算法	算法类别	改造方法 1	改造方法 2	改造方法 3
种子算法 A	AT	A1	A2	A3
种子算法 B	BT	B1	B2	B3
种子算法 C	CT	C1	C2	C3

12 个问题集合下的 9 个算法分批实验结果如表 3.4 所示。由表 3.4 可知，9 个算法在 12 个问题集合下的订单平均拣选距离均值分别为 205.72m、189.47m、

185.41m、191.45m、193.78m、188.63m、180.04m、174.07m、175.63m，见表 3.4 的均值（算法）行。算法 C2 的订单平均拣选距离均值为 174.07m，小于其他所有的算法，是 9 个算法中表现最好的算法。算法 A1 的订单平均拣选距离均值为 205.72m，是 9 个算法中表现最差的算法。算法 C2 比算法 A1 平均节省 15.38% 的订单平均拣选距离，可见算法的有效性。此外，三种算法类别 AT、BT 和 CT 的订单平均拣选距离均值分别为 193.53、191.29 和 176.58，参见表 3.4 的均值（类别）行，其中以 193.53 为例，它表示 AT 算法类别中算法 A1、A2 和 A3 的订单平均拣选距离均值。三种改造方法 1、2 和 3 的订单平均拣选距离均值分别为 192.40、185.77 和 183.22，参见表 3.4 的均值（改造）行，其中以 192.40 为例，它表示改造方法 1 中算法 A1、B1 和 C1 的订单平均拣选距离均值。

表 3.4　9 个算法分批实验结果

订单数量	区块数量	平均拣选距离/m								
		算法 A1	算法 A2	算法 A3	算法 B1	算法 B2	算法 B3	算法 C1	算法 C2	算法 C3
50	8	222.13	209.85	204.55	207.51	208.02	202.75	197.91	193.55	196.34
	10	216.03	201.79	196.02	201.11	201.91	196.08	191.89	187.24	190.50
	20	221.00	206.67	202.58	204.95	211.52	201.97	197.74	193.18	199.12
200	8	205.09	191.00	184.69	190.79	192.56	188.60	179.97	174.20	174.50
	10	200.44	183.61	180.29	185.23	186.39	181.96	175.45	168.42	169.90
	20	205.40	187.93	186.51	189.35	192.94	186.67	181.38	175.42	177.83
500	8	200.49	184.96	180.09	188.28	189.39	186.24	173.36	167.86	168.08
	10	201.71	184.59	179.67	187.82	189.54	184.76	175.03	167.82	168.11
	20	203.99	184.40	182.33	188.59	191.99	186.21	177.36	171.11	172.20
1000	8	197.18	181.87	176.93	186.16	187.78	184.21	170.01	163.61	163.91
	10	197.95	180.31	176.10	185.08	187.03	183.48	170.00	163.21	163.33
	20	197.22	176.65	175.12	182.56	186.23	180.58	170.32	163.24	163.73
均值（算法）		205.72	189.47	185.41	191.45	193.78	188.63	180.04	174.07	175.63
均值（类别）		193.53			191.29			176.58		
均值（改造）		192.40	185.77	183.22						

在各问题集合下，针对不同的订单规模和区块数量情况，AT 类、BT 类算法的表现情况一致，CT 类算法中的三个算法表现情况受到订单规模和区块数量的影响。以订单数量 $n = 50$，区块数量 $b = 8$ 为例，AT 类别的三个算法的订单平均拣选距离分别为 222.13m、209.85m 和 204.55m，算法 A3 表现优于算法 A2，优于算法 A1；BT 类别的三个算法中的订单平均拣选距离分别为 207.51m、208.02m 和 202.75m，算法 B3 优于算法 B1，优于算法 B2。对于 CT 类别的三个算法，无论哪种订单规模和区块数量，都是算法 C2 表现最优，当订单规模较小（$n = 50$）时，

区块数量较大（$b = 20$）时，使用算法 C3 的平均拣选距离为 199.12m，算法 C1 为 197.74m，算法 C1 优于算法 C3；其余问题集合情况下，算法 C3 的结果均优于算法 C1。三个类别中，具体算法的比较情况如表 3.5 所示。

表 3.5 三个算法类别中具体算法的比较情况

算法类别	问题集合情况	改造方法比较
AT	所有情况	算法 A3 优于算法 A2 优于算法 A1
BT	所有情况	算法 B3 优于算法 B1 优于算法 B2
CT	$n = 50$，$b = 20$	算法 C2 优于算法 C1 优于算法 C3
	其他情况	算法 C2 优于算法 C3 优于算法 C1

为了探究三个基础种子算法的性能，图 3.8 显示了不同订单数量情况下，AT 类（基于种子算法 A 的三个算法）、BT 类（基于种子算法 B 的三个算法）和 CT 类（基于种子算法 C 的三个算法）中订单的平均拣选距离均值的变化情况。可以看出，在每个订单数量的情况下，均是基于种子算法 C 进行改造的算法平均拣选距离的平均值最小，表现最好。当订单数量逐渐增加时，种子算法 A 和种子算法 B 的差距逐渐缩小，当订单数量 $n = 1000$ 时，种子算法 A 的性能超过种子算法 B。通过图 3.8 可知，从整体来看，无论基于哪种种子算法改造的算法，随着订单量的增加，订单的平均拣选距离逐渐缩短。

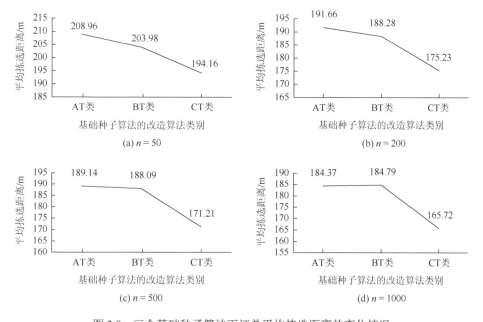

图 3.8 三个基础种子算法下订单平均拣选距离的变化情况

　　为了探究三种改造方法的性能，图 3.9 显示了不同订单数量情况下，三种改造方法下的订单平均拣选距离平均值的变化情况。通过图 3.9 可知，从整体上来看，无论哪种订单数量情况，均是改造方法 3 最好，改造方法 2 次之，改造方法 1 最差。

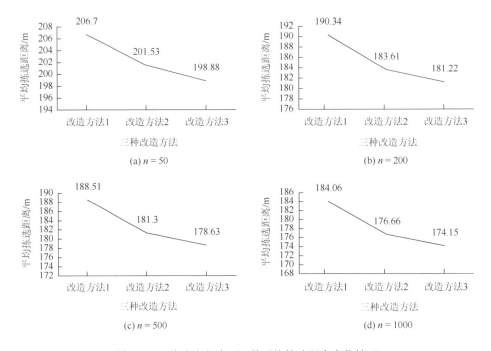

图 3.9　三种改造方法下订单平均拣选距离变化情况

　　接下来，根据所有问题集合下的订单平均拣选距离，计算每一类别中三个算法之间的差距，见表 3.6。可以看出，三个算法类别中，改造方法 3 的三个算法下的订单平均拣选距离均小于使用改造方法 1 的情况，改造方法 2 的三个算法中对种子算法 B 进行改造时拣选距离大于改造方法 1 的情况，说明对种子算法 B 进行第二种改造性能较差。对于订单的平均拣选距离，改造方法 2 下的算法比基于改造方法 1 平均节省 3.34% 的拣选距离，改造方法 3 下的算法比改造方法 1 平均节省 4.60% 的拣选距离，改造方法 3 比改造方法 2 平均节省 1.34% 的拣选距离，这说明改造方法 3 总体优于改造方法 2 和改造方法 1。上述分析说明了改造方法 3 和改造方法 2 与改造方法 1 相比，可以在一定程度上缩短拣选人员的拣货行走距离，缩短订单的拣选时间，提高拣货效率和订单履行时效，说明了本章所设计的分批优化算法的有效性。

表 3.6　三种改造方法之间的订单平均拣选距离比较

算法类别	改造方法 2 与改造方法 1 距离差距/%	改造方法 2 与改造方法 3 距离差距/%	改造方法 3 与改造方法 1 距离差距/%
AT	−7.90	2.19	−9.87
BT	1.21	2.73	−1.48
CT	−3.32	−0.89	−2.45
均值	−3.34	1.34	−4.60

注：距离差距 =（原算法距离−比较算法距离）/比较算法距离×100%。

通过上述分析可知，所设计的 9 个算法中，通过改造方法 2 对种子算法 C 进行改造的算法 C2 表现最好；在三个基础种子算法中，种子算法 C 表现最好；在三种改造方法中，改造方法 3 最好。虽然改造方法 3 总体优于改造方法 2，但最优的算法不是改造方法 3 下的三个算法之一，而是通过改造方法 2 对种子算法 C 进行改造的算法 C2。

接下来对改造方法 1 下的三个算法（算法 A1、算法 B1、算法 C1）之间、改造方法 2 下的三个算法（算法 A2、算法 B2、算法 C2）之间以及改造方法 3 下的三个算法（算法 A3、算法 B3、算法 C3）之间的表现情况分别进行对比说明。计算 12 个问题集合下的 9 个算法平均拣选距离的平均值，此时订单的平均拣选距离变化情况如图 3.10 所示。由图 3.10 可知，使用改造方法 1 对三个基础种子算法进行改造时，三个算法下订单的平均拣选距离分别为 205.72m、191.45m 和 180.04m，算法 C1 下的平均拣选距离小于算法 B1 并小于算法 A1；使用改造方法 2 对三个基础种子算法进行改造时，三个算法下订单的平均拣选距离分别为 189.47m、193.78m 和 174.07m，算法 C2 下的平均拣选距离小于算法 A2 并小于算法 B2；使用改造方法 3 对三个基础种子算法进行改造时，三个算法下订单的平均拣选距离分

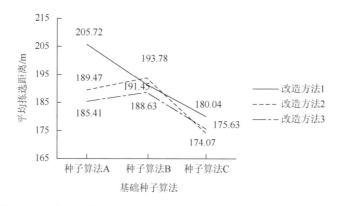

图 3.10　三个基础算法不同改造方法下订单平均拣选距离的变化情况

别为 185.41m、188.63m 和 175.63m，算法 C3 下的平均拣选距离小于算法 A3 并小于算法 B3。不同改造方法下的三个算法进行比较时，改造方法 2 和改造方法 3 下的种子算法 B 表现最差。图 3.8 显示了种子算法 B 总体上在前三种订单量下，优于种子算法 A，与图 3.10 结合分析可知，种子算法 A 在使用改造方法 1 时的平均拣选距离与种子算法 B 相比相差幅度较大，在总体计算时，会降低其性能。

3.5.3 不同影响要素对测试结果的影响分析

本节进一步探究区块数量和拣选人员的单次拣选能力对所设计的算法的影响，对算法进行灵敏度分析。通过表 3.5 和图 3.8 可知，在各问题集合下，三种改造方法下，均是种子算法 C 为基础算法时分批效果最好；在三种改造方法下，对于种子算法 C 进行第二种改造的算法 C2 分批效果最好。因此本节探究不同影响要素对测试结果的影响时，选择考虑区块要素的算法 C2。接下来对不同影响要素展开分析。

1. 不同区块数量的测试结果分析

在算例中仓库共有 800 个货架，仓库管理者短期内不会改变仓库存放商品的种类及数量，因此货架的数量是一定的，在考虑超窄通道的多区块仓库布局中，管理者通过改变交叉通道的数量以增加或减少区块数量。本节探究区块数量的变化对算法 C2 分批结果的影响。对于区块数量，本节依次取 $b=2,4,8,10,20,40,50,100,200$。有两个极端情况，区块数量 $b=2$ 和 $b=200$，当区块数量 $b=2$ 时，区块中只有 1 条交叉通道数量，此时每个区块横向通道每侧有 100 个拣选通道；当区块数量 $b=200$ 时，区块中交叉通道的数量有 100 条，此时每个区块横向通道的每侧有 1 个拣选通道；这两种极端情况仅用于实验中讨论，实际情况下不会发生。本节实验选择订单数量 $n=500$，探究区块数量变化时订单的平均拣选距离变化情况，如图 3.11 所示。

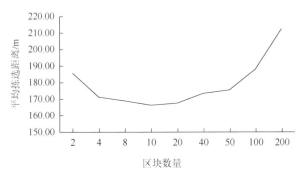

图 3.11 不同区块数量下订单平均拣选距离的变化情况

从图 3.11 可以看到，订单的平均拣选距离随着区块数量的增加整体上呈现先下降后上升的趋势。区块数量从 2 增加到 10 时，平均拣选距离下降，区块数量继续从 10 增加到 200 时，平均拣选距离上升。在本节选择的区块数量取值下，当 $b=10$ 时，订单平均拣选距离最短，为 166.37m；当 $b=20$ 时，平均拣选距离为 167.61m，增幅不大；由于本章问题选择的区块单侧货架总数量为 200，当区块数量为 10～20 时，每个区块中的货架数量无法取整数，为了保证每个区块中的货架数量取整且相同，因此未选择 10～20 的区块数量，此外，根据图 3.11，在区块数量取值足够大的情况下，平均拣选距离随区块数量增加呈现先下降后上升的平滑曲线，最优的区块数量是区间[10，20] 范围内的偶数。

算法 C2 的订单平均拣选距离随着区块数量的增加呈现先下降后上升的趋势，说明可利用分批算法相应问题情景下的最优区块数量，为管理者设置仓库交叉通道以划分区块时提供借鉴。本节区块数量的取值范围内，最优区块数量为 $b=10$。

2. 不同单次拣选能力的测试结果分析

考虑超窄通道的多区块仓库布局下，拣选设备无法进入拣选通道，由拣选人员进入通道拣货并返回放到拣选设备上，当同一通道内的商品数量超过拣选人员的单次拣选能力时，需要再次进入通道拣货。一次巡回拣货的距离由在横向通道行走的距离、在交叉通道行走的距离和拣选通道内行走的距离组成，单次拣选能力对拣选通道内行走的距离产生影响。本节探究单次拣选能力变化时，订单平均拣选距离的变化情况。选择最优区块数量 $b=10$，单次拣选能力 SA 取 SA $=1,2,3,4,5,6$。对于订单规模，当订单数量 n 越大时，一个批次内同一拣选通道需要拣选的商品数量更多的可能性越大，因此，选择四种订单规模 $n=50,500,1000,2000$。

对于四种订单规模，分别选取每一种订单规模下生成的四组批次，探究批次内同一个拣选通道内需要拣选的商品数分布情况。图 3.12 显示了四种订单规模下，批次内含有不同数量拣货点的通道分布。通过图 3.12 可知，在低订单数量水平（$n=50$）下，同一个通道内需要拣选的商品数大部分为一个或两个，具有三个需要拣选的商品数的通道占比 2.01%，占比较少，且没有含有四个及以上拣货点的通道；随着订单规模的增大，只含有一个需要拣选的商品数量的通道数占比由 83.22% 逐渐降到 52.17%，有四个及以上需要拣选的商品数量的通道数占比由 0.00% 逐渐增加到 3.48%；在高订单数量水平（$n=2000$）下，批次中第一次出现了有五个拣货点的通道，这是因为本算例所设计的大尺寸仓库内货架数量多，拣选位置数量多，生成更多的订单用于分批时，同一批次内的 SKU 位于同一通道内的数量多。若订单量逐渐增多，仅有一个拣货点的通道数量将逐渐减少，有四个及以上拣货点的通道数量将逐渐增多，在同一个通道内可以拣选更多的商品，拣选人员所需行走的距离缩短，说明了所设计算法对于分批结果的有效性；同样，一个通道内需要拣选的商品数量增多，拣选人员的单次拣选能力影响在一个通道内拣选的次数和行走距离。

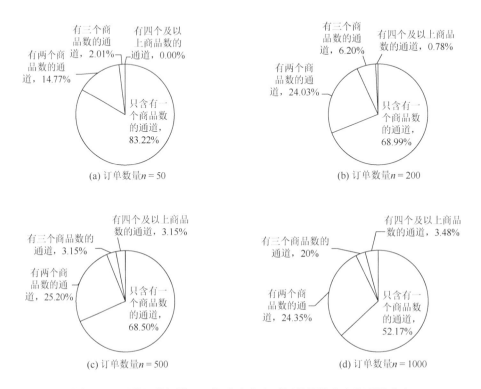

图 3.12　四种订单规模下，批次内含有不同数量拣货点的通道分布

接下来，探究当拣选人员的单次拣选能力 SA 变化时，订单的平均拣选距离如何变化。图 3.13 显示了四种订单规模下，单次拣选能力 SA 依次取 SA = 1,2,3,4,5,6 时，订单的平均拣选距离变化情况。可以看出，订单规模不同时，随着 SA 的增大，订单的平均拣选距离变化趋势相同，都呈现先下降后逐渐接近平稳的变化趋势。对于所选的四个订单规模，当 SA 从 1 增加到 4 时，订单的平均拣选距离逐渐下降；当 SA 从 4 增加到 6 时，订单的平均拣选距离逐渐接近平稳。

当 SA 由 1 增加为 2 时，四种订单数量下的平均拣选距离均是下降幅度最大的情况；随着订单数量的增加，SA 由 1 增加为 2 时，平均拣选距离连线的倾斜程度变大，即下降的速率变大，降幅增加，订单数量 n = 2000 时，下降的幅度最大；这与图 3.12 批次内含有不同数量拣货点的通道分布比例有关，随着订单数量的增多，批次中仅包含一个拣货点的通道数量逐渐减少，且包含两个拣货点的通道数量逐渐增多，当拣选人员的单次拣选能力 SA 增加为 2 时，同一通道内的拣选能力增加，可以减少进入包含两个及两个以上拣货点通道的拣货次数，大大缩短了需要行走的拣选距离。当 SA 继续增加时，对订单数量较大的情况产生的影响更大。通过图 3.13 可知，无论哪种单次拣选能力，随着订单数量的增多，订单的平均拣选距离下降。订单数量越多，同一批次内的订单相似性越高，拣选人员需要行走的拣选距离越短，订单的平均拣选距离越短。

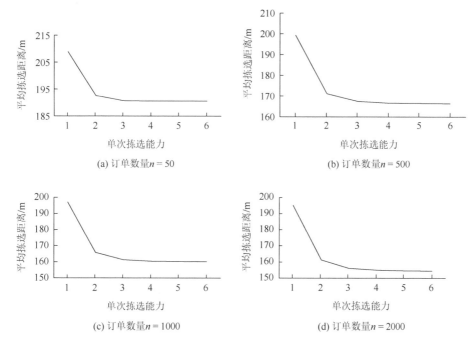

图 3.13　拣选人员的单次拣选能力变化时平均拣选距离变化情况

当单次拣选能力 SA 取值增加时，所设计算法的性能变好，订单的平均拣选距离变小，但是拣选人员的单次拣选能力受到自身行为能力的限制，不是可以无限增大的。由于客户对于畅销品的喜爱，前面 10% 的货架之间的拣选通道可能会经常访问，此时，同一通道内可能会出现多个需要拣选的商品，尤其当订单规模较大时，同一通道内需要拣选的商品数较大。因此，在算法中考虑拣选人员的单次拣选能力会更加贴近实际情况。

根据三个改造方法下 9 个算法的测试结果分析及不同影响要素对最优算法的影响分析，本章为 B2C 电商企业管理者提供了以下管理启示。

（1）对于具有超窄通道的多区块仓库布局中的订单分批来说，无论区块数量如何变化，本章所设计的对基础种子算法 C 进行第二种改造的算法 C2 都表现最好，能够有效进行此种仓库布局下的订单分批，缩短拣选人员的行走距离和订单平均拣选距离，提高拣货效率以及订单的履行时效，可将其在实践中应用，以指导拣货。

（2）当仓库中的货架数量一定时，对于区块数量的设置，企业管理者可根据仓库实际情况进行实验，具有很好的可应用性。仓库中区块数量的设置不可过多，也不可过少，合适的区块数量能够有效缩短拣选订单所需的行走距离。

（3）仓库管理者若对小规模订单进行分批时，同一通道内需要拣选的拣货点数量不多，拣选人员可以一次拣选通道内所有需要拣选的商品。当订单规模较大时，如"双十一""双十二"等大促期间，对大规模订单进行分批时，订单的平均拣选距离更短；此时，同一通道内需要拣选的拣货点数量增多，可以改进拣选人员的拣选方式（如带容量的工作服、配备超窄通道中可使用的工具等），提高其单次拣选能力，减少重复进入同一通道的次数，并缩短通道内的行走距离，进而提高拣货效率。

3.5.4　与 FCFS 的订单分批方法的比较分析

本节采取 FCFS 的订单分批方法与表现最优的算法 C2 进行比较分析来验证 C2 算法的有效性。设置最优区块数量 $b=10$，单次拣选能力 $SA=3$，选择四种订单规模 $n=50,200,500,1000$。

两个算法的比较结果如表 3.7 所示。以订单数量 $n=500$ 为例，采用 FCFS 算法时订单的平均拣选距离为 210.33m，而采用 C2 算法时，订单的平均拣选距离为 165.68m。两种算法相比，C2 算法能够节省 21.23% 的平均拣选距离，大大缩短了拣选人员进行拣货的行走距离。从四种不同的订单规模来看，随着订单数量的增加，C2 算法能够节约 12.28%～23.29% 的订单平均拣选距离，可以看出 C2 算法节约的订单平均拣选距离百分比的值与订单数量呈正相关关系。采用 C2 算法时的订单平均拣选距离比采用 FCFS 算法时平均节约了 18.71%，充分说明了本章所设计的订单分批算法能够缩短订单的拣选距离，提高拣选效率，验证了所设计算法的有效性。

表 3.7　不同订单规模下两种算法的结果对比情况

订单数量/个	区块数量/个	算法	平均拣选距离/m	节约的平均拣选距离百分比/%	节约的平均拣选距离百分比平均值/%
50	10	C2	190.80	12.28	18.71
		FCFS	217.52		
200	10	C2	172.42	18.02	
		FCFS	210.33		

续表

订单数量/个	区块数量/个	算法	平均拣选距离/m	节约的平均拣选 距离百分比/%	节约的平均拣选距离 百分比平均值/%
500	10	C2	165.68	21.23	18.71
		FCFS	210.33		
1000	10	C2	161.46	23.29	
		FCFS	210.48		

注：节约的平均拣选距离百分比 =（FCFS 距离–C2 距离）/FCFS 距离×100%。

3.6　结　　论

本章对多区块仓库布局下的 B2C 电商订单分批问题进行了研究，首先介绍了一种 B2C 电商仓库中存在的具有超窄通道的多区块仓库布局，分析了在这种仓库布局下进行订单拣选给订单分批问题带来了哪些新特点，然后对该问题的关键影响要素和问题复杂性进行了分析，进而构建了以订单总拣选距离最小化为目标的订单分批优化模型，接着以三个单区块仓库布局下的经典种子算法为基础，采用三种改造方法设计了多区块仓库布局下的订单分批优化算法，最后通过数值实验验证了所设计算法的有效性，并得出相应的管理启示。

本章的主要贡献如下。

（1）本章考虑了拣选人员的单次拣选能力，对具有超窄通道的多区块仓库布局中独特的 U 形拣选路径下拣选人员的拣选距离进行了分段式表达，并将其作为约束条件，建立了多区块仓库布局下的订单分批优化模型，对订单拣选系统中拣选人员的能力因素进行衡量，增加了模型建立的科学性，为拣选通道超窄情况下的订单分批问题提供了一种新的建模思路。

（2）本章设计了多区块仓库布局下的订单分批优化算法，基于单区块仓库布局下表现较优的种子算法，提出三种改造方法，使其可以处理多区块仓库布局下具有区块、通道以及通道内位置三个维度信息的订单，为解决多区块仓库布局下的订单分批问题提供了新的思路。

（3）本章使用数值实验验证了所设计算法的有效性，第二、三种改造方法下的订单分批算法能够在一定程度上缩短拣选人员拣货时的行走距离，提高订单拣选效率；将表现最优的算法 C2 与 FCFS 算法进行比较分析，算法 C2 能够有效缩短订单的平均拣选距离。研究成果可以用来指导实践中多区块仓库布局下拣选人员的拣货作业，有助于提高客户订单的履行时效。

本章初步探讨了 B2C 电商多区块仓库布局中的订单分批问题，该领域的相关研究需要进一步探索。未来可能的研究方向包括：①订单在线到达情形下，多区块仓库布局下在线订单分批方法的设计；②本章进行订单分批时主要考虑了订单之间位置的相似性，为了提高客户的满意度，可在订单分批时将订单的时效信息考虑在内。

参 考 文 献

[1]　李家齐，樊双蛟. 分拣作业方式的效率效益[J]. 中国物流与采购，2006（6）：40-42.

[2]　de Koster R，Le-Duc T，Roodbergen K J. Design and control of warehouse order picking：A literature review[J]. European Journal of Operational Research，2007，182（2）：481-501.

[3]　Menéndez B，Bustillo M，Pardo E G，et al. General variable neighborhood search for the order batching and sequencing problem[J]. European Journal of Operational Research，2017，263（1）：82-93.

[4]　Li J B，Huang R H，Dai J B. Joint optimisation of order batching and picker routing in the online retailer's warehouse in China[J]. International Journal of Production Research，2017，55（2）：447-461.

[5]　Lu W R，McFarlane D，Giannikas V，et al. An algorithm for dynamic order-picking in warehouse operations[J]. European Journal of Operational Research，2016，248（1）：107-122.

[6]　Hsu C M，Chen K Y，Chen M C. Batching orders in warehouses by minimizing travel distance with genetic algorithms[J]. Computers in Industry，2005，56（2）：169-178.

[7]　Gademann N，Velde S. Order batching to minimize total travel time in a parallel-aisle warehouse[J]. IIE Transactions，2005，37（1）：63-75.

[8]　Boysen N，de Koster R，Weidinger F. Warehousing in the e-commerce era：A survey[J]. European Journal of Operational Research，2019，277（2）：396-411.

[9]　Cergibozan Ç，Tasan A S. Order batching operations：An overview of classification，solution techniques，and future research[J]. Journal of Intelligent Manufacturing，2019，30（1）：335-349.

[10]　Gademann A J R M，Van Den Berg J P，Van Der Hoff H H. An order batching algorithm for wave picking in a parallel-aisle warehouse[J]. IIE Transactions，2001，33（5）：385-398.

[11]　Muter İ，Öncan T. An exact solution approach for the order batching problem[J]. IIE Transactions，2015，47（7）：728-738.

[12]　Rosenwein M B. A comparison of heuristics for the problem of batching orders for warehouse selection[J]. International Journal of Production Research，1996，34（3）：657-664.

[13]　Chen F Y，Wang H W，Qi C，et al. An ant colony optimization routing algorithm for two order pickers with congestion consideration[J]. Computers & Industrial Engineering，2013，66（1）：77-85.

[14]　De Koster M B M，Van der Poort E S，Wolters M. Efficient orderbatching methods in warehouses[J]. International Journal of Production Research，1999，37（7）：1479-1504.

[15]　Ho Y C，Tseng Y Y. A study on order-batching methods of order-picking in a distribution centre with two cross-aisles[J]. International Journal of Production Research，2006，44（17）：3391-3417.

[16]　Ho Y C，Su T S，Shi Z B. Order-batching methods for an order-picking warehouse with two cross aisles[J]. Computers & Industrial Engineering，2008，55（2）：321-347.

[17]　Scholz A，Henn S，Stuhlmann M，et al. A new mathematical programming formulation for the single-picker routing problem[J]. European Journal of Operational Research，2016，253（1）：68-84.

[18]　Henn S. Algorithms for on-line order batching in an order picking warehouse[J]. Computers & Operations Research，2012，39（11）：2549-2563.

[19]　van Gils T，Ramaekers K，Caris A，et al. Designing efficient order picking systems by combining planning problems：State-of-the-art classification and review[J]. European Journal of Operational Research，2018，267（1）：1-15.

[20]　Chen F Y，Xu G Y，Wei Y C. Heuristic routing methods in multiple-block warehouses with ultra-narrow aisles and access restriction[J]. International Journal of Production Research，2019，57（1）：228-249.

第 4 章　B2C 电商订单分批拣选的批次排序模型与算法

　　第 3 章研究了多区块仓库布局下 B2C 电商订单分批优化方法,解决了订单按波次释放进入订单拣选环节后面临的第一个挑战,本章将聚焦于订单按波次释放进入订单拣选环节后面临的另一个挑战,即 B2C 电商仓库普遍采用的先拣后合订单分批拣选策略给订单批次排序所带来的挑战。

4.1　引　　言

　　B2C 电商的一个主要优势是其较高的订单履行时效,如京东的"211"、亚马逊的同日达。较高的订单履行时效在给消费者带来优质的购物体验的同时,也给 B2C 电商仓库的订单处理带来了压力。由于 B2C 电商订单总量多而每个订单包含的商品数量少,且海量商品分布在仓库的货架上,订单分批拣选(多个订单组成一个拣选列表,由拣选人员经过一次路由进行拣选)可以大大提高订单拣选效率[1]。但订单分批拣选的一个劣势是需要额外的订单合并过程将订单进行还原[1-3],目前主要有两种订单分批拣选策略:边拣边合和先拣后合,如图 4.1(a)和图 4.1(b)所示。

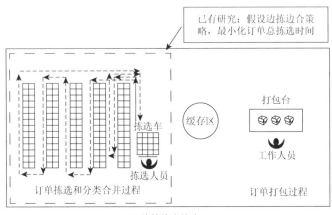

(a) 边拣边合策略

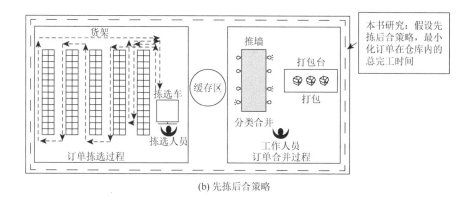

(b) 先拣后合策略

图 4.1　两种订单分批拣选策略

　　在 B2C 电商环境下，仓库大多采用先拣后合策略。因为 B2C 电商订单包含的商品量较少[4]，订单分批后订单批次所包含的订单量较多，而拣选车没有足够的空间用边拣边合策略来处理一个订单批次所包含的订单，因此订单合并过程不得不被放到下游[2]；此外，Van Nieuwenhuyse 等的研究表明，对订单平均加工时间而言，在各种仓库配置下，先拣后合策略优于边拣边合策略[5]。然而先拣后合策略给仓库的订单处理带来了新的挑战。由于订单批次之间拣选时间、合并时间的差异性[6]，中间缓存区容量的有限性，订单拣选过程的停滞和订单合并过程的空闲可能会发生，这会严重延长订单在仓库内的总完工时间[7]，影响订单的履行时效。

　　已有的订单分批拣选相关研究[2, 8]一般假设边拣边合的订单分批拣选策略，只关注订单拣选过程，以最小化订单的总拣选时间为目标，如图 4.1（a）所示，不能解决先拣后合策略下订单拣选过程和订单合并过程的不协调问题。本章研究B2C 电商订单分批拣选的批次排序问题，在订单分批拣选作业中优化订单批次的排序来协调订单拣选过程和订单合并过程，以减少不必要的停滞和空闲，从而最小化订单在仓库内的总完工时间，提高订单履行时效，如图 4.1（b）所示。B2C电商订单分批拣选的批次排序问题是一个复杂的组合优化问题。

　　综上所述，针对 B2C 电商仓库中订单拣选过程和订单合并过程存在的不协调现象，本章在订单分批拣选作业中优化订单批次的排序来协调订单拣选过程和订单合并过程，从而最小化订单在仓库内的总完工时间。为此，本章针对 B2C 电商订单分批拣选的批次排序问题，以最小化订单在仓库内的总完工时间为目标建立了混合整数规划模型，基于定性人工经验和定量模型性质设计了订单批次排序算法，根据订单分批问题标准算例和 B2C 电商仓库的实际运作情况构造算例，通过数值实验验证了所设计的算法的有效性和精确性，并得到相应的管理启示。

4.2　问　题　分　析

本章首先描述和界定 B2C 电商订单分批拣选的批次排序问题，其次分析该问题的关键影响要素，再次分析该问题的复杂性，最后给出该问题的大致解决思路。

4.2.1　订单批次排序问题描述

我们考虑B2C电商仓库采用先拣后合订单分批拣选策略对一批离线订单进行生产，订单的信息已知。订单分批拣选是指多个订单形成一个订单批次，由一个拣选人员进行拣选，一个订单批次中的商品数量不能超过拣选车的容量，一个订单批次所包含的商品形成一个拣选列表。在先拣后合订单分批拣选策略下，订单分批后依次经过订单拣选过程、中间缓存区和后续的订单合并过程。在订单拣选过程中，拣选人员根据拣选列表中需要拣选的商品在仓库中的位置，按照一定的拣选路径策略（S 形路径策略是一种高效且被广泛使用的路径策略），在货架间的通道中行走并拣选相应的商品放到拣选车中。如果缓存区没有满，拣选完成的订单批次可以进入缓存区；否则拣选完成的订单批次要暂时停滞在拣选过程，直到缓存区出现位置来存放这个订单批次。在订单合并过程中，订单合并人员通过推墙（put walls）[9]把分批的订单进行分类、复核和打包。订单合并人员首先用扫描枪扫描拣选车中的商品，然后把扫描后的商品放到推墙中对应的格子（每个格子代表一个订单）；在扫描完所有商品并把所有订单进行合并之后，订单合并人员根据每个格子内商品的数量和体积选择对应的包裹，对每个格子内属于同一个订单的商品进行打包作业。为了方便表述，在本章中我们将订单分类、复核和打包过程统称为订单合并过程。

B2C 电商订单分批拣选的批次排序问题可以描述如下：在 B2C 电商仓库的订单分批拣选中，如何对订单批次进行排序，可以协调订单拣选过程和订单合并过程，减少不必要的停滞和空闲，从而最小化订单在仓库内的总完工时间？

4.2.2　订单批次排序问题影响要素分析

订单及其包含的商品是订单批次组成的基础，订单批次加工时间的构成不同是导致订单批次加工时间差异性的原因，订单批次加工时间差异性和缓存区有限性造成订单拣选过程停滞和订单合并过程空闲。因此，下文将从商品、订单和订单批次的关系，订单批次加工时间的构成，订单批次加工时间差异性，停滞和空闲现象等方面对问题进行深入分析。

1）商品、订单和订单批次的关系分析

在 B2C 电商仓库中，海量商品储存在货架上；客户订单可以分为一单一品和一单多品两类，一单一品是指一个订单只由一个商品组成，而一单多品是指一个订单由多个商品组成，而不同的商品分布在仓库中的不同货架位置上；由于每个订单所包含的商品数量较少，而海量的商品分布在仓库的不同位置，因此将多个订单组成一个订单批次进行拣选可以大大提高拣选效率。因此，一个订单由一个或多个商品组成，一个订单批次由多个订单组成。

2）订单批次加工时间的构成分析

一个订单批次的拣选时间主要由拣选路径决定，一个订单批次的拣选路径由订单批次中商品在仓库中的位置和拣选人员所采取的路径策略形成。在 S 形路径策略下，拣选人员会进入并完全穿过包含需要拣选商品的通道。一个订单批次的合并时间由分类合并时间和打包时间组成。一个订单批次的分类合并时间主要由每个商品的扫描时间组成。一个订单批次的打包时间主要由把每个订单打包成包裹的时间组成。因此，一个订单批次的拣选时间主要由订单批次内商品在仓库内的位置和拣选人员采取的拣选路径决定，而它的合并时间主要由订单批次内的商品数量和订单数量决定。

3）订单批次加工时间差异性分析

同一个订单批次的拣选时间和合并时间存在差异，而订单批次之间的拣选时间存在差异，合并时间也存在差异。由于一个订单批次的拣选时间主要由商品在仓库中的位置和拣选路径决定，而它的合并时间由订单批次内的商品数量和订单数量决定，两者的决定因素不同，所以同一个订单批次的拣选时间和合并时间存在差异。B2C 电商订单的个性化和订单分批的聚类作用，使订单批次之间存在组成差异，进一步导致订单批次之间的拣选时间存在差异，合并时间也存在差异。以订单批次的拣选时间为例，由于 B2C 电商订单的个性化，有的订单只包含一个商品（一单一品），且商品是畅销品，位于比较近的通道；而另一些订单包含多个商品（一单多品），且商品所在的通道也比较分散。由于订单分批的聚类作用，包含单个商品且商品位于靠近通道的订单会组成一个订单批次，此类订单批次的拣选时间就相对较短；而包含多个商品且商品所在通道比较分散的订单会组成一个订单批次，此类订单批次的拣选时间就相对较长。

4）停滞和空闲现象分析

在采用先拣后合订单分批拣选策略的 B2C 电商仓库中，在订单拣选过程和订单合并过程之间的缓存区的容量是有限的，由于订单批次间在拣选时间和合并时间上的差异性，可能会发生订单拣选过程停滞和订单合并过程空闲现象。容易拣选的订单批次有使缓存区变满的可能，当缓存区充满拣选完成的订单批次时，拣选人员无法将新拣选完成的订单批次放入缓存区，此时将产生堵塞，造成拣选过程停滞；较难拣选的订单批次有使缓存区变空的可能，当缓存区内清空时，合并过程没有拣选完成的订单批次可以处理，此时将造成合并过程空闲。随着 B2C 电商的快速发展，仓库内的商品品类不断扩张，用于存放商品的货架占地面积不断扩大而缓存区的容量不断缩小，这导致订单拣选过程停滞和订单合并过程空闲现象更容易发生。

4.2.3　订单批次排序问题复杂性分析

B2C 电商订单分批拣选的批次排序问题的复杂性表现在以下五方面。

1）B2C 电商订单分批拣选的批次排序问题是一个 NP-hard 问题

证明：假设拣货车的容量只能容纳一个订单，原问题就可以转化为一个缓存区有限的两阶段流水车间调度问题。Papadimitriou 和 Kanellakis 证明了缓存区大于 0 且小于总的工件数量的两阶段流水车间调度问题是一个 NP-hard 问题[10]。假设拣选车容量只能容纳一个订单的限制问题是 NP-hard 问题，Garey 和 Johnson 指出原问题也是 NP-hard 问题[11]。

2）B2C 电商订单分批拣选的批次排序问题是一个组合爆炸问题

给定一定数量的订单批次，要确定订单批次排序可能存在的方式数量，其本质是一个排列问题，其解空间随着问题规模的增加呈阶乘式增长，解空间巨大。假设有 n 个订单批次，将有 $A_n^n = n!$ 种订单批次排序方式，例如，如果 30 个订单批次，一共有 $A_{30}^{30} = 30! \approx 2.65 \times 10^{32}$ 种排序方式，如果有 50 个订单批次，一共有 $A_{50}^{50} = 50! \approx 3.04 \times 10^{64}$ 种排序方式。如果把几十个订单批次规模扩展到 B2C 电商环境下上百个订单批次的规模，其解空间将更加巨大，精确算法很难在短时间内对大规模的订单批次排序问题进行求解。

3）B2C 电商订单分批拣选的批次排序问题是一种更复杂的批次调度问题

B2C 电商订单分批拣选的批次排序问题是一种更复杂的批次调度问题，传统的批次调度问题处理的是比较规整的工件，而 B2C 电商订单分批拣选的批次排序问题处理的是更加复杂的 B2C 电商订单。在批次调度问题中，批次的加工时间等于批次中加工时间最长的工件的加工时间或者是批次中所有工件的加工时间之和，计算比较简单；而在 B2C 电商订单分批拣选的批次排序问题中，订单批次的拣选时间主要取决于订单批次所包含商品在仓库中的位置和拣选人员采用的拣选路径策略所形成的拣选路径，订单批次的合并时间主要取决于订单批次中所包含的订单数量和商品数量，计算比较复杂。我们无法直接使用批次调度模型对 B2C

电商订单分批拣选的批次排序问题行建模，我们需要在两阶段流水车间批次调度模型中将工件替换为 B2C 电商订单，并根据 B2C 电商订单处理的特点将批次的加工时间的表达修改为订单批次加工时间的表达。

4）有限缓存区增大排序决策难度

订单拣选过程和订单合并过程之间有限的缓存区增大了对订单批次排序的难度。有限的缓存区太容易变满或变空，导致订单拣选过程停滞和订单合并过程空闲现象更容易发生，增加了通过订单批次排序来协调订单拣选过程和订单合并过程的难度。

5）订单处理的高时效要求增大问题求解难度

该模型求解的难度还在于需要在较短时间内得到较优的方案。在 B2C 电商环境下，仓库对订单处理有较高的时效要求，以满足较高的订单履行时效。这种对订单处理的高时效要求需要在较短时间内给出较优的订单批次排序方案，进一步增大了本问题的求解难度。

4.2.4　订单批次排序问题解决思路

通过问题描述、问题影响要素分析和问题复杂性分析，可知 B2C 电商订单分批拣选的批次排序问题是一个复杂的组合优化问题。从决策变量来看，B2C 电商订单分批拣选的批次排序问题涉及订单分批和订单批次排序两个决策；从约束条件来看，订单分批决策受拣选车的容量限制，而订单批次的排序决策受中间缓存区大小的限制。本章首先根据决策变量间的关系和相应的约束条件建立运筹学优化模型。

由于本问题是一个 NP-hard 问题，不存在多项式时间算法对问题进行求解；且本问题是一个组合爆炸问题，其解空间随着订单批次数量的增加呈现阶乘式增长，解空间巨大，精确算法很难在短时间内对大规模的订单批次排序问题进行求解；在 B2C 电商环境下，订单处理的高时效要求进一步增大了问题的求解难度。基于此，本章尝试根据人工经验和定量模型设计高效的启发式算法。通过调研，我们发现经验丰富的订单分批调度人员会根据缓存区内暂存的拣选完成的订单批次数量，快速调整接下来要生成订单批次的难易程度，从而保证订单拣选过程和订单合并过程的协调。但他们一般需要较大的缓存区容量来判断拣选完成订单批次的数量变化，从而保证订单批次排序作业的有效性。本章将基于这种定性人工经验，结合定量运筹学模型，设计在各种缓存区容量下都适用的启发式算法，给出高效的订单批次排序方案。

如何建立运筹学优化模型？如何将决策变量和各种约束条件在模型中表示？如何结合定性人工经验和定量运筹学模型设计高效的启发式算法？针对这些难

题，本章将在接下来的 4.3 节和 4.4 节具体介绍 B2C 电商订单分批拣选的批次排序模型的建立，以及启发式求解算法的设计。

4.3　订单分批拣选的批次排序模型

在 4.2 节对问题进行分析的基础上，本节首先对问题的假设和变量表示进行说明和界定，其次建立以最小化订单总完工时间为目标、以拣选车容量和缓存区容量限制为约束的 B2C 电商订单分批拣选的批次排序模型，最后对模型进行分析，给出模型性质和问题下界。

4.3.1　问题假设及变量表示

为了方便表述，本节对问题的相关假设做出说明，并对变量符号表示做出统一定义。

1. 问题假设

B2C 电商订单分批拣选的批次排序问题基于以下假设。

（1）一个客户的订单不允许拆分到两个订单批次中进行拣选，因为订单的拆分需要额外的订单批次之间的合并环节。

（2）在订单生产过程中，我们假设一个订单拣选人员负责订单拣选过程，一个订单合并人员负责订单合并过程。但在 B2C 电商仓库实践中会有多个订单拣选人员负责订单拣选过程，多个订单合并人员负责订单合并过程，我们的假设基于以下原因：①我们的假设虽然简化了问题，但没有影响问题的基本结构，包括订单生产的基本流程、订单批次排序的基本决策、拣选车和缓存区容量限制的基本约束；②即使只考虑一个订单拣选人员负责订单拣选过程，一个订单合并人员负责订单合并过程，B2C 电商订单分批拣选的批次排序问题也是一个复杂的组合优化问题；③我们的研究是多个订单拣选人员、多个订单合并人员条件下的订单批次排序问题的基础。

2. 变量表示

1）变量符号

J 表示订单集合，$j \in J$；I 表示 SKU 集合，$i \in I$；B 表示订单批次集合，$b \in B$；N 表示订单批次生产序列的位置集合，$n \in N$；K 表示通道集合，$k \in K$；S_j 表示订单 j 中的 SKU 集合；n_{ji} 表示订单 j 中 SKU i 的数量；k_i 表示 SKU i 所

在的通道；W 表示通道间宽度；L 表示通道的长度；V_{travel} 表示订单拣选人员的行走速度；t_{scan} 表示商品平均扫描时间；t_{pack} 表示订单平均打包时间；c_i 表示 SKU i 占据拣选车的容量；O 表示拣选车的容量；BigM 表示非常大的数；z 表示缓存区容量。

2）决策变量

X_{jb} 为 0-1 变量；如果订单 j 分到订单批次 b，则 $X_{jb}=1$，否则为 0；Z_{bn} 为 0-1 变量；如果订单批次 b 排到第 n 个顺序，则 $Z_{bn}=1$，否则为 0。

3）因变量

R_b 表示订单批次 b 中的订单集合；T_b 表示订单批次 b 中的 SKU 集合；Q_b 表示订单批次 b 中的 SKU 所在的通道集合；n_{bi} 表示订单批次 b 中的 SKU i 的数量；t_b^{pick} 表示订单批次 b 的拣选时间；t_b^{sort} 表示订单批次 b 的合并时间；Q_{n1} 表示第 n 个位置的订单批次的拣选时间；Q_{n2} 表示第 n 个位置的订单批次的合并时间；C_{n1} 表示第 n 个位置的订单批次的拣选完成时间；C_{n2} 表示第 n 个位置的订单批次的合并完成时间；$C_{\max}$ 表示总完工时间。

4.3.2 建模思路

我们首先将 B2C 电商订单分批拣选的批次排序问题与相似的经典问题进行比较以借鉴已有的模型，然后从优化目标和决策变量间的约束关系方面对问题进行分析，为模型建立做好准备。

B2C 电商订单分批拣选的批次排序问题是订单分批问题的一个扩展。已有的订单分批问题关注订单的拣选过程，在建模过程中聚焦于订单如何分批以最小化订单的总拣选时间，重点描述订单和订单批次的关系，以及订单批次中的商品数量不能超过拣选车容量的约束，没有考虑后续的订单合并过程和中间的缓存区，不能保证订单生产过程中订单拣选过程和订单合并过程的协调性。本章将后续的合并过程和中间缓存区考虑在内，聚焦于订单批次如何排序以协调订单拣选过程和订单合并过程，从而最小化订单在仓库内的总完工时间。一方面，本章不仅描述订单与订单批次之间的关系，还要描述订单批次之间的关系；另一方面，本章不仅描述订单批次中的商品数量不能超过拣选车容量限制的约束，还要描述中间缓存区容量限制的约束。

B2C 电商订单分批拣选的批次排序问题与两阶段流水车间批次调度问题十分类似，不同的是批次调度问题处理的是比较规整的工件，而订单批次排序问题处理的是更加复杂的 B2C 电商订单。在批次调度问题中，批次的加工时间等于批次中加工时间最长的工件的加工时间或者是批次中所有工件的加工时间之和；而在 B2C 电商订单分批拣选的批次排序问题中，订单批次的拣选时间主要取决于订单批次所包含商品在仓库中的拣选位置和拣选人员采用的拣选路径策略所形成的拣选路径,订单批次的合并时间主要取决于订单批次所包含的订单数量和商品数量。因此本章需要在两阶段流水车间批次调度模型中将工件替换为 B2C 电商订单,并把批次的加工时间的表达修改为订单批次加工时间的表达。

B2C 电商订单分批拣选的批次排序问题的建模需要重点考虑两个方面:一个是优化目标的设定;另一个是决策变量间约束关系的表示。接下来,结合 B2C 电商订单的生产过程,具体分析优化目标和决策变量间的约束关系。

1)优化目标分析

与订单分批问题最小化订单的总拣选时间的优化目标不同,B2C 电商订单分批拣选的批次排序问题的优化目标是最小化订单在仓库内的总完工时间。在 B2C 电商仓库中,订单依次经过拣选过程、中间缓存和后续的订单合并过程,只有所有的订单都完成这些过程,才能进行后续的配送过程。在订单生产过程中,由于订单批次之间拣选时间和合并时间的差异性和中间缓存区的容量限制,订单拣选过程停滞和订单合并过程空闲现象可能发生,这会严重延迟订单在仓库内的总完工时间,进而影响订单的发车时间和最终的订单履行时效。订单分批问题能够保证总拣选时间的最小化,但不能保证订单在仓库内总完工时间的最小化。本章将订单的拣选时间、订单的合并时间、订单拣选过程停滞时间和订单合并过程空闲时间考虑在内,以最小化订单在仓库内总完工时间为优化目标,能够更好地衡量 B2C 电商仓库的订单处理能力。

2)决策变量间的约束关系分析

在 B2C 电商订单分批拣选的批次排序问题中,要对订单批次进行排序,首先要对订单进行分批,订单分批决策涉及拣选车容量约束,订单批次排序决策涉及缓存区容量约束。

我们用 X_{jb} 来表示订单 j 是否被分配到订单批次 b 中,用来表示订单分批决策。订单分批决策确定了订单和订单批次的关系,决定了一个订单批次的订单组成,也决定了一个订单批次的拣选时间 t_b^{pick} 和合并时间 t_b^{sort};订单分批决策受拣选车容量限制的约束,即一个订单批次中的商品数量不能超过拣选车的容量限制 O。

我们用 Z_{bn} 来表示订单批次 b 是否被分配到生产序列的第 n 个位置来生产,用来表示订单批次排序决策。订单批次排序决策确定了订单批次与生产序列位置的关系,决定了位于生产序列第 n 个位置的订单批次的拣选时间 Q_{n1} 和合并时间 Q_{n2},其中一个订单批次只能分配到生产序列的一个位置上且生产序列的一个位置只能被分配一个订单批次。订单批次按照生产序列依次经过订单拣选过程、中间缓存区和订单合并过程。当一个订单批次完成拣选过程后,如果缓存区没有满(最多有 $z-1$ 个拣选完成的订单批次在缓存区内),拣选完成的订单批次可以进入缓存区准备进行后续的订单合并过程;否则拣选完成的订单批次要停滞在订单拣选过程，直到缓存区出现一个位置来存放这个订单批次。订单批次的生产序列和中间缓存区容量限制共同决定了每个位置订单批次的拣选开始时间、拣选完成时间 C_{n1}、合并开始时间、合并完成时间 C_{n2}，并最终决定了订单的总完工时间 $C_{\max}$，即位于最后一个位置的订单的合并完成时间。接下来，我们具体分析在中间缓存区容量为 z 的条件下，位于生产序列每个位置 n 的订单批次的拣选完成时间 C_{n1} 和合并完成时间 C_{n2}。

在缓存区容量为 z 的条件下，第 n 个订单批次的拣选开始时间取决于第 $n-1$ 个订单批次的拣选完成时间 $C_{(n-1)1}$ 和第 $n-z-2$ 个订单批次的合并完成时间 $C_{(n-z-2)2}$ 中较大的一个时间点。因为只有当第 $n-1$ 个订单批次拣选完成之后，第 n 个订单批次才可以开始拣选；且在缓存区容量为 z 的条件下，只有当第 $n-z-2$ 个订单批次的合并过程完成之后，第 $n-1$ 个订单批次才可以进入缓存区，第 n 个订单批次才可以开始拣选过程，如图 4.2（a）所示。根据第 n 个订单批次的拣选开始时间和拣选时间 Q_{n1}，我们可以得到第 n 个订单批次的拣选完成时间 C_{n1}，如式（4.1）和式（4.2）所示：

$$C_{n1} \geqslant C_{(n-z-2)2} + Q_{n1}, \quad \forall n \in N \tag{4.1}$$

$$C_{n1} \geqslant C_{(n-1)1} + Q_{n1}, \quad \forall n \in N \tag{4.2}$$

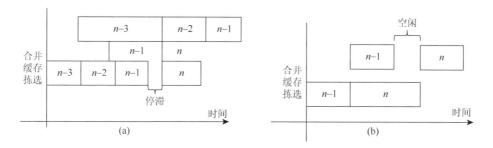

图 4.2　缓存区容量 $z = 1$ 时订单拣选过程和订单合并过程的甘特图

在缓存区容量为 z 的条件下，第 n 个订单批次的合并开始时间取决于它的拣选完成时间 C_{n1} 和第 $n-1$ 个订单批次的合并完成时间 $C_{(n-1)2}$ 中较大的一个时间点。因为只有第 n 个订单批次拣选完成之后它才可以开始合并过程；且只有在第 $n-1$ 个订单批次合并过程完成之后，第 n 个订单批次才可以进行合并过程，如图 4.2（b）所示。根据第 n 个订单批次的合并开始时间和合并时间 Q_{n2}，我们可以得到第 n 个订单批次的合并完成时间 C_{n2}，如式（4.3）和式（4.4）所示，并最终得到订单在仓库内的总完工时间 $C_{\max}$，如式（4.5）所示：

$$C_{n2} \geqslant C_{n1} + Q_{n2}, \quad \forall n \in N \tag{4.3}$$

$$C_{n2} \geqslant C_{(n-1)2} + Q_{n2}, \quad \forall n \in N \tag{4.4}$$

$$C_{\max} \geqslant C_{n2}, \quad \forall n \in N \tag{4.5}$$

4.3.3　模型建立

基于以上假设和变量表示,按照 4.3.2 节中的建模思路,我们建立如下的 B2C 电商订单分批拣选的批次排序模型:

$$\min C_{\max} \tag{4.6}$$

$$\text{s.t.}$$

$$\sum_{b \in B} X_{jb} = 1, \quad \forall j \in J \tag{4.7}$$

$$\sum_{b \in B} Z_{bn} = 1, \quad \forall n \in N \tag{4.8}$$

$$\sum_{n \in N} Z_{bn} = 1, \quad \forall b \in B \tag{4.9}$$

$$R_b = \{j | X_{jb} = 1\}, \quad \forall b \in B \tag{4.10}$$

$$T_b = \bigcup_{j \in R_b} S_j, \quad \forall b \in B \tag{4.11}$$

$$Q_b = \{k_i | i \in T_b\}, \quad \forall b \in B \tag{4.12}$$

$$n_{bi} = \sum_{j \in R_b} n_{ji}, \quad \forall b \in B, \forall i \in I \tag{4.13}$$

$$\sum_{i \in T_b} n_{bi} c_i \leqslant O, \quad \forall b \in B \tag{4.14}$$

$$t_b^{\text{pick}} = \frac{2\left(\max_{i \in T_b} k_i - 1\right)W + \left(|Q_b|\right)L}{V_{\text{travel}}}, \quad \forall b \in B \tag{4.15}$$

$$t_b^{\text{sort}} = \sum_{i \in T_b} n_{bi} t_{\text{scan}} + |R_b| t_{\text{pack}}, \quad \forall b \in B \tag{4.16}$$

$$Q_{n1} \geqslant t_b^{\text{pick}} + \text{BigM}(Z_{bn} - 1), \quad \forall n \in N, \forall b \in B \tag{4.17}$$

$$Q_{n2} \geqslant t_b^{\text{sort}} + \text{BigM}(Z_{bn} - 1), \quad \forall n \in N, \forall b \in B \tag{4.18}$$

$$C_{n1} \geqslant C_{(n-z-2)2} + Q_{n1}, \quad \forall n \in N \tag{4.19}$$

$$C_{n1} \geqslant C_{(n-1)1} + Q_{n1}, \quad \forall n \in N \tag{4.20}$$

$$C_{n2} \geqslant C_{n1} + Q_{n2}, \quad \forall n \in N \tag{4.21}$$

$$C_{n2} \geqslant C_{(n-1)2} + Q_{n2}, \quad \forall n \in N \tag{4.22}$$

$$C_{n1} = 0, \quad n \leqslant 0 \tag{4.23}$$

$$C_{n2} = 0, \quad n \leqslant 0 \tag{4.24}$$

$$Q_{n1} = 0, \quad n \leqslant 0 \tag{4.25}$$

$$Q_{n2} = 0, \quad n \leqslant 0 \tag{4.26}$$

$$C_{\max} \geqslant C_{n2}, \quad \forall n \in N \tag{4.27}$$

式（4.6）表示在采用先拣后合策略的 B2C 电商仓库中，最小化一批订单的总完工时间；式（4.7）确保每个订单只能分配到一个订单批次中；式（4.8）确保每个订单批次只能安排在生产序列的一个位置上；式（4.9）确保生产序列的每个位置只能被分配一个订单批次；式（4.10）表示订单批次 b 中的订单集合；式（4.11）表示订单批次 b 中的 SKU 集合；式（4.12）表示订单批次 b 中的商品所在仓库通道的集合；式（4.13）表示订单批次 b 中 SKU i 的数量；式（4.14）确保一个订单批次中的商品数量不能超过拣选车的容量；式（4.15）表示订单批次 b 的拣选时间，订单批次的拣选时间取决于拣选路径的距离和拣选人员的行走速度，而订单批次的拣选路径由订单批次中商品在仓库中的位置和 S 形路径策略形成，在S 形路径策略下，我们假设不管订单批次覆盖的通道数是奇数还是偶数，拣选路径的纵向距离等于订单批次所覆盖通道的长度之和，将通道数为奇数时拣选人员在最后一个通道的行走距离简化为通道的长度；式（4.16）表示订单批次 b 的合并时间，订单批次合并时间由订单批次中商品扫描时间和订单打包时间组成；式（4.17）决定了排在生产序列第 n 个位置的订单批次的拣选时间；式（4.18）决定了排在生产序列第 n 个位置的订单批次的合并时间；式（4.19）和式（4.20）共同决定了处在生产序列第 n 个位置的订单批次的拣选完成时间；式（4.21）和式（4.22）共同决定了处在生产序列第 n 个位置的订单批次的合并完成时间；式（4.23）～式（4.26）用于辅助式（4.19）～式（4.21）；式（4.27）决定了一批订单在仓库内的总完工时间。

4.3.4　模型分析

通过对模型进行分析，我们得到两个有助于算法设计的性质，并得到问题的一个下界。

1. 模型性质

性质 4.1　给定一批订单，每个订单批次的合并时间随着订单分批决策而变化；但这批订单总的合并时间不会随着订单分批决策而变化。

证明：根据式（4.16），一个订单批次的合并时间 $t_b^{\text{sort}} = \sum\limits_{i \in T_b} n_{bi} t_{\text{scan}} + |R_b| t_{\text{pack}}, \forall b \in B$

取决于每个订单批次中商品的数量 T_b 和订单的数量 R_b，因此会随着订单分批决

策而变化；但是这批订单总的合并时间 $\sum\limits_{b \in B} t_b^{\text{sort}} = \sum\limits_{j \in J} \sum\limits_{i \in I} n_{ji} t_{\text{scan}} + |J| t_{\text{pack}}$ 取决于这批订单

总的商品数量和订单数量，因此不会随着订单分批决策而变化。

根据性质 4.1，我们知道订单分批决策对订单总的合并时间没有影响，因此订单分批决策只关注订单拣选过程即可。

性质 4.2 在 B2C 电商订单分批拣选的批次排序问题中，在缓存区容量为 z 的条件下，如果第 n 个订单批次的拣选完成时间满足以下条件：

$$C_{(n-z-1)2} \leqslant C_{n1} \leqslant C_{(n-1)2} \tag{4.28}$$

则第 n 个订单批次能够保证前后订单批次拣选过程和合并过程的协调，既能够避免第 n 个订单批次拣选过程和第 $n+1$ 个订单批次拣选过程之间的停滞，又能够避免第 $n-1$ 个订单批次合并过程和第 n 个订单批次合并过程之间的空闲。

证明：当 $C_{(n-z-1)2} \leqslant C_{n1}$ 时，根据式（4.19）和式（4.20），第 $n+1$ 个订单批次的拣选开始时间为 C_{n1}，这意味着第 $n+1$ 个订单批次的拣选过程紧跟第 n 个订单批次的拣选过程，即第 n 个订单批次拣选过程和第 $n+1$ 个订单批次拣选过程之间没有停滞；当 $C_{n1} \leqslant C_{(n-1)2}$ 时，根据式（4.21）和式（4.22），第 n 个订单批次的合并开始时间为 $C_{(n-1)2}$，这意味着第 n 个订单批次的合并过程紧跟第 $n-1$ 个订单批次的合并过程，即第 $n-1$ 个订单批次合并过程和第 n 个订单批次合并过程之间没有空闲。

性质 4.2 与实践中经验丰富的订单分批调度人员的订单批次排序调度经验十分类似。根据性质 4.2，我们可以尝试调整第 n 个订单批次的拣选时间，让其拣选完成时间满足式（4.28），以此来协调订单拣选过程和订单合并过程，从而避免订单拣选过程停滞和订单合并过程空闲，提高订单履行时效。

2. 问题下界

我们假设订单合并过程只有在拣选第一个订单批次的时候存在空闲，其他时候没有空闲存在，且拣选时间最短的订单批次第一个进行拣选，则本问题的一个下界为拣选时间最短的订单批次的拣选时间与所有订单批次的合并时间之和[12]： $\text{LB} = \min\limits_{b \in B}\left\{t_b^{\text{pick}}\right\} + \sum\limits_{b \in B} t_b^{\text{sort}}$。因为订单合并过程至少需要空闲 $\min\limits_{b \in B}\left\{t_b^{\text{pick}}\right\}$ 的时间，这个空闲时间不能再减少。其中拣选时间最短的订单批次的拣选路径只覆盖第一条通道，因此 $\min\limits_{b \in B}\left\{t_b^{\text{pick}}\right\} = \dfrac{L}{V_{\text{travel}}}$；所有订单批次的合并时间取决于商品数量和订单数量，因此 $\sum\limits_{b \in B} t_b^{\text{sort}} = \sum\limits_{j \in J} \sum\limits_{i \in I} n_{ji} t_{\text{scan}} + |J| t_{\text{pack}}$。因此本问题的一个下界为

$$\text{LB} = \frac{L}{V_{\text{travel}}} + \sum_{j \in J} \sum_{i \in I} n_{ji} t_{\text{scan}} + |J| t_{\text{pack}} \tag{4.29}$$

此问题的下界可以用于检验我们接下来所设计的算法的精确性。

4.4　订单分批拣选的批次排序问题求解算法

B2C 电商订单分批拣选的批次排序问题是一个 NP-hard 问题。其解空间随着订单量的增加呈阶乘式增长，解空间巨大，精确算法很难在短时间内对大规模的订单批次排序问题进行求解。本节将结合上文提及的定性人工经验和定量模型性质，设计一个高效的启发式求解算法。该算法的设计思路、整体流程和三个模块阐述如下。

4.4.1　算法设计思路

我们将基于定性人工经验和定量模型性质来设计订单批次排序算法，其设计思路如下。

1）订单批次排序的前提是对订单进行分批

根据性质 4.1，我们知道订单分批决策对订单总的合并时间没有影响，因此我们选择种子算法来生成订单批次。种子算法是一种专门针对订单拣选过程的经典订单分批算法，是一种高效且很容易实现的算法[13]，因此被广泛应用于实践中。种子算法依次生成订单批次，首先选择一个订单作为种子订单添加到当前的订单批次中，然后根据订单池中的订单与种子订单的相似性，选择附加订单添加到当前的订单批次中，直到因为容量限制没有订单可以添加到当前的订单批次中，然后进行下一订单批次的生成。各种种子订单选择规则和附加订单选择规则的最新成果可以参见文献[14]。

2）如何对订单批次进行排序是关键

基于定性人工经验，我们把订单批次的排序问题转化成如何基于种子算法依次生成下一个订单批次的问题。经过调研，实践中经验丰富的订单分批调度人员会根据缓存区内暂存的已拣选完成的订单批次数量来调整接下来要生成订单批次的难易程度，从而保证订单拣选过程和订单合并过程的协调。当缓存区内暂存的已拣选完成的订单批次数量较少时，他们会生成并分配比较容易拣选的订单批次，即拣选时间较短的订单批次，以尽快补充缓存区内拣选完成的订单批次，从而避免订单合并过程的空闲；当缓存区内暂存的已拣选完成的订单批次数量较多时，他们会生成并分配比较难拣选的订单批次，即拣选时间较长的订单批次，以尽快消耗缓存区内拣选完成的订单批次，从而避免因为缓存区内没有多余空间存放新拣选完成的订单批次而导致的订单拣选过程的停滞。但他们需要较大的缓存区容量来判断拣选完成订单批次的数量变化，从而保证生成下一个订单批次的有效性。

　　基于这种人工经验，我们可以在种子算法生成订单批次的过程中嵌入控制规则来调整下一个订单批次的生成，来协调订单拣选过程和订单合并过程。与订单分批调度人员需要较大的缓存区容量不同，基于性质 4.2，我们可以在任意缓存区 z 下，调节下一个订单批次拣选时间的长短，让其订单拣选完成时间满足式（4.28），从而保证订单拣选过程和订单合并过程的协调。如何调整每个订单批次的拣选时间是解决此问题的另一个关键。种子算法主要包括种子订单选择和附加订单选择两个阶段，其中种子订单选择对整个订单批次的订单组成有决定性的作用，因此我们可以调整种子订单选择规则，例如，选择覆盖不同通道数量的订单作为种子订单，来调整整个订单批次的拣选时间的长短。

4.4.2　订单批次排序算法框架

　　根据以上算法设计思路，我们设计了订单批次排序算法，其主要分为三个模块：订单分批模块、订单批次排序模块和调整模块，其框架如图 4.3 所示。

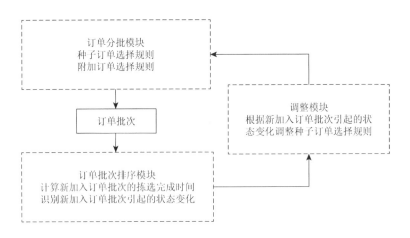

图 4.3　订单批次排序算法框架

　　在订单分批模块，我们用种子算法来生成订单批次。在订单批次排序模块，我们将订单分批模块生成的订单批次加入生产序列中，并根据性质 4.2 识别出新加入的订单批次引起的拣选过程和合并过程的状态变化。在调整模块，我们根据新加入的订单批次引起的状态变化，来判断是否需要对其进行调整，如果需要，则进行相应的调整；如果不需要，则由订单分批模块生成下一个订单批次。这三个模块不断迭代，直到订单池中没有订单用于订单分批，其具体流程如图 4.4 所示。

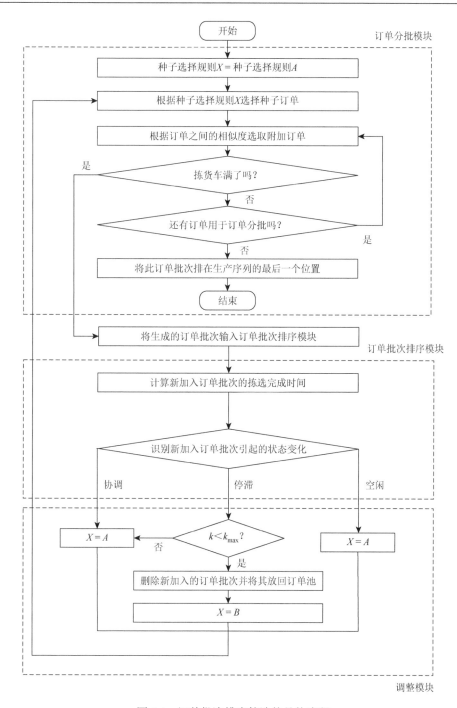

图 4.4 订单批次排序算法的具体流程

4.4.3　订单批次排序算法的三个模块

本节详细介绍订单批次排序算法的三个模块：订单分批模块、订单批次排序模块和调整模块。

1. 订单分批模块

在订单分批模块中，我们选择种子算法来生成订单批次，种子算法主要包括种子订单选择和附加订单选择两部分。

在种子订单选择部分，我们根据订单池中的订单所覆盖的通道数量来选择种子订单。我们选择覆盖不同通道数量的订单作为种子订单来调整整个订单批次拣选时间的长短，为了调整订单批次拣选时间的长短，我们设计了两个种子订单选择规则：种子订单选择规则 A 和种子订单选择规则 B。种子订单选择规则 A 是在订单池中选择覆盖通道数最少的订单作为种子订单；种子订单选择规则 B 是在订单池中选择比上一个种子订单所覆盖通道数量多 1 的订单作为种子订单；如果不存在，则选择数量多 2 的订单作为种子订单，以此类推。

在附加订单选择部分，我们根据订单池中的订单与已经加入当前订单批次的订单集合的相似性来选择附加订单。相似性通过 $simi_{ij} = |Aisle_i \bigcap Aisle_j| / |Aisle_i \bigcup Aisle_j|$ 来度量，其中 $Aisle_i$ 表示订单 i 覆盖的通道集合，$Aisle_j$ 表示当前订单批次 j 中的订单集合覆盖的通道集合。$|Aisle_i \bigcap Aisle_j|$ 表示订单 i 和订单批次 j 同时覆盖的通道数量，而 $|Aisle_i \bigcup Aisle_j|$ 表示如果把订单 i 加入订单批次 j，拣选人员在拣选过程中需要访问的通道数量。

首先将种子订单选择规则 X 设为 A，订单分批模块的具体步骤如下。

（1）根据种子订单选择规则 X，在订单池中选择一个订单作为种子订单，加入订单批次，并在订单池中删除此订单。

（2）根据订单池中的订单与订单批次中订单的相似性选择附加订单，加入当前订单批次，并在订单池中删除此订单。

（3）判断拣选车是否已经满了，如果没有满，转到步骤（4），如果已满，转到步骤（5）。

（4）判断订单池中是否存在订单用于订单分批，如果存在，转到步骤（2），如果没有，转到步骤（6）。

（5）生成一个订单批次，输入订单批次排序模块。

（6）生成一个订单批次，并将此订单批次排到生产序列的最后一个位置，并结束整个订单批次排序算法。

2. 订单批次排序模块

在订单批次排序模块，我们首先将订单分批模块生成的订单批次加入生产序列中，接着根据式（4.19）和式（4.20）确定新加入订单批次的拣选开始时间，然后根据新加入订单批次的拣选时间计算它的拣选完成时间，最后根据性质 4.2 来识别出新加入订单批次会引起的状态变化。

如果新加入订单批次（第 n 个订单批次）的拣选完成时间大于第 $n-1$ 个订单批次的合并完成时间，即 $C_{n1} > C_{(n-1)2}$，则会引起新加入订单批次合并过程的空闲，我们称它为空闲状态。

如果新加入订单批次（第 n 个订单批次）的拣选完成时间小于第 $n-z-1$ 个订单批次的合并完成时间，即 $C_{n1} < C_{(n-z-1)2}$，则会引起第 $n+1$ 个订单批次拣选过程的停滞，我们称它为停滞状态。

如果新加入订单批次（第 n 个订单批次）的拣选完成时间大于等于第 $n-z-1$ 个订单批次的合并完成时间而小于等于第 $n-1$ 个订单批次的合并完成时间，即 $C_{(n-z-1)2} \leqslant C_{n1} \leqslant C_{(n-1)2}$，则既不会引起空闲也不会引起停滞，我们称它为协调状态。

3. 调整模块

在调整模块，我们根据新加入的订单批次对拣选过程和合并过程引起的状态变化，来判断是否需要对新加入的订单批次进行调整，如果需要，我们将调整订单分批模块中的种子订单选择规则，选择覆盖不同通道数量的订单作为种子订单生成新的订单批次来代替新加入的订单批次；如果不需要，则由订单分批模块生成下一个订单批次。具体步骤如下。

（1）如果停滞状态发生，转到步骤（3），否则转到步骤（2）。

（2）新加入的订单批次保留在生产序列中，然后将订单分批模块中的种子订单选择规则 X 设为 A，转到步骤（5）。

（3）判断订单池中是否存在比新加入订单批次的种子订单所覆盖的通道数多的订单，如果有，转到步骤（4），否则转到步骤（2）。

（4）把新加入的订单批次在生产序列中删除，并将此订单批次中的所有订单放回到订单池中，然后将订单分批模块中的种子订单选择规则 X 设为 B，转到下一步。

（5）由订单分批模块生成一个新的订单批次。

4.5 数值实验与结果分析

为了验证本章所设计的算法的有效性和精确性，我们首先根据订单分批问题标准算例和 B2C 电商仓库的实际运作情况设计了一系列算例，然后根据 B2C 电商仓库实践中常用的订单批次排序策略设计了基准算法，接着将本章提出的算法与基准算法和问题下界进行比较，最后分析缓存区容量和订单规模对算法的影响，并得到相应的管理启示。所有算法都基于 Python 3.6.3 进行编程。实验环境为 Intel® Core™ i7-6700 CPU@3.40GHz 处理器，8GB 内存，Windows 10 操作系统。

4.5.1　算例说明

我们研究的 B2C 电商订单分批拣选的批次排序问题是经典订单分批问题的一个扩展，考虑了订单拣选过程和订单合并过程的协调。针对订单拣选过程的订单分批问题已得到广泛研究，关于订单拣选部分已形成公认的标准算例，因此我们参考标准算例集合 Set HW[15] 来设计订单拣选部分的实验参数。但在订单分批问题标准算例中，缺少订单合并部分的相关实验参数，因此我们采取先拣后合订单分批拣选策略的 B2C 电商仓库的实践调研来获取订单合并部分的相关实验参数。

在订单拣选部分，我们考虑单区块带有前后两条交叉通道的布局，如图 4.5 所示，这种布局广泛应用于文献[16]～[18]的数值实验中。在拣选区域，900 个存储位置分布在货架的 10 条通道中（每条通道两侧的货架上各有 45 个存储位置），每种商品只存放到一个存储位置上。通道从 1 到 10 命名，第 1 条通道在最右侧，第 10 条通道在最左侧。订单拣选的起始位置在最右侧通道的第一个存储位置。通道长度 L 为 45m，通道中心到通道中心的距离为 5m。商品按 ABC 存储策略[18]进行存储。首先，将商品按其期望需求频率分为 A、B、C 三类，A 类商品满足客户 52%的商品需求，B 类商品满足客户 36%的商品需求，C 类商品满足客户 12%的商品需求。A 类商品只存储在接近拣选起始位置的第 1 条通道，B 类商品存储在第 2、3、4 条通道，C 类商品存储在剩余的 6 条通道中。每一类中商品的存储位置是随机的。拣选人员按 S 形拣选路径策略在货架间拣选订单批次所包含的商品。在 S 形拣选路径策略中，只要某条通道中存在需要拣选的商品，拣选人员就会从前交叉通道穿过整条通道到后交叉通道，或者从后交叉通道穿过整条通道到前交叉通道，如图 4.5 所示。拣选人员的行走速度 V_{travel} 为 48m/min。

在订单合并部分，如图 4.6 所示，订单合并人员用扫描枪扫描每个商品的时间为 0.05min，打包每个订单的时间为 0.25min。

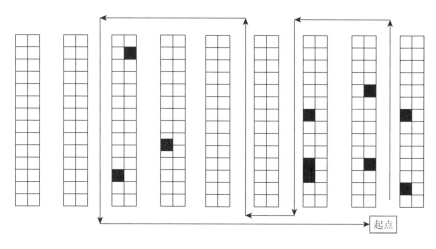

图 4.5　拣选区域布局与 S 形拣选路径策略

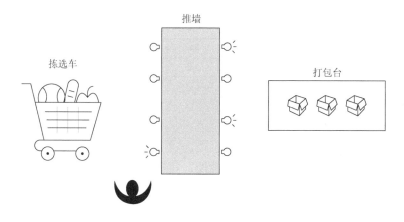

图 4.6　订单合并台的扫描和打包操作

每个订单 j 中商品的数量可以用 $q = \sum_{i \in S_j} n_{ji}$ 来表示，q 服从均匀分布 $U(1, 9)$，即每个订单中平均有 5 个商品。每种 SKU 所占拣选车的容量 c_i 为 1，拣选车的容量 O 为 50，即每个拣选车能容纳 50 个商品。

在本节中我们通过设置不同的客户订单数量和不同的缓存区容量来生成一系列算例，从而检验算法在不同环境下的表现。我们把客户订单的数量 $|J|$ 设为 800，900，…，1200，缓存区的容量 z 设为 1、10 和 20，一共有 15 个问题集合，如表 4.1 所示，然后根据每个问题集合随机生成 10 个算例，一共有 150 个算例。

表 4.1 　问题集合的参数设置

问题集	订单数量/个	缓存区容量/个	通道长/m	通道宽/m	存储策略	拣选速度/(m/min)	单位扫描时间/min	单位打包时间/min	订单中商品数/个	拣选车容量/个
1	800	1	45	5	ABC	48	0.05	0.25	$U(1, 9)$	50
2	800	10	45	5	ABC	48	0.05	0.25	$U(1, 9)$	50
3	800	20	45	5	ABC	48	0.05	0.25	$U(1, 9)$	50
4	900	1	45	5	ABC	48	0.05	0.25	$U(1, 9)$	50
5	900	10	45	5	ABC	48	0.05	0.25	$U(1, 9)$	50
6	900	20	45	5	ABC	48	0.05	0.25	$U(1, 9)$	50
7	1000	1	45	5	ABC	48	0.05	0.25	$U(1, 9)$	50
8	1000	10	45	5	ABC	48	0.05	0.25	$U(1, 9)$	50
9	1000	20	45	5	ABC	48	0.05	0.25	$U(1, 9)$	50
10	1100	1	45	5	ABC	48	0.05	0.25	$U(1, 9)$	50
11	1100	10	45	5	ABC	48	0.05	0.25	$U(1, 9)$	50
12	1100	20	45	5	ABC	48	0.05	0.25	$U(1, 9)$	50
13	1200	1	45	5	ABC	48	0.05	0.25	$U(1, 9)$	50
14	1200	10	45	5	ABC	48	0.05	0.25	$U(1, 9)$	50
15	1200	20	45	5	ABC	48	0.05	0.25	$U(1, 9)$	50

4.5.2 　基准算法

为了说明我们所设计的算法的有效性，我们根据采取先拣后合订单分批拣选策略的 B2C 电商仓库实践中常用的订单批次排序策略，结合种子算法设计了以订单分批人员常采用的"先易后难"策略的订单批次排序算法作为基准算法来与我们设计的算法进行比较。

在采取先拣后合策略的 B2C 电商仓库中，订单分批调度人员一般会采用一种"先易后难"的订单批次排序策略，即先处理容易拣选的订单批次，后处理难拣选的订单批次，目的是保证缓存区内有足够多的拣选完成的订单批次用于订单合并过程，防止订单合并过程的空闲。据此我们设计了基于先易后难的订单批次排序算法，其本质是种子订单选择规则为 A 的种子算法，其具体步骤如下。

（1）根据种子订单选择规则 A，在订单池中选择一个订单作为种子订单，加入当前订单批次，并在订单池中删除此订单。

（2）根据订单池中的订单与订单批次中订单集合的相似性选择附加订单，加入当前订单批次，并在订单池中删除此订单。

（3）判断拣选车是否已满，如果没有满，转到步骤（4）；如果已满，转到步骤（5）。

（4）判断订单池中是否还有订单用于分批，如果有，转到步骤（2）；如果没有，转到步骤（6）。

（5）生成一个订单批次，转到步骤（1）。

（6）生成最后一个订单批次，并结束。

因为种子订单选择规则 A 是选择覆盖通道数最少的订单作为种子订单，所以先生成的订单批次是容易拣选的，后生成的订单批次则是难拣选的。

4.5.3　实验结果

1. 订单批次排序算法的有效性分析

为了验证所设计的算法的有效性，我们比较了所设计的控制算法与基准算法在 15 个问题集合下的平均订单总完工时间和平均算法运行时间，如表 4.2 所示。我们将订单批次排序算法简称为控制算法，将基于"先易后难"策略的订单批次排序算法简称为先易后难算法。表 4.2 的最后一列代表控制算法与先易后难算法相比在订单总完工时间上节约的百分比；表 4.2 的最后一行表示平均统计结果。

表 4.2　控制算法和先易后难算法的结果比较

问题集合	控制算法		先易后难算法		节省/%
	总完工时间/min	运行时间/s	总完工时间/min	运行时间/s	总完工时间
1	414.07	2.06	497.84	0.78	16.83
2	413.69	0.94	455.51	0.83	9.18
3	413.21	0.87	415.14	0.80	0.46
4	461.01	3.05	557.34	1.07	17.28
5	462.13	1.51	514.81	0.96	10.23
6	461.68	1.31	465.58	1.42	0.84
7	504.98	4.29	612.48	1.22	17.55
8	504.45	1.99	570.07	1.32	11.51
9	505.43	1.46	520.99	1.32	2.99
10	552.73	5.79	669.23	1.68	17.41
11	553.58	2.69	627.86	1.53	11.83
12	552.94	1.76	579.34	1.79	4.56
13	599.06	7.07	722.38	2.24	17.07
14	598.97	3.61	680.55	2.40	11.99
15	598.97	2.70	632.54	2.13	5.31
平均	506.46	2.74	568.11	1.43	10.34

注：节省 =（先易后难算法总完工时间–控制算法总完工时间）/先易后难算法总完工时间×100%。

控制算法与先易后难算法相比平均能够节省 10.34% 的订单总完工时间，这说明我们所设计的订单批次排序算法与在实践中常用的基于先易后难的订单批次排序算法相比可以大量地节省订单总完工时间，可以大大提高订单履行时效，说明了我们所设计算法的有效性。此外，控制算法平均需要运行 2.74s，先易后难算法平均需要运行 1.43s，这两个算法都能够在较短时间内得到订单批次排序方案，这说明了我们所设计算法的实用性。

2. 订单批次排序算法的精确性分析

为了验证我们所设计的算法的精确性，我们将所设计的控制算法在 15 个问题集合下的平均订单总完工时间与问题的下界进行比较，如表 4.3 所示。表 4.3 的最后一列代表所设计算法的结果与问题下界的差距百分比；表 4.3 的最后一行表示平均统计结果。控制算法的结果与问题下界的差距在 0.00%～3.15% 范围内，平均差距为 1.19%，这说明控制算法的表现与最优解的差距非常小，说明了我们所设计算法的精确性。

表 4.3　问题下界和控制算法的结果比较

问题集合	下界	控制算法	差距/%
	总完工时间/min	总完工时间/min	总完工时间
1	401.02	414.07	3.15
2	401.02	413.69	3.06
3	401.02	413.21	2.95
4	452.25	461.01	1.90
5	452.25	462.13	2.14
6	452.25	461.68	2.04
7	502.22	504.98	0.55
8	502.22	504.45	0.44
9	502.22	505.43	0.64
10	551.41	552.73	0.24
11	551.41	553.58	0.39
12	551.41	552.94	0.28
13	598.97	599.06	0.02
14	598.97	598.97	0.00
15	598.97	598.97	0.00
平均	501.17	506.46	1.19

注：差距 =（控制算法总完工时间–下界总完工时间）/下界总完工时间×100%。

3. 缓存区容量对算法的影响

随着 B2C 电商的快速发展，仓库内的商品品类不断扩张，用于存放商品的货架占地面积不断扩大而缓存区的容量不断缩小，这导致订单拣选过程停滞和订单合并过程空闲现象更容易发生，给订单批次排序作业带来新的挑战。我们将进一步探索算法在不同缓存区容量下的表现，探索算法在不同缓存区容量下的适用性。我们把订单的数量 $|J|$ 设为 1000，把缓存区的容量 z 设为 1，2，3，…，30，生成 30 个问题集合，然后根据每个问题集合生成 10 个算例，一共 300 个算例。我们记录在不同缓存区容量下先易后难算法、控制算法的订单总完工时间和问题的下界，如图 4.7 所示。

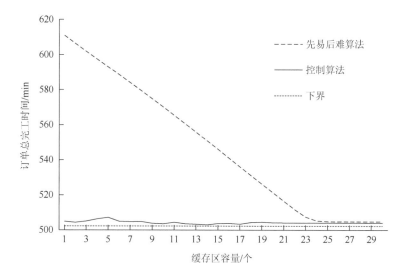

图 4.7　订单数量为 1000 时不同缓存区容量下算法的结果与问题下界

从图 4.7 可以看到，先易后难算法的订单总完工时间随着缓存区容量的增加先呈线性下降（缓存区容量从 1 到 25），然后保持平稳且逼近问题的下界（缓存区容量从 25 到 30）。这说明先易后难算法的表现很容易受到缓存区容量的影响。在缓存区容量较大（大于 25）时，它可以表现得很好；但当缓存区容量较小时，它的表现会随着缓存区容量的减少迅速变差，订单总完工时间快速增加。

控制算法的订单总完工时间随着缓存区容量的增加基本保持平稳，且一直逼近问题的下界，说明我们所设计的订单批次排序算法基本不会受到缓存区容量变化的影响，且一直接近于问题的最优解。

总体而言，不管缓存区容量如何变化，我们所设计的控制算法都表现很好。在实践中常用的基于先易后难的订单批次排序算法只有在缓存区容量较大时（从 25 到 30）表现良好；在缓存区容量较小时（从 1 到 25），其表现会随着缓存区容量的减少迅速变差。这进一步说明了我们所提出的算法的稳定性和在实践中的适用性，且如果 B2C 电商仓库采用订单批次排序算法，则可以通过减小缓存区来节省库存成本，同时保证订单履行的时效。

4. 订单数量对所设计算法的影响

根据调研，用于分批的订单数量对订单拣选效率有一定的影响，进而会影响订单拣选过程和订单合并过程的协调。下面我们将探索订单数量对我们所设计的控制算法的影响，探索控制算法在不同订单数量下的适用性。我们把订单的数量 $|J|$ 设为 600，700，800，$\cdots$，1400，把缓存区的容量 z 设为 1，生成 9 个问题集合，然后根据每个问题集合生成 10 个算例，一共 90 个算例。我们记录了控制算法在不同订单数量下，订单总完工时间、订单总拣选时间和订单总合并时间的关系，如图 4.8 所示；订单拣选过程总停滞时间和订单合并过程总空闲时间的关系，如图 4.9 所示；订单平均拣选时间和订单平均合并时间的关系，如图 4.10 所示。

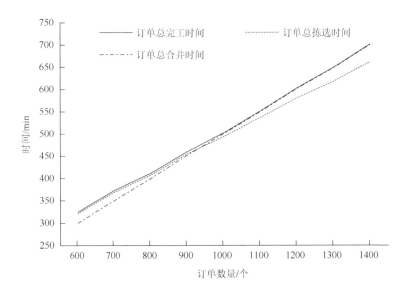

图 4.8　不同订单数量下订单总完工时间、订单总拣选时间和订单总合并时间的关系

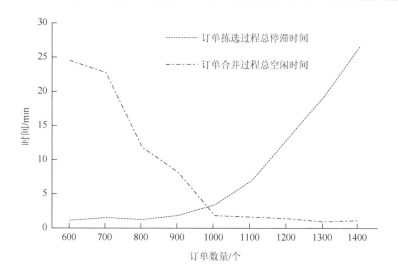

图 4.9　不同订单数量下订单拣选过程总停滞时间和订单合并过程总空闲时间的关系

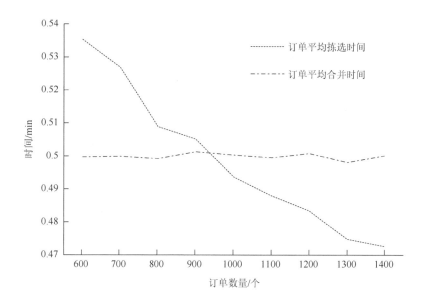

图 4.10　不同订单数量下订单平均拣选时间和订单平均合并时间的关系

从图 4.8 和图 4.9 可以看到，当订单数量为 900～1100 时，订单总完工时间、订单总拣选时间和订单总合并时间三者相近，订单拣选过程总停滞时间和订单合并过程总空闲时间接近于零，说明此时我们所设计的控制算法可以很好地协调订单拣选过程和订单合并过程。当订单数量为 600～1000 时，订单总完工时间接近于订单总拣选时间，订单合并过程存在空闲，且随着订单数量的减少，订单合并过程的空闲时间快速增加，说明此时订单拣选过程处于系统瓶颈，订单合并过程的空闲无法避免，且随着订单数量的减少更加严重。当订单数量为 1000～1400 时，订单总完工时间接近于订单总合并时间，订单拣选过程存在停滞，且随着订单数量的增加，订单拣选过程的停滞时间快速增加，说明此时订单合并过程处于系统瓶颈，订单拣选过程的停滞无法避免，且随着订单数量的增加更加严重。

随着订单数量的增加，系统瓶颈从订单拣选过程到订单合并过程的转移，以及订单拣选过程停滞时间和订单合并过程空闲时间的增减变化，可以用图 4.10 来解释，随着订单数量的增加，订单平均合并时间保持稳定而订单平均拣选时间几乎呈线性下降。订单平均合并时间与单个订单的打包时间和订单中的商品数量有关，与订单总数量无关，因此订单平均合并时间随着订单数量的增加保持稳定。而订单的平均拣选时间与仓库中需要拣选的商品的密度有关，随着订单数量的增加，仓库中需要拣选的商品的密度变大，订单分批后每个订单批次中的订单拥有更高的相似度，因此每个订单需要更少的拣选时间，订单平均拣选时间随着订单数量的增加而减少。

总之，当订单数量适量（订单数量为 900～1100）时，订单平均拣选时间与订单平均合并时间相近，系统处于平衡状态，控制算法可以很好地协调订单拣选过程和订单合并过程，停滞时间和空闲时间接近于零；当订单数量过少（订单数量少于 900）时，订单平均拣选时间大于订单平均合并时间，系统处于不平衡状态，订单拣选过程成为系统瓶颈，订单合并过程存在空闲，随着订单数量的减少，订单平均拣选时间进一步增加，系统将更加不平衡，订单合并过程的空闲会快速增加，此时需要通过其他方式（增加拣选人员和拣选车）来提高订单拣选效率，从而让系统恢复平衡，进而让订单拣选过程和订单合并过程恢复协调；当订单数量过多（订单数量大于 1100）时，订单平均拣选时间小于订单平均合并时间，系统处于不平衡状态，订单合并过程成为系统瓶颈，订单拣选过程存在停滞，随着订单数量的增加，订单平均拣选时间进一步减少，系统将更加不平衡，订单拣选过程的停滞会快速增加，此时需要通过其他方式（如增加订单合并的人员和推墙）来提高订单合并效率，从而让系统恢复平衡，进而让订单拣选过程和订单合并过程恢复协调。

4.6　结　　论

本章针对 B2C 电商仓库中订单拣选过程与订单合并过程之间存在的不协调现象，研究 B2C 电商订单分批拣选的批次排序问题，在订单分批拣选作业中优化订单批次排序来协调订单拣选过程和订单合并过程。我们首先对问题的关键影响要素和问题的复杂性进行了分析，其次建立以最小化订单总完工时间为目标，以拣选车容量限制和缓存区容量限制为约束的订单批次排序模型，再次根据定性人工经验和定量模型性质设计了订单批次排序算法，最后通过算例验证了本章所设计的算法的有效性和精确性，并得到了相应的管理启示。需要注意的是，我们所设计的算法与在实践中常用的基于"先易后难"策略的订单批次排序算法相比能够节省 10.34%的订单总完工时间，且与问题的下界相比平均只有 1.19%的差距。相应的管理启示如下。

（1）不管缓存区的容量如何变化，我们所设计的订单批次排序算法都表现很好；在实践中常用的基于"先易后难"策略的订单批次排序算法只适用于缓存区容量比较大的情况。

（2）随着用于分批的订单数量增加，系统瓶颈从订单拣选过程转移到订单合并过程，此时建议仓库管理者提高订单合并过程的效率，从而使系统恢复平衡，使订单拣选过程和订单合并过程恢复协调。

我们只是初步探索了 B2C 电商仓库订单拣选过程和订单合并过程的协调性，在这方面仍然存在以下一些有趣的问题值得研究。

（1）在本章中，我们假设一个订单拣选人员和一个订单合并人员，多订单拣选人员和多订单合并人员的订单批次排序问题值得进一步研究，此时缓存区能够提供更灵活的缓冲作用并且订单拣选过程和订单合并过程之间的资源分配需要考虑。

（2）我们研究的是离线订单批次排序问题，基于该研究，在线订单批次排序问题值得进一步研究，此时应该根据订单拣选人员和订单合并人员的可用性以及缓存区内暂存的拣选完成的订单批次数量来进行订单批次排序作业。

参 考 文 献

[1]　De Koster M B M，Van der Poort E S，Wolters M. Efficient orderbatching methods in warehouses[J]. International Journal of Production Research，1999，37（7）：1479-1504.

[2]　Ruben R A，Jacobs F R. Batch construction heuristics and storage assignment strategies for walk/ride and pick systems[J]. Management Science，1999，45（4）：575-596.

[3]　Hwang H，Kim D G. Order-batching heuristics based on cluster analysis in a low-level picker-to-part warehousing system[J]. International Journal of Production Research，2005，43（17）：3657-3670.

[4]　Boysen N，de Koster R，Weidinger F. Warehousing in the e-commerce era：A survey[J]. European Journal of Operational Research，2019，277（2）：396-411.

[5]　Van Nieuwenhuyse I，de Koster R，Colpaert J. Order batching in multiserver pick-and-sort warehouses[R]. Leuven，Belgium：Department of Decision Sciences and Information Management，K.U. Leuven，2007.

[6]　Jiang X W，Zhou Y X，Zhang Y K，et al. Order batching and sequencing problem under the pick-and-sort strategy in online supermarkets[J]. Procedia Computer Science，2018，126：1985-1993.

[7]　El-Rayah T E. The efficiency of balanced and unbalanced production lines[J]. International Journal of Production Research，1979，17（1）：61-75.

[8]　　Gademann A J R M，Van Den Berg J P，Van Der Hoff H H. An order batching algorithm for wave picking in a parallel-aisle warehouse[J]. IIE Transactions，2001，33（5）：385-398.

[9]　　Boysen N，Stephan K，Weidinger F. Manual order consolidation with put walls: The batched order bin sequencing problem[J]. EURO Journal on Transportation and Logistics，2019，8（2）：169-193.

[10]　Papadimitriou C H，Kanellakis P C. Flowshop scheduling with limited temporary storage[J]. Journal of the ACM，1980，27（3）：533-549.

[11]　Garey M，Johnson D. Computers and Intractability: A Guide to the Theory of NP-Completeness[M]. San Francisco: W. H. Freeman & Co.，1979.

[12]　Gupta J N. Two-stage，hybrid flowshop scheduling problem[J]. Journal of the Operational Research Society，1988，39（4）：359-364.

[13]　Zhang J，Wang X P，Chan F T S，et al. On-line order batching and sequencing problem with multiple pickers: A hybrid rule-based algorithm[J]. Applied Mathematical Modelling，2017，45：271-284.

[14]　Ho Y C，Su T S，Shi Z B. Order-batching methods for an order-picking warehouse with two cross aisles[J]. Computers & Industrial Engineering，2008，55（2）：321-347.

[15]　Henn S，Wäscher G. Tabu search heuristics for the order batching problem in manual order picking systems[J]. European Journal of Operational Research，2012，222（3）：484-494.

[16]　Gademann N，Velde S. Order batching to minimize total travel time in a parallel-aisle warehouse[J]. IIE Transactions，2005，37（1）：63-75.

[17]　Henn S，Koch S，Doerner K F，et al. Metaheuristics for the order batching problem in manual order picking systems[J]. Business Research，2010，3（1）：82-105.

[18]　Henn S. Algorithms for on-line order batching in an order picking warehouse[J]. Computers & Operations Research，2012，39（11）：2549-2563.

第5章 有限缓存区下B2C电商订单配送批次生成的双层规划方法

根据第2~4章对B2C电商订单生产过程的分析可知，B2C电商订单主要采用按波次释放、分批次拣选的生产模式，为了提高订单生产效率，订单释放波次生成时，主要考虑了影响生产效率的订单SKU组成、SKU的仓储布局等因素，未充分考虑后续与订单配送环节相关的因素，因而导致后续订单配送阶段的调度决策与生产过程的顺畅衔接存在较多的问题。为了解决这个问题，本章及第6章将在考虑订单生产特点的基础上，围绕着B2C电商订单配送过程中涉及的核心调度决策问题开展研究。

5.1 引　　言

本章聚焦于B2C电商订单配送过程中的订单配送批次生成阶段，该阶段可描述如下：当订单拣选完成进入缓存区后，订单配送过程开始。不论采用人到货拣选系统，还是采用货到人拣选系统，B2C电商订单的拣选环节在整个调度周期内都是连续进行的，拣选完成后订单会动态释放至缓存区中，因而相应的后续订单配送过程在调度周期内也应是连续动态进行的，但由于C端客户订单具有不同的配送时效要求，不可能等待所有订单拣选完成后才开始进行配送，因而订单配送过程呈现出"小批量、多批次、动态进行"的特点。正是由于订单配送过程所呈现出的小批量、多批次的特点，配送过程的首要核心决策即为在OFC进行订单装载时的订单配送批次生成决策，该决策不仅需要考虑拣选订单的拣选模式以及订单的配送时效与流向，特别之处在于还需要考虑有限缓存区以及有限卡位的约束，因而决策十分困难，需要开展深入研究。

如图5.1所示，在波次拣选模式下B2C电商订单的履行过程中，衔接配送环节与订单拣选环节的关键一环是缓存区，它会对两个环节产生以下影响：①由于缓存区的容量有限，这限制了可以同时存储的订单数量，若配送计划的生成不合理、预先设定的订单配送量过低，将会使剩余的订单过多，后续拣选波次的订单释放后易发生缓存区堵塞，导致订单拣选环节被迫中止，从而影响订单履行过程的整体效率；②在缓存区有限的情况下，能够同时停靠进行订单装载的车辆卡位也是有限的，而卡位分配会影响派车的顺序和车辆离开 OFC 的时间，进而影响到订单在后续配送过程中是否会延迟。综上，在两个相邻订单拣选波次释放的时间间隔内，订单配送环节送多少订单、送哪些订单、订单如何装载以及卡位如何分配，将会影响到有限缓存区对订单拣选和配送环节衔接的顺畅性，本章将这些决策统称为配送批次生成决策。

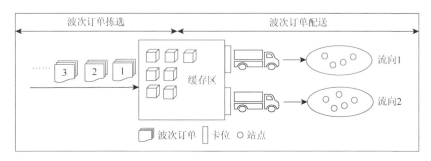

图 5.1　缓存区在 B2C 电商订单履行过程中的位置

　　有限缓存区下 B2C 电商波次拣选订单配送批次生成的决策位于波次订单拣选完成释放之后、订单配送发车之前，影响着订单拣选与配送环节衔接的流畅性，且需要结合订单拣选环节的波次拣选订单释放信息进行订单配送环节的相应决策，因此与该问题最直接相关的研究是订单拣选与配送联合调度问题（integration of order picking and vehicle routing problem，IOPVRP）。这一类研究通常将订单拣选环节所需进行的订单分批、排序或者拣选人员指派等决策与订单配送环节的路径规划决策纳入一个完整的模型之中，或者是结合某环节的信息进行另一环节的决策，在某个环节进行决策时尽可能考虑另一环节的影响，以实现订单拣选与配送环节的顺畅衔接，代表性的研究有：Moons 等以订单拣选环节人力成本与配送成本最小化为决策目标，通过联合调度决策缩短车辆的等待时间[1]，并在后续研究中对大规模算例进行了求解[2]；Zhang 等以最小化订单最长服务时间与最大化送达订单数量为目标研究了在线环境下的订单拣选与配送联合调度问题，在配送环节假设车辆具有固定离开订单履行中心的时间[3]，在此基础上，Zhang 等将配送的决策具体化，考虑了单一车辆进行多次分区配送的情况[4]。上述多数研究着重考虑订单拣选与配送环节的联合决策，使拣选释放的订单在配送时效内以较低的配送成本送达，注重时效、成本两个关键目标，这为本章所研究的问题在决策目标的设定上提供了借鉴。然而，本章所研究的 B2C 电商波次拣选订单配送批次生成决策，不仅要考虑订单波次拣选方式的影响，其特别之处是还受到有限缓存区的限制。目前，已有的 IOPVRP 研究中只有 Ostermeier 等考虑了有限缓存区这一特征[5]，该研究借鉴流水线多环节生产问题[6]、车辆越库转运问题[7]等研究中对有限缓存区的分析，通过在模型中添加依赖于时间的库存变化与容量约束来刻画缓存区对生产和配送衔接的影响。但是，该研究以有限数量的商店为单位进行订单的装载与配送，订单规模相对较小，单个订单规模量大，一次能够装载与配送的商店数量较少，因此订单配送批次生成决策相对简单。而在 B2C 电商情境下，由于客户可以随时随地频繁下单，其订单具有异质性强、动态到达的特点，单个订单量少但是总订单规模大[8]，且每个订单都可能具有个性化的配送时效要求[9]，这使配送批次生成决策不仅要考虑流向内各订单的不同时效要求，同时还需要结合订单波次拣选的生产方式考虑有限缓存区的影响，决策更为复杂。波次拣选订单的配送批次生成决策可分为两部分：首先，为了能够确保下一个波次订单的顺畅释放并便于此波次后续订单的装载，需要结合缓存区容量以及波次拣选订单释放量等信息，先决策出当前波次拣选订单释放后，要配送出库的订单量为多少，下文简称为批次订单配送量；其次，在批次订单配送量的约束下进行波次订单配送派车方案的生成，即具体配送哪些订单、这些订单如何装载及服务车辆的卡位如何分配，从而尽可能以更低的成本满足订单配送的时效要求。需要注意的是，这两个决策是相互影响、相互制约的，订单配送派车方案是以批次订单配送量为约束生成的，而根据订单配送派车方案又可以重新调整批次订单配送量以重新生成订单配送派车方案。这种内部决策的耦合性进一步提升了配送计划决策的复杂性，必须寻找一种合理的决策框架来刻画这两个关键决策之间的相互影响关系。

　　为了刻画批次订单配送量与波次订单配送派车方案两个决策之间相互影响的关系，本章采用双层规划（bi-level programming）模型对问题进行建模。双层规划模型是一种具有双层阶梯结构的系统优化模型，上层决策一般作为参数或者约束输入下层，然后下层在限定的范围内进行决策；同时，上层决策又根据下层决策不断对自身决策进行调整，上下层决策之间相互影响[10]。该模型已经被广泛用于刻画多个决策之间相互影响与制约的关系，例如，Calvete 等通过构建双层规划模型来刻画生产商的生产计划安排与分销商的客户分配、路线规划之间的影响关系，并采用蚁群算法对问题进行了求解，实验结果表明在迭代数千次的情况下，能够找到较为满意的解[11]；Amirtaheri 等通过在制造商和分销商之间转换领导者和追随者的角色，建立了两个非线性的双层规划模型，并通过结合遗传算法和粒子群优化算法对小规模算例进行了求解[12]；Chen 等构建了双层规划模型来刻画生产部门订单生产流水线控制与配送部门订单分区块装载配送两个决策间的影响关系，设计了基于双层规划模型的模拟退火算法，能够在一个小时内求解大规模算例[13]。然而，现有的研究在求解过程中一般注重于上层与下层求解算法的设计，在上下层之间则多采用直接迭代优化的方式，迭代次数多、求解时间较长，难以满足 B2C 电商订单配送批次生成决策的高时效要求。同时，本章所研究的问题在上层决策批次订单配送量的过程中，解空间会随着波次释放订单量的增加而不断扩大，且上一波次订单配送计划的变动会使订单配送量发生改变，进而导致剩余到下一波次的订单量发生变化，下一波次配送计划的解空间也随之发生变化，因此需要一种能够快速搜索解空间的双层规划算法。为此，本章构建了基于下层信息反馈的区间分割调节机制，根据下层反馈的具体订单配送派车方案，对批次订单配送量的搜索区间进行分割，同时确定下一次迭代时的搜索区间，避免了无效搜索，使每一次迭代都能够进入未被搜索过的解空间以提高搜索效率，并通过数值实验证明所提出的机制能够尽快寻找到质量较高的解。

综上所述，本章针对有限缓存区下 B2C 电商波次拣选订单的配送批次生成这一决策难题，构建了双层规划模型去刻画批次订单配送量与波次订单配送派车方案两个关键决策之间相互制约、相互影响的关系；同时，针对双层规划模型多次迭代时间过长、搜索效率低下的问题，在模型求解的过程中构建了基于下层信息反馈的区间分割调节机制以提高解空间的搜索效率，实现了订单配送计划的快速生成。数值实验与应用研究证明了本章提出的决策方法可以保障订单拣选与订单配送两个环节的顺畅衔接，有助于实现 B2C 电商波次拣选订单配送环节的降本增效。

5.2　问　题　分　析

由于 B2C 电商的末端客户分散在城区内的不同区域，且不同区域内的地理特点、交通网络、订单密集程度等均存在差异，因此 B2C 电商企业在进行配送决策时，会将多个距离相近的配送站点划分为同一个配送流向，并在每个配送批次中按照流向将订单进行合并配送。划分为同一个配送流向的订单由固定的配送车辆负责，这样一方面可以通过流向来缩短配送路径的长度，以保证订单的配送时效，另一方面也有利于驾驶员在固定的流向内提升客户熟识度、积累行驶经验，以提高客户满意度和配送效率。缓存区作为衔接订单拣选环节与订单配送环节的关键一环，会对前后两个环节产生以下的影响：①因为缓存区的容量有限，这限制了可以同时存储的订单数量，若配送环节的决策不合理、订单总配送量过低，将会使缓存区内剩余订单过多，导致后续拣选订单无法顺利释放至缓存区，甚至可能导致订单拣选环节被迫中止，从而影响订单履行过程的整体效率；②在缓存区有限的情况下，能够同时停靠进行订单装载的车辆卡位有限，而卡位分配会影响派车的顺序和配送任务开始的时间，进而影响到订单的配送时效。因此，在订单连续拣选、动态释放的场景下，订单配送环节每个批次送多少订单、送哪些订单、订单如何装载以及卡位如何分配，将会影响到订单拣选环节和订单配送环节衔接的顺畅性，配送批次生成决策十分关键，下面首先对订单配送批次生成决策的关键影响要素与决策复杂性进行分析。

5.2.1　订单配送批次生成决策的关键影响因素

影响配送批次生成决策的关键要素主要包括订单配送流向、有限缓存区、订单拣选模式,其中 SKU 种类的多样性导致了订单配送包裹在体积、重量、装箱需求上的差异性,因此,订单合并装载问题首先是一个带装箱冲突约束的多类型物品装箱难题。而合并装载订单的配送流向将直接影响后续车辆路径成本,如果将两个流向较远的订单合并配送则必将带来较高的车辆路径成本。订单拣选波次的存在要求每个订单释放后都需要进行如下选择:是与其他订单合并配送,还是等待至下一波次再考虑配送,这使订单配送批次生成决策变得更加复杂。因此,后续将对订单配送流向、有限缓存区、订单拣选模式这三个影响订单配送批次生成决策的关键要素进行具体分析。

1)订单配送流向

订单配送流向是指订单最终配送目的地所属的范围,"配送流向"一词尚无学术上的明确定义,也没有标准的划分方法,往往是企业基于日常车辆调度经验和城市具体道路交通结构等,对所服务的配送区域进行的范围划分,一般同流向的订单优先合并装载,不同流向的订单一般不进行合并装载。由于涉及企业规模和具体城市,订单配送流向在不同 B2C 电商物流企业和不同城市内往往具有差异性,但是配送流向的划分对于订单配送批次生成决策具有重要影响,因其能够充分利用人工调度经验并考虑所在区域的地理结构、行政区划、道路交通等因素,从而使配送决策更具智能性与可操作性。

2)有限缓存区

物流缓存区是物流系统中衔接内、外部环节的重要物流设施,在制造业等传统生产企业中,其功能主要包括收货、拆箱、拣选、配货和送货上线等作业[14],其布局合理性将直接影响到整个物流系统的物料供应效率和流畅度,进而影响各设施的均衡度和物流的平衡性。通过物流缓存区的合理布局,可在加快物料流动速度的同时节省存储空间,降低 10%~30% 的物料运输成本,为企业赢得物流竞争优势[15]。类似地,在 B2C 电商物流系统中,缓存区处于订单拣选区域与订单配送装载卡位之间,也是衔接订单拣选环节和订单配送环节的关键节点[5]。而与制造业不同的是,B2C 电商物流系统中物流缓存区的独特功能之一是对订单配送批次进行决策。这是因为 B2C 电商订单的拣选过程是连续的,且拣选完成后订单动态释放至缓存区内,但订单拣选环节未考虑配送流向、配送时效等因素,因而必须在综合考虑上述因素的情况下对订单重新划分配送批次,然后基于配送批次分批进行卡位分配、装载排序等决策,以保障配送过程的有序进行。但由于缓存区单位空间的成本较高、空间有限,与之匹配的装载卡位也属于有限资源,而所有流向的订单都可以在缓存区内以任意比例存储，并从任意卡位装车配送，因此配送批次决策中该送多少订单、该送哪些订单、卡位如何分配等决策均会受到有限缓存区的限制与影响。

3）订单拣选模式

B2C 电商订单经拣选环节后动态释放至有限缓存区，因此订单配送批次生成决策的核心问题之一是什么时候进行决策。在按波次拣选模式下，订单拣选波次的存在使每一个订单都具有订单释放时间，即所在波次内所有订单的拣选完成时间。而订单拣选波次是综合考虑多种因素以提高生产阶段订单的拣选效率为目的筛选出来的，因此影响拣选效率的 SKU 种类及其相似性是主要的考虑因素，而订单配送时效、配送流向等为次要因素。但订单拣选环节与配送环节在决策目标上存在差异，即前者是提高拣选效率，后者是保证配送时效。订单拣选波次重新调整了订单的拣选顺序，导致了订单到达时间与订单释放时间不符合先进先出的原则，即先到达的订单不一定先进行拣选，而不同订单的配送时效进一步导致了不同订单在紧急程度上的差异，必须考虑这种差异对订单配送批次生成决策产生的复杂影响。在按波次拣选模式下，订单是连续释放至缓存区的，因而必须依据某种订单合并策略进行批次生成。

5.2.2 订单配送批次生成决策的复杂性分析

订单配送批次生成决策的复杂性主要体现在：未来波次订单信息不确定性强、基于预测信息的配送批次生成决策复杂、批次划分方案解空间巨大。首先，由于 B2C 电商平台拥有海量的仓储 SKU 种类和随时随地可接入的网购便捷性，末端客户产生了不确定性极强的购买行为和差异性极大的购买需求，最终导致 B2C 电商订单的配送流向、配送时效与配送量具有极强的随机性和差异性，而这种随机性和差异性最终使未来订单波次信息具有天然的不确定性，对其进行精准预测十分困难；其次，即使对未来波次订单信息进行了较为精准的预测，如何将预测信息考虑到配送批次生成决策中也十分复杂。未来波次订单信息包含了所属配送点和配送量，这两个因素相互关联、相互制约，不同站点的配送量的大小直接影响到不同站点的订单能否合并装载；最后，单个波次释放的订单规模可达数万，虽然城区配送阶段可以按照订单所属配送站点、配送时效进行聚类以缩小解空间，但即使是完全信息下的配送批次生成决策问题（可归结为 0-1 装箱问题）也属于 NP-hard 问题，其决策空间随问题规模（站点规模与配送时效的组合）急剧增大，如何快速生成订单配送批次也是决策面临的重要挑战。

目前在实践中，配送计划的生成决策仍然主要依赖人工经验，导致缓存区拥堵、订单拣选停滞等问题时有发生，降低了订单拣选与配送两个环节的整体效率，决策的科学性和合理性不足。特别地，电商在大促期间的订单量会激增，不合理的配送批次生成决策会加剧订单在缓存区的滞留时间过长、爆仓等现象的发生，并导致更大量的订单延迟配送情况的发生。因此，如何在有限资源的约束下生成 B2C 电商订单配送计划，在保障订单拣选与配送环节顺畅衔接的同时，优化订单配送环节的总成本，是本章所要研究的关键难题。

5.3　订单配送批次生成的双层规划模型

5.3.1　问题假设

基于上文对订单整体履行过程的分析，并结合实践调研结果，本章所研究的问题有如下假设。

（1）OFC 服务的配送区域已事先划分为多个配送流向。由于分属不同流向的站点一般相距较远，因此分属不同流向的订单不能合并配送。

（2）单个配送流向由特定车辆负责，同时车辆访问相应流向下各个站点的顺序相对固定，默认为最短路径。因此本章不考虑站点间的路径规划决策，只考虑各个流向的派车决策。

（3）车辆从离开 OFC 至抵达每个配送站点需要花费的时间是固定的，因此，可以根据订单配送时效要求倒推计算出订单最晚离开 OFC 的时间。

基于上述问题假设，可对 B2C 电商订单配送批次生成问题描述如下：客户订单以随机动态的方式到达 OFC，OFC 按照波次 $w \in \{1, 2, \cdots, W\}$ 进行订单拣选，拣选完成的波次 w 的订单在固定时间点 t_w 进行释放，订单释放后进入缓存区中存储。为了降低决策复杂性，首先根据订单的时效要求倒推出每个订单最晚离开 OFC 的时间，若在 t_w 时，某订单最晚离开 OFC 的时间在下一波次订单释放时间点 t_{w+1} 之前，则该订单必须在 t_{w+1} 之前进行配送，将其称为波次 w 的紧急订单。接着，针对存储在缓存区中的订单生成后续的配送计划，具体过程为：紧急订单必须全部进行配送，同时选择部分非紧急订单与紧急订单一同装载，直至满足批次订单配送量。负责配送不同流向的车辆需要在有限的装载卡位上完成订单装载，其中车辆装载所需要的时间与车辆装载的订单量成正比。完成装载之后，车辆开始进行配送。若车辆离开 OFC 的时间晚于所装载订单 o 最晚离开 OFC 的时间，则认为该订单产生延迟。波次 w 内未进行配送的剩余订单会继续保留在缓存区中，与波次 $w+1$ 释放的订单一起成为下一波次配送批次生成决策时面临的实际订单。

在配送批次生成的过程中，根据上一波次配送后的剩余订单量、当前波次以及下一波次的拣选释放订单量、缓存区容量等信息，可以计算出当前批次订单配送量的最小值以及当缓存区中所有订单全部配送时批次订单配送量的最大值。批次订单配送量的最小值与最大值限定了批次订单配送量的决策范围，如果批次订单配送量过高，会导致在订单配送派车方案生成的过程中需要装载配送的订单包含的流向过多，而不同流向的订单无法用一辆车进行装载配送，会使部分流向的车辆装载率较低，增加派车成本。因此，首先进行的批次订单配送量决策对派车成本有重要的影响。此外，波次订单配送派车方案生成过程中包含的送哪些订单、订单如何装载以及卡位如何分配这三个决策决定了车辆所装载的订单以及车辆离开 OFC 的时间，进而决定了这些需要配送的订单是否会产生延迟，影响订单延迟成本的计算。

5.3.2　模型构建

本节根据波次拣选订单释放时刻，将一个决策周期划分为多个阶段，即将波次 w 的释放时刻 t_w 至下一波次 $w+1$ 的释放时刻 t_{w+1} 作为一个阶段，时刻 t_w 需要生成 $[t_w, t_{w+1}]$ 这一时段内的具体配送计划，我们将其称为波次 w 的配送计划。鉴于批次订单配送量与波次订单配送派车方案之间相互影响与制约的关系，本节构建了批次订单配送量与波次订单配送派车方案的双层规划模型。其中，上层模型以实现决策周期内派车成本与订单延迟成本最小化为目标进行批次订单配送量决策；下层模型在上层批次订单配送量的约束下，以实现当前决策波次的派车与订单延迟总成本最小化为目标进行本波次订单配送派车方案的生成，具体决策包括：当前波次应当送哪些订单、这些订单如何装载以及卡位如何分配。与该双层规划模型相关的参数与变量描述如表 5.1 所示。

表 5.1　相关参数与决策变量说明

参数	说明
相关参数	
W	订单拣选波次集合
A	OFC 覆盖的流向集合
R^w	波次 w 拣选释放的订单集合，$w \in W$
O^w	波次 w 可配送的所有订单集合，$w \in W$
A_a^w	波次 w 中流向 a 的订单集合，各个流向的订单组成波次 w 的订单集合 $O^w = \bigcup_{a \in A} A_a^w$，且流向紧急订单集合为 $A_{a_h}^w$，波次紧急订单集合为 $O_h^w = \bigcup_{a \in A} A_{a_h}^w$，$w \in W$，$a \in A$
D	卡位集合
K^w	波次 w 配送计划的派车集合，$w \in W$
O_{left}^w	波次 w 未进行配送剩余的订单，$w \in W$
N_{O^w}	订单集合 O^w 的订单数量

续表

参数	说明
	相关参数
L	车辆装满所需时间，单位：min
s_k	车辆 k 开始装载的时间，$k \in K^w$
load_k	车辆 k 装载所需时间，$k \in K^w$，单位：min
l_k	车辆 k 离开 OFC 的时间，$k \in K^w$，单位：min
Q_K	车辆容量
Q	缓存区容量
t_o^{deliver}	订单 o 最晚离开 OFC 的时间，$o \in O^w$
C_t	单位延迟成本，单位：元
C_v	单位派车成本，单位：元
ϕ_w	波次 w 所配送订单的总延迟时间，$w \in W$，单位：min
F_w	波次 w 的派车次数，$w \in W$
M	充分大的正数
ϕ_o	波次 w 内，所配送订单 o 的延迟时间，$w \in W$，$o \in O^w$，单位：min
	决策变量
N_w	波次 w 的批次订单配送量，$w \in W$
x_{ok}	波次 w 内，若订单 o 由车辆 k 进行配送则为1，否则为0，$w \in W$，$o \in O^w$，$k \in K^w$
y_{kd}	波次 w 内，若车辆 k 由卡位 d 进行服务则为1，否则为0，$w \in W$，$k \in K^w$，$d \in D$
$z_{kk'd}$	波次 w 内，在卡位 d，若车辆 k' 在车辆 k 之后进行装载则为1，否则为0，$k,k' \in K^w$，$d \in D$

上层模型：

$$\min C_v \sum_{w \in W} F_w + C_t \sum_{w \in W} \phi_w \tag{5.1}$$

约束条件：

$$O^w = R^w \bigcup O_{\text{left}}^{w-1}, \quad \forall w \in W \tag{5.2}$$

$$\max\left\{ N_{O^w} + N_{O^{w+1}} - \tilde{Q}, 0 \right\} \leqslant N_w \leqslant N_{O^w}, \quad \forall w \in W \tag{5.3}$$

式（5.1）表示实现决策周期内派车成本以及订单延迟成本最小化，其中 F_w 表示决策周期内波次 w 配送计划的派车总次数，ϕ_w 表示波次 w 所配送订单的总延迟时间。式（5.2）表示每一波次的剩余订单自动合并到下一波次中进行装载，若 $w=1$，则 N_{O^w} 表示该波次释放的订单量，否则表示波次 w 释放的订单量与波次

$w-1$ 配送后剩余的订单量之和，即 $N_{O^w} = N_{O_{\text{left}}^{w-1}} + N_{R^w}$。式（5.3）表示批次订单配送量的范围，当缓存区足够大，能够同时容纳相邻两个拣选波次释放的所有订单时，批次订单配送量的最小值为 0。

下层模型：

$$\min \quad C_v \sum_{k \in K^w} \min\left\{1, \sum_{o \in O^w} x_{ok}\right\} + C_t \sum_{o \in O^w} \phi_o \tag{5.4}$$

约束条件：

$$\sum_{k \in K^w} x_{ok} = 1, \quad \forall o \in O_h^w \tag{5.5}$$

$$\sum_{o \in A_a^w} x_{ok} \leqslant Q_K, \quad \forall a \in A, \forall k \in K^w \tag{5.6}$$

$$\text{load}_k = \sum_{o \in A_a^w} x_{ok} / Q_K \cdot L, \quad \forall a \in A, \forall k \in K^w \tag{5.7}$$

$$\sum_{k \in K^w} \sum_{o \in O^w} x_{ok} \geqslant N_w, \quad \forall w \in W \tag{5.8}$$

$$x_{o_1 k} + x_{o_2 k} \leqslant 1, \quad \forall o_1 \in A_a^w, i_2 \in O^w \setminus A_a^w, a \in A, k \in K^w \tag{5.9}$$

$$\sum_{k \in K^w} x_{ok} \leqslant \sum_{d \in D} y_{kd}, \quad \forall o \in O^w, k \in K^w \tag{5.10}$$

$$\sum_{d \in D} y_{kd} = 1, \quad \forall k \in K^w \tag{5.11}$$

$$z_{kk'd} + z_{k'kd} \leqslant y_{kd}, \quad \forall d \in D, k : k \neq k' \tag{5.12}$$

$$z_{kk'd} + z_{k'kd} \geqslant y_{kd} + y_{k'd} - 1, \quad \forall d \in D, k : k \neq k' \tag{5.13}$$

$$s_{k'} \geqslant l_k - M(1 - z_{kk'd}), \quad \forall d \in D, k : k \neq k' \tag{5.14}$$

$$l_k \geqslant s_k + \text{load}_k, \quad \forall k \in K^w \tag{5.15}$$

$$\phi_o = \max\left\{l_k - t_o^{\text{deliver}} - M(1 - x_{ok}), 0\right\}, \quad \forall o \in O^w \tag{5.16}$$

$$x_{ok} \in \{0, 1\}, \quad \forall o \in O^w, k \in K^w \tag{5.17}$$

$$y_{kd} \in \{0, 1\}, \quad \forall k \in K^w, d \in D \tag{5.18}$$

$$z_{kk'd} \in \{0, 1\}, \quad \forall k, k' \in K^w, d \in D \tag{5.19}$$

式（5.4）表示当前所决策波次 w 的派车成本以及订单延迟成本最小化，根据此目标可得 $F_w = \sum_{k \in K^w} \min\left\{1, \sum_{o \in O^w} x_{ok}\right\}$，$\phi_w = \sum_{o \in O^w} \phi_o$。式（5.5）～式（5.9）是关于订单装载的约束。式（5.5）确保每一个紧急订单都能够被装载；式（5.6）确保各流向进行订单装载时满足车容量约束；式（5.7）计算每辆车的装载时间；式（5.8）确保波次订单配送派车方案配送的订单量满足上层输入的批次订单配送量；式（5.9）确保不同流向的订单不会被装载到一辆车中。式（5.10）～式（5.16）是关于卡位分配的约束。式（5.10）表示订单只能被一辆车配送且只能在一个卡位上进行装载；式（5.11）保证每一辆车能且仅能在一个卡位进行装载；式（5.12）与式（5.13）决定了车辆装载的顺序；式（5.14）确保只有上一辆车装载结束才能开始下一次装载服务；式（5.15）表示车辆离开 OFC 开始配送的时间必须在完成装载的时间之后；式（5.16）计算配送订单的延迟时间，若车辆 k 离开 OFC 的时间 l_k 晚于所装载订单 o 最晚离开 OFC 的时间 t_o^{deliver}，则订单延迟时间为 $l_k - t_o^{\text{deliver}}$，否则为 0。式（5.17）～式（5.19）表示决策变量的取值约束。

5.4　配送批次生成双层规划模型的求解方法

双层规划问题已被证明是 NP-hard 问题[16]，即使上、下层都是线性规划问题也是难以求解的。嵌套迭代法（nested iterative method）是求解双层规划问题较为常用的方法，上、下层分别采用不同的方法求解，下层针对上层决策完成后的每一次输入都会进行一次求解并反馈到上层[17]。本节所提的双层规划模型中上、下层决策间的关系具体如图 5.2 所示，在配送批次生成过程中，上层对决策周期内各个批次订单配送量进行决策，然后将批次订单配送量作为参数输入下层，下层在批次订单配送量的约束下对波次订单配送派车方案做决策，并将该阶段的成本以及具体订单配送派车方案反馈至上层，之后上层再根据下层的订单配送派车方案进行批次订单配送量的调整，重新对各个波次的批次订单配送量做决策，下层则根据批次订单配送量重新进行配送派车方案更新，上述过程不断迭代至最大迭代次数，最终生成整个决策周期内总成本最优的配送计划。由于遗传算法具有基于种群进行并行搜索的能力，能够有效进行大规模解空间的快速搜索，并可在合理的计算时间内通过个体选择、交叉变异等方式获得近似最优解[18]，因此，该方法在已有研究中被广泛应用于双层规划模型的快速求解[19, 20]。综上所述，本节在上层基于遗传算法进行批次订单配送量的决策（见 5.4.1 节），在下层则将启发式

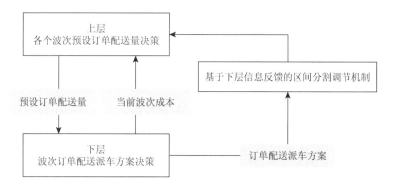

图 5.2　双层规划模型中上下层决策间的关系示意图

规则与遗传算法相结合进行波次订单配送派车方案的生成（见 5.4.2 节）；同时在上下层之间构建基于下层信息反馈的区间分割调节机制以加快上层批次订单配送量解空间的搜索效率（见 5.4.3 节）。

5.4.1　上层批次订单配送量求解方法

本节在上层决策中基于遗传算法来确定各批次订单配送量，并将决策出的各波次的批次订单配送量作为下层模型的参数输入。上层具体算法设计与实现包括以下几个方面。

（1）初始化规模为 n 的种群。令种群规模为 n，在波次 1 的批次订单配送量范围 $[\max\{N_{O^1}+N_{O^2}-\widetilde{Q},0\},N_{O^1})$ 内随机生成 n 个批次订单配送量 N_1 的决策值，并将 N_1 传递到下层进行波次 1 的订单配送派车方案生成，下层将该方案反馈至上层，波次 1 未配送的剩余订单合并至波次 2 进行配送批次生成。波次 2 根据波次 1 的剩余订单量以及波次 2 拣选释放的订单量等信息计算得到该波次的批次订单配送量范围，并在该范围内继续随机生成 n 个波次 2 的批次订单配送量 N_2 的决策值，重复上述循环，直至决策周期内的所有波次的批次订单配送量都已生成。决策周期内所有波次的批次订单配送量 $N_1,N_2,\cdots,N_w$ 构成的序列对应于种群中的一个个体，具体生成方式如图 5.3 所示。

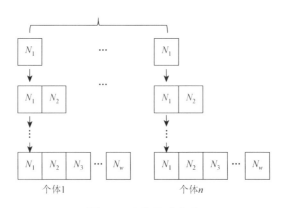

图 5.3　个体生成方式

考虑到订单配送时效与客户满意度，决策周期内的最后一个波次会将所有剩余订单全部进行配送。因此，最后一个波次的批次订单配送量等于缓存区中剩余的订单量与最后一个波次拣选订单的释放量之和。

（2）计算个体适应度。适应度函数值越大表明该个体的表现越好，首先计算出不同个体对应的上层目标函数值，即决策周期总成本，然后进行归一化处理，作为个体适应度值进行个体的评价。

（3）选择。采用轮盘赌选择（轮盘赌选择又称比例选择算子，是一种以概率为基础的随机选择优化算法）的方式进行个体选择。

（4）变异。参考遗传算法中常用的单点变异方式对个体进行变异操作。在给定的变异概率下，随机选择个体的突变节点，突变节点之前的各批次订单配送量不变，下层生成的订单配送派车方案也不变，突变节点以及该节点之后的波次重新进行批次订单配送量决策，形成新的个体。

5.4.2　下层订单配送派车方案求解方法

下层需要在上层输入的批次订单配送量 N_w 的约束下进行订单配送派车方案的生成，包括应当配送哪些订单、这些订单如何装载、车辆装载所占卡位如何分配三个主要决策。考虑到配送哪些订单会受到订单装载决策的影响，因此本节将前两个决策作为一个整体，即首先根据设计的启发式规则对应当配送哪些订单、订单如何装载进行决策，确定要配送的订单以及相应的装载车辆之后再采用遗传算法对卡位分配进行决策，卡位分配决策包含车辆在哪个卡位进行装载及其装载顺序。然而，随着波次拣选释放订单量的增加，配送哪些订单、订单如何装载这两个决策对应的解空间也在扩大，同时，一旦上一波次剩余的订单发生变化，当前波次进行决策时面对的订单集合也会随之变化，导致相应的解空间不断变化。因此，为了缩小解空间，实现配送计划的快速生成，本节结合订单所具有的流向以及时效两个属性，设计了相应的启发式求解规则以确定当前波次配送哪些订单以及订单如何装载这两个决策，具体步骤如下。

（1）流向订单拟装载方案生成。首先将每个流向的订单按照时效要求依次进行装载，给出每个流向下所有订单全部配送所需的车辆数以及具体的车辆装载方案，注意该方案是包含了所有可配送订单的拟装载方案而非这一波次最终的订单装载方案。

（2）紧急订单装载方案生成。由于流向订单拟装载方案中装载紧急订单的车辆必须进行配送，因此可以根据这部分车辆装载的订单数量计算得到当前的订单配送量 $N_{O_{\text{now}}}$，并根据上层决策出的批次订单配送量 N_w 计算在车辆满载的情况下仍然需要进行非紧急订单配送的最小车辆数 $v_{\min} = \left\lceil \left(N_w - N_{O_{\text{now}}} \right) / Q_K \right\rceil$，然后转入步骤（3）。

（3）非紧急订单装载方案生成。在未装有紧急订单的车辆中继续进行选择，确定哪些订单需要配送，以达到步骤（2）中所设定的非紧急订单配送的最小车辆数 $v_{\min}$，即满足上层模型中设定的批次订单配送量 N_w。但非紧急订单配送方案的解空间随着车辆数量的增加会不断扩大。例如，假设未装有紧急订单的车辆有 n

辆，那么对应的搜索空间，即可选择的方案有 $C_n^1 + C_n^2 + \cdots + C_n^n = 2^n - 1$ 种。为了缩小搜索空间，我们将从最小车辆数 v_{min} 对应的空间 $C_n^{v_{min}}$ 开始搜索，如果有可行解则转到步骤（4），否则令 $v_{min} = v_{min} + 1$，继续进行搜索直至找到可行解。

由于派车成本与派车数量成正比，而派车数量与订单装载方案一一对应，不同订单装载方案的搜索空间等于不同派车数量的搜索空间，因此，当从最小车辆数对应的订单装载方案解空间按照以上规则进行搜索时，能够在保证当前决策波次派车成本最低的前提下确定最终的订单装载方案。

（4）利用平均装载率评价派车成本相同的订单装载方案。在当前决策波次中，派车成本相同的方案可能有多个，因此本节对派车成本相同的方案进行评价并筛选出唯一的方案，以便进行后续的卡位分配决策。在实际配送的过程中，由于流向订单数量的波动以及各流向订单不可合并，经常会出现部分流向配送车辆装载率较低的现象，因此对于可行且派车成本相同的方案，本节首先计算每一种方案的车辆平均装载率，如果平均装载率最高的方案唯一，则选择该方案，否则转到步骤（5）。

（5）构造剩余订单影响指数评价并筛选方案。若有多个方案的平均装载率均为最高值，则根据该方案配送以后的剩余订单对下一波次产生的影响再次进行评价以选出唯一的方案。不同的装载方案会对应不同的剩余订单 O_{left}^w，有些订单虽然在波次 w 不是紧急订单，但是如果该订单最晚离开 OFC 的时间在区间 $[t_{w+1}, t_{w+2}]$ 之内，那么该订单被剩余到波次 $w+1$ 之后就会成为波次 $w+1$ 的紧急订单，当这样的订单较多时，会导致波次 $w+1$ 的紧急订单数量上升。而卡位的数量是有限的，装载紧急订单的车辆过多会使部分车辆无法按时发车，进而导致该波次的订单配送延迟成本上升。因此，为了减少波次 w 配送以后的剩余订单对波次 $w+1$ 的影响，本节构造剩余订单影响指数 δ_i 去衡量波次 w 不同订单装载方案 i 对波次 $w+1$ 的影响，计算公式如式（5.20）所示：

$$\delta_i = \frac{\sum_o \left(t_o^{deliver} - t_{w+1} \right)}{N_{O_{left}^w}}, \quad o \in O_{left}^w \tag{5.20}$$

装载方案对应的剩余订单影响指数越小，证明剩余订单对波次 $w+1$ 的影响越小，应当优先选择这一装载方案。

在批次配送量的约束下，订单选择与装载决策确定了每一波次需要配送的订单以及装载订单的车辆，并得到该波次的订单配送量 N_w^{ac}，接着，以最小化订单延迟成本为目标函数对该波次需要进行配送的车辆进行卡位分配。在求解卡位分配问题的过程中，由于这一问题与泊位分配问题具有相似性，都需要对有限装载或者卸载资源进行分配并对车辆或者船舶在资源上服务的顺序进行决策，因此本节采用已经被广泛应用于求解泊位分配问题的遗传算法[21, 22]来求解卡位分配方案。在算法实现的过程中采用实数编码的方式，通过轮盘赌机制选择父代，具体的交叉操作参考文献[23]。同时算法采用了转置、插入[24]两种变异方式，具体变异方式如图 5.4 所示，在达到指定迭代次数之后算法停止，并输出最终的卡位分配方案。

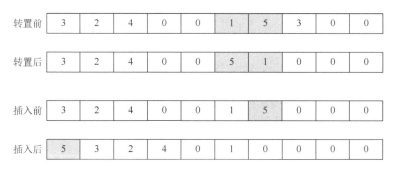

图 5.4　卡位分配遗传算法中的转置、插入方法

5.4.3　基于下层信息反馈的区间分割调节机制

在上述建模的过程中，根据缓存区容量以及波次拣选订单的释放量等信息可以计算得出每一个批次订单配送量的搜索区间，并且随着每个波次释放订单量的增加，批次订单配送量的搜索区间会不断扩大。同时，每一个批次订单配送量对应的搜索区间会随着前一波次的配送决策的剩余订单变化而不断变化。订单释放量的增加与变化会导致批次订单配送量对应搜索区间的迅速扩大与动态变化，这为上层批次订单配送量的设定以及区间搜索带来了挑战。为了解决该难题，本节设计了基于下层信息反馈的区间分割调节机制以加速上层批次订单配送量决策空间的搜索。由于不同流向订单数量的不同以及车辆容量的限制，下层订单配送派车方案生成后得到的波次订单配送量 N_w^{ac} 可能会大于或者刚好等于上层的批次订单配送量 N_w。因此，进行某一波次配送计划决策时，当该波次之前的配送计划不变即剩余到这一波次的订单不变且这一波次的批次订单配送量在范围 $\left[N_w, N_w^{ac}\right]$，$N_w^{ac} > N_w$ 内时，这一波次下层得到的订单配送派车方案不会改变，剩余到下一波次的订单也不会发生变化。结合这一特点，本节将 $\left[N_w, N_w^{ac}\right]$，$N_w^{ac} > N_w$ 称为等价区间，每一次迭代时上层会根据下层反馈的具体订单配送派车方案记录该等价区间，在该等价区间内下层的订单配送派车方案是相同的。在下一次重新进行批次订单配送量决策时，如果选中某波次作为遗传算法中个体的突变节点，那么就将该批次订单配送量的搜索区间 $\left[\max\left\{N_{O^w} + N_{O^{w+1}} - \tilde{Q}, 0\right\}, N_{O^w}\right]$ 根据等价区间进行分割，使搜索过程尽可能跳出等价区间以便下层能够生成新的订单配送派车方

案，从而加快搜索速度，实现在较少迭代次数的情况下依旧能够得到较好的解的效果，具体区间分割规则如下。

（1）$N_w = N_w^{ac}$ 时，下层订单配送派车方案所得订单配送量等于上层批次订单配送量：若 $N_w = N_{O^w}$，则搜索空间变更为 $[\max\{N_{O^w} + N_{O^{w+1}} - \tilde{Q}, 0\}, N_{O^w})$；若 $N_w = \max\{N_{O^w} + N_{O^{w+1}} - \tilde{Q}, 0\}$，则搜索空间变更为 $(\max\{N_{O^w} + N_{O^{w+1}} - \tilde{Q}, 0\}, N_{O^w}]$；若 $\max\{N_{O^w} + N_{O^{w+1}} - \tilde{Q}, 0\} < N_w < N_{O^w}$，则搜索空间变更为 $[\max\{N_{O^w} + N_{O^{w+1}} - \tilde{Q}, 0\}, N_w) \bigcup (N_w, N_{O^w}]$。

（2）$N_w < N_w^{ac}$ 时，下层订单配送派车方案所得订单配送量大于上层批次订单配送量：若 $\max\{N_{O^w} + N_{O^{w+1}} - \tilde{Q}, 0\} = N_w < N_w^{ac} < N_{O^w}$，则搜索空间变更为 $(N_w^{ac}, N_{O^w}]$；若 $\max\{N_{O^w} + N_{O^{w+1}} - \tilde{Q}, 0\} < N_w < N_w^{ac} < N_{O^w}$，则搜索空间变更为 $[\max\{N_{O^w} + N_{O^{w+1}} - \tilde{Q}, 0\}, N_w) \bigcup (N_w^{ac}, N_{O^w}]$；若 $\max\{N_{O^w} + N_{O^{w+1}} - \tilde{Q}, 0\} < N_w < N_w^{ac} = N_{O^w}$，则搜索空间变更为 $[\max\{N_{O^w} + N_{O^{w+1}} - \tilde{Q}, 0\}, N_w)$。

5.5　数值实验与实例分析

本节首先基于随机生成的多组测试算例，验证所提方法的有效性；其次基于国内某大型 B2C 电商物流平台的实际数据进行应用分析，在验证所提方法能够降低成本的同时探索缓存区容量变化对总成本的影响。本节计算的总成本为订单派车成本与延迟成本之和，由于订单派车成本与派车数量成正比，因此我们主要通过比较方法的决策周期派车总数 N_{car}、决策周期订单延迟总成本 c_{tardy} 以及决策周期总成本 c_{all} 来对不同方法的表现进行评价。上述所提的订单配送批次生成方法均采用 Python 3.8 编程语言实现，测试环境为 Intel Core i7、16GB 内存的 Windows 平台。

5.5.1　基于多组随机算例的数值实验

考虑一个服务 5 个流向并采用波次拣选模式的 B2C 电商 OFC，单个工作日一般可分为上午和下午两个决策周期，本节在随机算例中只考虑上午 7:00～12:00 的决策周期，下午决策周期内的相关决策可类推。波次间隔为 1h，因此上午的决策周期内共有 6 个波次。订单离开配送中心的时间设置为释放后 2h 内，以便后续能够更快地将订单送达客户手中，从而提高客户满意度。根据实际成本核算参数，设定单次流向派车成本、单位订单延迟成本分别为 200 元/车次、5 元/min, 车辆容量为每车 60 个订单。在实践中, 每日客户下单量会不断变化, 拣选波次释放的订单量也会随之变化, 且订单释放量的多少直接影响到配送计划的生成, 因此在随机算例数值实验部分, 本节主要对比实践中常用的基于人工经验的配送批次生成方法 (下文称为方法 A) 与本章所提出的方法在不同订单释放量下的决策结果。方法 A 即在每一波次订单释放之后, 优先对紧急订单进行配送, 且配送紧急订单的车辆装满之后会选择剩余订单较多的几个流向并将该流向的订单全部进行装载配送, 由于数值实验过程中设置的流向数量较少, 因此设定为将剩余订单最多的一个流向订单全部配送。

结合用户的购物习惯, 一般在上午时段客户下单量会逐渐增加且在 10:00 到达下单高峰期, 10:00 之后下单量逐渐下降, 因此本节假设波次订单释放量在 7:00~12:00 服从近似正态分布。为了验证本章所提方法在不同订单释放量范围下的优势, 本节设置了 A、B、C 三类算例, A 类算例中决策周期内各个波次订单释放量服从均值为 300、标准差为 50 的正态分布, B、C 类算例中分别服从均值为 500、700, 标准差为 50 的正态分布。为了增强实验的鲁棒性, 本节在每类算例下分别生成五组算例, 即 A01~A05、B01~B05、C01~C05。本节根据设置的均值与标准差, 在进行每一组算例实验时, 生成服从对应正态分布的决策周期内每一个波次的订单释放量以及每个订单所属流向、配送时效等信息, 同时参考文献[5]将缓存区容量设置为决策周期内所有波次订单释放量之和的 25%, 并将 A01~A05、B01~B05、C01~C05 的卡位数量分别设置为 2、3、4。具体实验结果如表 5.2 所示, 如以 A01 对应的行为例, 2~4 列依次表示方法 A 在决策周期内的派车总数为 34 辆、订单延迟总成本为 3465 元、决策周期总成本为 10 265 元, 最后一列表示本章方法相对于方法 A 节约的决策周期总成本比例。

表 5.2　方法 A 与本章方法在不同订单释放量下的结果对比

算例	方法 A			本章方法			成本节约比例
	N_{car} /辆	c_{tardy} /元	c_{all} /元	N_{car} /辆	c_{tardy} /元	c_{all} /元	Δc_{all} /%
A01	34	3 465	10 265	32	3 465	9 865	3.90
A02	34	2 965	9 765	31	3 020	9 220	5.58
A03	37	4 435	11 835	36	3 985	11 185	5.49
A04	34	3 670	10 470	33	3 560	10 160	2.96
A05	40	5 500	13 500	39	4 705	12 505	7.37
B01	54	3 220	14 020	52	2 765	13 165	6.10
B02	53	5 625	16 225	51	2 165	12 365	23.79

续表

算例	方法 A			本章方法			成本节约比例
	N_{car}/辆	c_{tardy}/元	c_{all}/元	N_{car}/辆	c_{tardy}/元	c_{all}/元	Δc_{all}/%
B03	54	3 245	14 045	54	2 430	13 230	5.80
B04	53	3 080	13 680	52	2 510	12 910	5.63
B05	58	4 010	15 610	59	2 160	13 960	10.57
C01	75	3 070	18 070	72	1 420	15 820	12.45
C02	76	5 015	20 215	73	1 540	16 140	20.16
C03	72	4 470	18 870	69	1 675	15 475	17.99
C04	73	2 770	17 370	71	1 540	15 740	9.38
C05	79	3 710	19 510	76	1 455	16 655	14.63

由表 5.2 可得到以下结论：①本章方法无论在何种订单规模下都比方法 A 在决策周期总成本上具有优势，尤其随着订单释放量的增加，在考虑有限缓存区的影响下进行订单配送计划生成会节约更多的成本；②由于在每组算例中决策周期内的总订单数量相同，且单个 B2C 电商订单具有小批量的特点，因此两种方法在订单装载所需派车数量上较为接近；③本章方法可以更好地优化订单的延迟成本。这是由于方法 A 虽然在每一波次订单释放后进行配送时不仅配送了紧急订单，也将剩余订单最多的流向订单全部配送，但是无法从全局考虑到其他流向剩余订单对下一波次决策的影响，从而可能导致下一波次订单在进行配送时部分流向紧急订单激增，延迟成本上升。

5.5.2　基于某大型 B2C 物流平台的实例分析

为了验证本章方法在订单实际履行过程中的有效性并探索缓存区容量变化对成本的影响，本节对国内某大型 B2C 电商物流平台在某市的 OFC 开展实地调研，基于其在单个工作日内的实际业务数据开展应用分析。该物流平台在某市共设有 1 个 OFC 及 63 个末端配送站点，配送站点按配送流向可划分为 6 个区域，如图 5.5 所示。订单配送周期为每日的 8:00～17:00，波次订单每隔 1h 进行释放，共 10 个波次释放点。订单配送时效包括订单释放后 4h 内送达以及即日达两种，由于末端配送站点位置固定，可根据订单配送时效、末端站点配送所需时间以及 OFC 到达流向中心的时间，计算得到订单最晚离开 OFC 的时间。本节将缓存区容量依次设定为决策周期内波次订单释放量之和的 18%、20%、…、30%。实验结果如表 5.3 所示。本章方法相对于方法 A 节约的成本比例随着缓存区容量变化的趋势如图 5.6 所示。

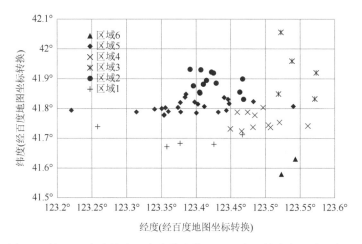

图 5.5　某 B2C 电商物流平台在某市的配送站点及其流向区域示意图

表 5.3　方法 A 与本章方法在不同缓存区容量下的实例测试结果

缓存区容量	方法 A			本章方法			成本节约比例
	N_{car}/辆	c_{tardy}/元	c_{all}/元	N_{car}/辆	c_{tardy}/元	c_{all}/元	Δc_{all}/%
18%	101	1 890	22 090	96	1 820	21 020	4.84
20%	99	2 200	22 000	95	1 935	20 935	4.84
22%	98	2 390	21 990	95	880	19 880	9.60
24%	98	2 390	21 990	95	845	19 845	9.75
26%	98	1 700	21 300	95	360	19 360	9.11
28%	98	1 700	21 300	95	345	19 345	9.18
30%	98	1 335	20 935	95	0	19 000	9.24

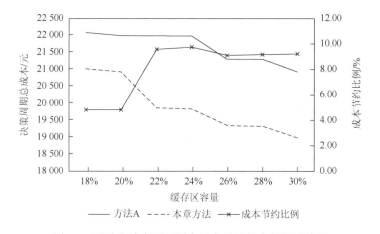

图 5.6　两种方法在不同缓存区容量下的实例测试结果

表 5.3 显示：①方法 A 与本章方法的对比结果证明无论缓存区如何变化，本章方法在实际场景中都能够有效降低总成本；②随着缓存区的逐渐缩小，总成本节约比例在逐渐下降，但本章方法依旧可以实现一定比例成本的节约，在成本优化上具有显著优势；③观察图 5.6 可以发现，当缓存区增大到一定程度时，成本节约比例已经不会有明显的变化，这意味着缓存区的容量并不是越大越好，特别是缓存区所需的固定成本较高；但若设置的容量较小，反而会引起决策周期总成本的明显上升，因此管理者需要结合实际场景中的波次拣选订单释放量确定缓存区的大小。以图 5.6 为例，基于不同缓存区容量设定下决策周期总成本的变化趋势，管理者可以通过权衡缓存区容量增大带来的固定成本增加程度与决策周期总成本降低程度、长期订单量趋势进行最大缓存区容量的设定。

5.5.3　算法性能分析

为了验证本章所提出的基于下层信息反馈的区间分割机制在求解双层规划过程中起到的作用，本节抽取三组随机算例 A02、B04、C01 与一组实例 D01，分别采用本章方法与未采用基于下层信息反馈的区间分割调节机制的配送批次生成方法（下文称为方法 B）在这四组算例上进行测试，不同算例下两种方法的求解迭代过程如图 5.7 所示。

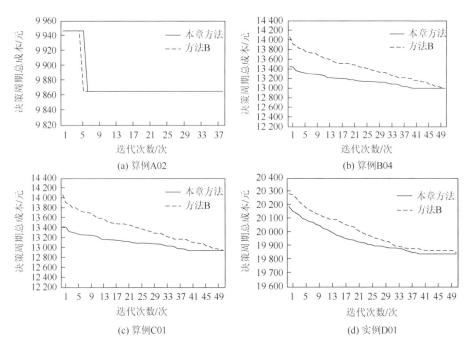

图 5.7　不同算例下方法 B 与本章方法迭代过程对比图

从图 5.7 可以看出，虽然在小规模算例 A02 下本章方法的收敛速度慢于方法 B，但是差距不大，且都可以在 10 次以内达到收敛。在其他规模算例 B04、C01 以及实例 D01 下，本章方法相较于方法 B 能够更快地实现收敛并且波动较小，进一步验证了本章所提的基于下层信息反馈的区间分割机制的有效性。

上述数值实验及应用分析验证了本章所提方法能够在各种场景下实现成本优化的能力，且不同缓存区容量设置下对总成本变化趋势的分析，可为实践中管理者进行缓存区容量的设定提供决策支持。综上所述，基于上述实验结果，可得出以下管理启示：首先，在进行配送批次生成时，不仅要及时配送紧急订单，也要尽可能考虑到剩余订单对下一波次的影响以优化当前阶段的决策，当前阶段的最优决策往往并非整个决策周期内的最优决策；其次，在有限缓存区容量设定的过程中，缓存区容量设定过大并不会带来明显的成本优化，设定过小反而会带来成本的明显上升，因此管理者要结合实际波次订单释放量进行缓存区容量的合理设定。

5.6　结　　论

本章研究了有限缓存区下 B2C 电商订单配送批次生成问题，该问题的决策难点在于不仅要考虑有限缓存区对配送批次生成的影响以保证订单拣选与配送环节的顺畅衔接，同时还要考虑订单按波次拣选的生产方式给配送批次生成决策所带来的波次间耦合性，从而在全局视角下对整个决策周期总成本进行优化。具体研究工作及主要贡献如下。

（1）本章通过分析缓存区对订单配送批次生成决策的影响，以及批次订单配送量、订单配送派车方案两个关键决策之间相互影响、相互制约的关系，构建了双层规划模型对两个关键决策间的内在耦合关系进行刻画，该双层规划模型能够在保证订单拣选与配送环节顺畅衔接的前提下，结合波次拣选订单释放信息进行各波次订单配送计划的生成。

（2）本章针对传统双层规划模型求解过程中迭代时间长、求解效率低的问题，构建了基于下层信息反馈的区间分割调节机制，根据下层得到的订单配送派车方案进行上层批次订单配送量搜索范围的调整以确定下一次迭代的范围，使搜索过程尽可能跳出等价区间以实现在较少迭代次数的情况下能够搜索更大范围的解空间，避免搜索陷入局部最优，从而有效提高了双层规划模型的求解效率。

（3）本章通过随机算例实验与实例应用分析验证了所提方法在不同订单释放量范围以及不同缓存区容量下寻找更优方案以及降低成本的能力，同时证明了相比于未采用区间分割调节机制的求解方法，本章所提方法能够在相同的迭代次数下找到更好的解，论证了本章所提方法的有效性，并通过对缓存区容量的灵敏度分析给出了相应的管理启示。

　　本章在订单配送批次生成研究中假设决策周期内各波次的订单释放量均已知，但实际中 B2C 电商订单往往是随机到达的，因此可基于实际波次订单释放规律对未来波次订单释放量进行预测或者开发基于数据驱动的在线决策方法用于实时生成波次订单配送计划。此外，本章设计了更为高效的启发式求解方法和相应的上下层反馈调节机制，以加快双层规划问题的求解速度，这也是该部分未来的研究方向之一。

参 考 文 献

[1]　Moons S，Ramaekers K，Caris A，et al. Integration of order picking and vehicle routing in a B2C e-commerce context[J]. Flexible Services and Manufacturing Journal，2018，30（4）：813-843.

[2]　Moons S，Braekers K，Ramaekers K，et al. The value of integrating order picking and vehicle routing decisions in a B2C e-commerce environment[J]. International Journal of Production Research，2019，57（20）：6405-6423.

[3]　Zhang J，Wang X P，Huang K. Integrated on-line scheduling of order batching and delivery under B2C e-commerce[J]. Computers & Industrial Engineering，2016，94：280-289.

[4]　Zhang J，Wang X P，Huang K. On-line scheduling of order picking and delivery with multiple zones and limited vehicle capacity[J]. Omega，2018，79：104-115.

[5]　Ostermeier M，Holzapfel A，Kuhn H，et al. Integrated zone picking and vehicle routing operations with restricted intermediate storage[J]. OR Spectrum，2022，44（3）：795-832.

[6]　Witt A，Voß S. Simple heuristics for scheduling with limited intermediate storage[J]. Computers & Operations Research，2007，34（8）：2293-2309.

[7]　Rijal A，Bijvank M，de Koster R. Integrated scheduling and assignment of trucks at unit-load cross-dock terminals with mixed service mode dock doors[J]. European Journal of Operational Research，2019，278（3）：752-771.

[8]　Gong Y M，De Koster R. A polling-based dynamic order picking system for online retailers[J]. IIE Transactions，2008，40（11）：1070-1082.

[9]　李昆鹏，孙欣蕊，刘腾博，等. 考虑订单可得时间和客户时间窗的电商末端配送路径问题[J]. 系统管理学报，2021，30（4）：717-728.

[10]　张驰怡. 基于双层规划的多类型预冷设施选址-路径研究[D]. 大连：大连理工大学，2021.

[11]　Calvete H I，Galé C，Oliveros M J. Bilevel model for production-distribution planning solved by using ant colony optimization[J]. Computers & Operations Research，2011，38（1）：320-327.

[12]　Amirtaheri O，Zandieh M，Dorri B，et al. A bi-level programming approach for production-distribution supply chain problem[J]. Computers & Industrial Engineering，2017，110：527-537.

[13]　Chen J，Huang G Q，Wang J Q. Synchronized scheduling of production and outbound shipping using bilevel-based simulated annealing algorithm[J]. Computers & Industrial Engineering，2019，137：106050.

[14]　王占中，郑家彬，许洪国，等. 制造业物流缓存区布局优化[J]. 西南交通大学学报，2010，45（3）：476-481.

[15]　郑建国. 某轿车装配车间物流缓存区布局优化[J]. 物流技术，2018，37（6）：131-134，160.

[16]　Ben-Ayed O，Blair C E. Computational difficulties of bilevel linear programming[J]. Operations Research，1990，38（3）：556-560.

[17]　Sinha A，Malo P，Deb K. A review on bilevel optimization：From classical to evolutionary approaches and applications[J]. IEEE Transactions on Evolutionary Computation，2018，22（2）：276-295.

[18]　Arroyo J M，Fernández F J. A genetic algorithm for power system vulnerability analysis under multiple contingencies[C]//Talbi E G. Metaheuristics for Bi-level Optimization. Berlin，Heidelberg：Springer，2013：41-68.

[19]　郑斌，马祖军，周愉峰. 震后应急物流动态选址-联运问题的双层规划模型[J]. 系统管理学报，2017，26（2）：326-337.

[20]　苏凯，陈亚静. 考虑产品组合的零售门店选址模型[J]. 系统管理学报，2021，30（6）：1160-1167.

[21]　Nishimura E，Imai A，Papadimitriou S. Berth allocation planning in the public berth system by genetic algorithms[J]. European Journal of Operational Research，2001，131（2）：282-292.

[22]　Golias M M，Saharidis G K，Boile M，et al. The berth allocation problem：Optimizing vessel arrival time[J]. Maritime Economics & Logistics，2009，11（4）：358-377.

[23]　李晓玲. 基于遗传算法的煤炭港口泊位分配优化模型[J]. 物流技术，2020，39（3）：94-98.

[24]　Golias M，Portal I，Konur D，et al. Robust berth scheduling at marine container terminals via hierarchical optimization[J]. Computers & Operations Research，2014，41：412-422.

第6章 考虑波次动态释放的B2C电商订单合并配送决策方法

第5章研究了 B2C 电商订单配送批次生成问题,当订单配送批次生成决策完成后,后续如何安排城区配送阶段的具体路线,获得配送车辆访问订单派送地址对应的社区配送站的顺序,这个阶段称为订单城区物流配送阶段。本章将针对动态释放、异质性强的 B2C 电商波次订单给后续订单城区物流配送阶段带来的调度决策难题,以提高车辆满载率、降低配送成本为目标,研究考虑订单波次动态释放的 B2C 电商订单城区物流合并配送问题。

6.1 引　　言

正如第 5 章所述,由于 B2C 电商订单拣选过程的动态性,订单配送批次也是动态生成的,这给后续阶段的城区配送决策带来了挑战。首先,配送只能在订单拣选完成并释放后才能开始,在释放前配送决策信息不完备;其次,未来订单释放量具有较强的不确定性,且当前决策会持续影响后续阶段配送的可用运力和决策成本;最后,订单拣选顺序和分批是基于所含 SKU、仓储位置等因素,未考虑配送阶段订单的区域流向、时效要求等,很容易造成后续配送过程区域配送量不均衡、时效订单时间窗过窄、合并配送决策困难等问题,最终导致车辆满载率低、配送成本剧增。当前 B2C 电商物流平台主要是每隔特定时间进行一次合并配送,但这种方式在处理大规模且具有较高时效要求的订单时,订单的高时效求导致每辆车每次只能配送少量站点,平台需要在合并决策时刻点一次性派出大量车辆才能履行所有订单,这样会导致单车的满载率很低,同时平台必须维持较大的车队规模来保障运力以及较大的缓存区来存储已释放的订单,从而造成整体物流成本的大幅上升。因此,如何在决策信息不完备的情况下,考虑波次动态释放的不确定性进行订单城区配送阶段中的合并配送决策,以有效降低 B2C 电商物流配送成本,是本章所要研究的核心难题。

物流配送问题属于国内外长期关注的车辆路径问题(vehicle routing problem,VRP)领域[1],而波次拣选模式下 B2C 电商订单的物流配送是具有波次拣选完成释放时间(release date)和配送截止时间(due date)约束的。因此,与之最相关的研究是 VRPRDD。Shelbourne 等定义并综述了 VRPRDD，并指出该类问题在生产-配送联合优化问题中具有重要意义[2]，因为在按单生产（make-to-order）模式中，订单到达后需要一定的时间才能生产完毕，之后配送才能开始。Reyes 等分析了此类问题的求解复杂度，证明了一般网络中的 VRPRDD 是 NP 完全问题[3]。其余代表性的成果有：Cattaruzza 等研究了具有多回路特征的静态 VRPRDD[4]；Archetti 等考虑了多周期下 VRPRDD 的变体[5]；Yang 等给出了 VRPRDD 的集合分区模型，并设计了一种分支-定价-剪枝的精确算法予以求解[6]。国内目前相关的研究较少，类似的研究多是考虑工件释放时间的车间调度问题[7, 8]，在网络零售物流配送领域，李文莉等研究了考虑订单释放时间的物流配送问题，但该研究设定订单的释放时间在配送决策前已知[9]。VRPRDD 相关研究为 B2C 电商订单配送车辆路径规划提供了一定的研究基础，但已有研究主要针对一般类型下的按单生产-配送模式，生产过程按单释放，不同订单间的配送决策无耦合性。此外，已有研究中的订单释放时间要么假设已知，要么通过特定概率分布生成。然而，B2C 电商订单拣选的特点是按波次拣选、动态释放，同一波次释放的属于不同站点的订单具有位置、配送量上的耦合性，而不同波次释放的同一站点的订单又存在释放时间、时效上的耦合性。波次动态释放的不确定性和较强的时空耦合性使 B2C 电商订单的合并配送决策相比于一般的 VRPRDD 更加复杂且决策时效要求更高，VRPRDD 相关决策方法无法直接应用。因此，本章综合考虑订单时效、配送路径、车辆容量、未来波次订单释放等多个因素的耦合性，并借助启发式规则降低问题复杂度，以实现波次订单合并配送决策问题的快速求解。

　　与本章问题相关的另一类问题是需求动态到达的即日配送问题（the same-day delivery problem with dynamic request，SDPDR）。在 SDPDR 中，需求或订单在当日内动态到达，同时配送决策也动态生成，使该类问题具有动态多阶段序贯决策的特点，使用马尔可夫决策过程（Markov decision process，MDP）对该类问题进行建模是当前学术界研究的热点。Voccia 等研究了网络零售背景下的即日配送问题，在进行配送决策时考虑了未来需求的动态到达[10]，他们通过 MDP 对该问题进行建模，并提出一种基于情景抽样的前向动态规划方法予以求解。Klapp 等将 SDPDR 转化为动态波次调度问题，研究了波次动态释放下的单一车辆配送决策问题，将其建模为 MDP 模型，并设计了基于先验策略的近似动态规划算法[11]。Ulmer 等对随机动态车辆路径问题的建模框架进行了总结，并提出一种基于路径的 MDP 框架对传统的 MDP 模型进行了改进[12]。类似地，本章所研究的问题中订单是按拣选波次连续释放的，在每个波次释放点都可以进行配送决策，且上一阶段的决策只对下一阶段的决策产生影响，因此也可转化为一阶 MDP 问题。但是，已有研究在将 SDPDR 转化为 MDP 后，将决策环境的不确定性（主要是需求的动态性）转化为状态转移概率，但在寻找最优策略时往往假设转移概率已知或随机生成，忽视了实际问题中状态转移概率不确定性极强、很难服从某一随机分布的特点。随着数据分析技术的发展，企业对运营数据的价值越来越重视，积累了大量历史运营数据，这使得基于历史数据分析进行不确定性问题决策成为可能。因此，本章针对此类动态多阶段序贯决策问题的系统状态转移具有时序相关性的特点，基于历史订单数据对未来系统状态进行时间序列预测，采用时序状态预测而非预设转移概率的方法来刻画系统状态的转移，并设计了基于时序状态预测的前向动态规划方法用于问题求解。

总结来说，B2C 电商订单具有的波次拣选、动态释放的特点使订单合并配送决策问题具有高度的复杂性和不确定性。本章在总结和借鉴已有研究的基础上，通过定性启发式规则和定量模型求解相结合的方法降低问题的复杂性，同时基于历史数据的时序分析降低问题的不确定性，在将运筹学方法与数据科学相互结合的基础上，实现了对 B2C 电商波次订单合并配送这一复杂动态决策问题的求解。

6.2　问　题　分　析

在满足订单配送时间窗的前提下，通过调整访问站点顺序来优化路径成本的车辆路径决策属于经典的带时间窗的车辆路径问题（VRP with time window，VRPTW），但是由于 B2C 电商订单连续释放的特点与配送批次的存在，本章所研究的订单城区配送车辆路径决策又是一个同时带订单生产释放时间与配送时间窗的多回程车辆路径问题（multi-trip VRPTW with release date，MTVRPTW-R）[4]。MTVRPTW-R 的主要特点是订单具有生产释放时间，因此配送路径开始的时间不得早于生产释放时间；而且，订单按批次配送也使车辆路径具有多回程的特点，即一辆车在一个配送周期内需要进行多次往返配送，多回程车辆路径问题的核心决策是如何将多条路径指派给相应的车辆，从而降低派车数和路径成本。除了上述决策以外，实践中 B2C 电商订单城区配送调度过程还需要考虑任务分配的均衡性，因此车辆路径决策在 MTVRPTW-R 的基础上又具有多目标决策的特点，需要在考虑配送成本优化的同时兼顾驾驶员工作量的均衡。综上所述，B2C 电商订单城区配送车辆路径规划决策主要包括：考虑订单释放时间与路径成本优化的车辆路径决策，以及考虑派车成本优化与驾驶员工作量均衡的多回程路径指派决策，下面首先对车辆路径规划决策的关键影响要素与决策复杂性进行分析。

6.2.1　车辆路径规划决策的关键影响因素

通过上述对订单配送批次生成决策过程的分析,可知影响车辆路径规划决策的关键要素包括订单配送时效与有限的配送资源。其中订单配送时效会影响订单的紧急程度,进而对车辆访问顺序产生影响,可类比于一个 VRPTW,相比于经典 VRP,其求解更难。配送资源特别是配送驾驶员具有紧缺性,其所具有的路径偏好和心理因素会对车辆路径规划决策的过程和目标产生重要影响。下面将对订单配送时效与有限的配送资源这两类影响车辆路径规划决策的关键要素进行具体分析。

1)订单配送时效

订单配送时效是电商平台对订单送达客户的时间承诺,是直接决定订单履行成败和客户满意度的关键因素。B2C 电商订单一般都具有较高的配送时效要求,但是不同订单对配送时效的要求也有较大的差异,进而影响订单配送方式的选择和相应的配送成本,因此订单配送时效的差异对于订单配送环节中车辆路径决策的影响很大。比较典型的如京东商城,既可提供"211 限时达"、极速达、次日达、隔日达等多种配送时效,也可以提供定时达、夜间配、京尊达、快递到车等多种定制化配送方式,以"京东 211 限时达"为例,它要求当日上午 11:00 前提交的现货订单,于当日送达;当日 23:00 前提交的现货订单,于次日 15:00 前送达。我国另一大 B2C 电商平台阿里巴巴旗下的天猫超市也有类似的多类型订单配送时效,截至 2021 年 4 月,天猫超市在大多数城市内都能够提供小时达、当日达和次日达等多种时效下的配送服务,并在其中 483 个城市实现了小时达服务,覆盖 3 亿多家庭用户[13]。而不同的订单配送时效对订单的车辆路径决策影响较大,例如,对于极速达和小时达这种时效要求高的订单,在车辆路径决策时将优先访问具有此类时效的客户而非选择路径长度最短的客户访问顺序,而这往往会带来更高的车辆路径成本。

2)有限的配送资源

城区配送所需资源主要指配送货车与配送驾驶员。配送货车属于重资产,特别是对于自建物流的 B2C 电商企业来说,如在城区配送中常用的 4.2m 厢式货车的主要车型包括福田欧马可、东风凯普特、江铃凯运等,单价为 10 万~12 万元。经过实地调研,一座非限号中型城市内的 OFC 日常配送所需车队规模为 20~30 辆,在限号城市内则需要更多的车辆来满足配送需求,仅购买配送车辆一项的固定投入就可达百万元甚至千万元。相比于配送车辆,有经验的配送驾驶员更属于紧缺资源,特别是 B2C 电商订单城区的配送工作强度高、工作时间长、驾驶难度大,容易导致配送驾驶员离职率高、流动性大。同时,除了薪酬支出外,配送驾驶员还需要相应的业务培训、福利补贴、组织活动等相关支出，因此企业必须投入很高的人力资源成本。为了吸引并留住有经验的配送驾驶员，企业有较强的动力在城区配送车辆路径决策中考虑驾驶员的行为偏好等心理因素，如采用更精准的工作量衡量方法、均衡配送驾驶员间的工作量、限制驾驶员最长工作时间等。

6.2.2　车辆路径规划决策的复杂性分析

车辆路径规划决策的复杂性主要体现在两方面：一是车辆路径规划问题的解空间巨大；二是具有多目标多回程特点的车辆路径指派决策十分复杂。首先，经典 VRP 已经是 NP-hard 问题[14]，在问题规模超过 50 个点时精确求解已经十分困难，而实际中一座中型城市内的末端配送站点规模约 100 个点，求解复杂性将随问题规模呈指数增长[15]，本章所研究的车辆路径规划问题还需考虑订单带释放时间与配送截止时间的特点，问题求解更是难上加难。同时，B2C 电商城区配送对于决策的时效要求很高，因此必须提出一种能够快速求解大中规模车辆路径规划问题的决策方法。其次，本章所研究的问题中的路径指派具有多回程和多目标的特点，因此在车辆路径规划的基础上还需要增加一个多回程路径指派过程，以对多条路径在车辆间的分配问题做决策；更复杂的是，路径指派决策还需要同时考虑车辆路径成本与驾驶员工作量均衡两个目标的优化，这需要相应的多目标优化算法与决策准则来辅助决策，从而使整个决策方法的结构变得极为复杂。

6.3　基于 MDP 的波次订单合并配送决策模型

6.3.1　问题假设及符号表示

如图 6.1 所示，某 B2C 电商物流中心仓库每天为城区内的客户提供即日配送服务，采用"仓库—配送站—客户点"的两级配送方式。客户订单根据其地理位置划归某个特定的配送站配送，仓库至配送站为城区配送阶段，配送车型大、订单量大、路径远、目的地固定；配送站至客户点为社区配送阶段，配送车型小、订单量小、路径近、目的地不固定。该两级物流配送网络可用 $G = (N, D) = (0 \cup N^* \cup O, D)$ 表示，其中，0 表示仓库，$N^* = \{1, 2, \cdots, n, \cdots\}$ 表示配送站集合，$O = \{1, 2, \cdots, o, \cdots\}$ 表示末端客户集合，q_o 表示客户 $o(o \in O)$ 的订单量。$D = \{(i, j) \mid i, j \in N, i \neq j\}$ 表示仓库及各配送站间可行驶路径的集合。城区配送中使用同型货车，车辆容量为 Q_V，单位距离成本为 c_d，单位派车成本为 c_v。车辆从仓库出发，配送完成后需返回仓库，在仓库及各配送站的装卸时间忽略不计。由于社区配送路线主要依赖配送员的个人经验且存在客户自取方式，路程近、订单量小、成本优化空间少，因此本章所研究的问题在考虑社区配送派车成本下聚焦于波次订单城区合并配送决策，对社区配送阶段只计派车成本，到达某一配送站的同批订单设定在 2h 内一次配送完成，单位派车成本为 c_v。

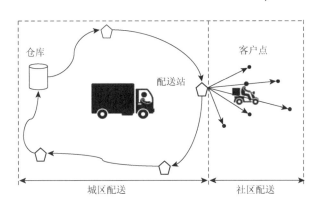

图 6.1　B2C 电商两级物流配送网络示意图

6.3.2　波次订单合并配送的 MDP 决策模型

由于订单采用波次拣选模式，配送周期可根据拣选波次分为多个决策阶段，每个波次释放点均可进行配送决策，决策具有序贯性；而每一波次的配送决策只需考虑上一波次剩余订单与本波次新释放的订单，决策无后效性，因此波次订单合并配送决策过程可以建模为一阶 MDP 模型[16]。如图 6.2 所示，该 MDP 模型的决策周期、状态集合、决策集合、转移概率、决策成本、目标函数、最优策略描述如下。

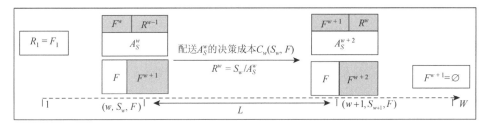

图 6.2　波次订单合并配送的 MDP 模型

（1）决策周期：根据订单拣选波次释放点将决策周期分为 W 个决策阶段，定义为 $W = \{1, \cdots, w, \cdots, W\}$，其中 1 代表配送最早开始的波次释放点，$W$ 代表配送最晚开始的波次释放点，波次间隔为 L。

（2）状态集合：决策阶段 w 时，系统状态用三元组 (w, S_w, F) 表示。由于要根据订单的配送地址来将其归属于特定的配送站，因此同一波次 w 内属于同一配送站 n 的末端客户订单直接聚类为一个订单集，称为站点订单 $S_w^n = \sum_o q_o$，客户 o 的订单由配送站 n 配送，$S_w = \sum_{n=1}^{N^*} S_w^n$ 表示第 w 决策阶段所有可配送的站点订单集合，具体包括该阶段前已释放但未配送的订单 R^{w-1} 与当前阶段内释放的订单 F^w，$F = \sum_{i=w+1}^{W} F^i$ 表示尚未释放的未来波次订单。

（3）决策集合：系统在第 w 决策阶段的一个决策（或行动）A_S^w，是指对当前可配送的订单集合 S_w 的一个子集 $A_S^w \subseteq S_w$ 进行配送，具体决策为选择哪些站点订单进行合并配送，即 $A_S^w = \sum_A S_w^n, A \subseteq N^*$，其中 A 为合并配送的站点集。结合 B2C 电商物流配送实际，在任意决策阶段中，某一配送站的订单要么全部配送，要么全部不配送，以减少访问同一配送站的次数，降低社区配送成本。同时，订单具有时效，时效要求高的订单（即等待至下一阶段配送就会延迟的订单）必须在当前阶段配送。最后一个决策阶段，所有剩余的订单必须一次配送完毕。对 A_S^w 进行决策后，城区配送阶段的最优派车次数 $V\left(A_S^w\right)$ 和配送距离 $D\left(A_S^w\right)$ 以及社区配送阶段最优派车次数 $v\left(A_S^w\right)$（即 A_S^w 中访问配送站的次数），可通过求解一个有容量限制带时间窗的 VRP 问题（capacitated VRP with time windows，CVRPTW）得到。

（4）转移概率：系统状态的转移概率是系统状态经一个决策后到达另一状态的概率，也是 MDP 刻画决策不确定性的方法。在本章问题中，状态 (w, S_w, F) 经决策 A_S^w 到达的下一阶段状态为 $\left(w+1, \left\{S_w / A_S^w\right\} \bigcup F^{w+1}, F/F^{w+1}\right)$，其中 S_w / A_S^w 表示 w 决策阶段中可配送订单集合 S_w 去掉配送的订单子集 A_S^w，F^{w+1} 表示在 $w+1$ 决策阶段内释放的订单集。在状态 S_w 与决策 A_S^w 确定后，只有 F^{w+1} 具有不确定性，因此，状态转移概率依赖于对下一波次订单释放量 F^{w+1} 的估计，这是不确定的未知状态值。

（5）决策成本：在系统状态 (w, S_w, F) 下采用决策 A_S^w 带来的成本为 $C_w(S_w, F)$，该成本包括当前阶段成本和未来阶段期望成本。当前阶段成本指决策 A_S^w 产生的城区配送派车成本、城区配送距离成本、社区配送派车成本，即 $c_V V\left(A_S^w\right) + c_d D\left(A_S^w\right) + c_v v\left(A_S^w\right)$。而未来阶段期望成本为采取决策 A_S^w 后转移到状态 $\left(w+1, \left\{S_w / A_S^w\right\} \bigcup F^{w+1}, F/F^{w+1}\right)$ 的决策成本期望，即 $\mathbb{E}_{F^{w+1}}\left[C_{w+1}\left(\left\{S_w / A_S^w\right\} \bigcup F^{w+1}, F/F^{w+1}\right) \big| S_w\right]$。

（6）目标函数：目标函数为周期内总决策成本最小，即

$$\min\left\{c_V \sum_{w=1}^{W} V\left(A_S^w\right) + c_d \sum_{w=1}^{W} D\left(A_S^w\right) + c_v \sum_{w=1}^{W} v\left(A_S^w\right)\right\} \tag{6.1}$$

（7）最优策略：求解 MDP 模型就是寻找一个最优策略 π^*，使所有决策阶段总的期望决策成本最优，即

$$\pi^* = \arg\min \mathbb{E}\left[\sum_{w=1}^{W} C_w\left(S_w, F\right) \middle| S_1\right] \tag{6.2}$$

π^* 实际是总期望决策成本最优情况下对应每个阶段的最优配送决策 A_S^w 组成的一个决策序列。对任意状态 S_w，π^* 满足贝尔曼方程特性，即在任意决策阶段 w，π^* 选择能最小化 $C_w(S_w, F)$ 的决策行为 $A_{S^*}^w$。而状态 S_w 与下一阶段状态 S_{w+1} 间的最优决策成本满足以下方程：

$$C_w\left(S_w, F\right) = \underset{A_{S^*}^w \in \pi^*}{\arg\min}\left\{\begin{array}{c} c_V V\left(A_{S^*}^w\right) + c_d D\left(A_{S^*}^w\right) + c_v v\left(A_{S^*}^w\right) \\ + \mathbb{E}_{F^{w+1}}\left[C_{w+1}\left(\left\{S_w / A_{S^*}^w\right\} \cup F^{w+1}, F / F^{w+1}\right) \middle| S_w\right] \end{array}\right\}, w \in \{1, 2, \cdots, W-1\}$$

$$\tag{6.3}$$

$$C_W\left(S_W, F\right) = c_V V\left(A_{S^*}^W\right) + c_d D\left(A_{S^*}^W\right) + c_v v\left(A_{S^*}^W\right), \quad F^{W+1} = \varnothing \tag{6.4}$$

然而，对上述 MDP 模型直接寻找最优策略 π^* 十分困难。假设订单量为整数的情况下，N^* 中所有站点的日均最大订单量为 $Q_{\max}$，则状态集合 S_w 的空间复杂度为 $O\left(W \times (Q_{\max})^{N^*}\right)$。决策集合 A_S^w 是在每个决策时刻点确定每个站点的订单是否配送，则其空间复杂度为 $O\left(W \times 2^{N^*}\right)$。而实际问题中波次总数 W 为 3～12，站点日均最大订单量 $Q_{\max}$ 的数量级为 10^2，一座中型城市内配送站 N^* 为数十个，这导致问题的状态空间极大。同时决策 A_S^w 的成本参数 $V\left(A_S^w\right)$、$D\left(A_S^w\right)$ 和 $v\left(A_S^w\right)$ 需要通过求解一个 NP 完全的 CVRPTW 得到。此外，该决策更为复杂之处在于需对不确定性较强的 F^{w+1} 进行估计。综上所述，该 MDP 模型无法直接基于贝尔曼方程或传统的后向动态规划方法在短时间内找到最优策略，必须根据问题特点设计更为高效的决策方法。

6.4　基于时序预测的前向动态规划方法

根据 6.2.2 节中对模型复杂度的分析，当问题规模较大时，波次订单合并配送的 MDP 决策模型无法在短时间内找到最优策略。实际中波次订单配送决策是按时间顺序进行序贯决策的，并且决策时效要求很高。因此，本节将采用更为高效的前向动态规划[10, 17]方法，并基于问题时序序贯决策的特点，对原方法进行改造以适用于所提出的 MDP 模型。前向动态规划方法属于近似动态规划方法的一种，它依据对未来状态价值函数的估计按顺序决策，避免了传统的后向动态规划方法可能需要遍历系统状态空间所导致的复杂性，决策效率更为高效[18]。本节借鉴前向动态规划的求解思想，针对决策模型具有状态空间巨大、状态转移概率无法确

定的难点，首先在每个决策点对未来波次订单的释放量进行预测以对未来阶段期望成本进行定量化评估，然后将预测结果纳入当前阶段的订单合并配送决策中，从而生成考虑未来阶段期望成本下的当前阶段的最优合并配送决策方案，之后转移至下一决策点并重复上述决策过程，直至决策周期结束。根据式（6.3）可知，影响决策成本 $C_w(S_w, F)$ 的参数有三个：派车次数、配送距离、后续阶段决策成本。因此，决策成本优化的重点在于优化派车次数、配送距离以及与未来波次订单释放量 F^{w+1} 相关的后续阶段决策成本。但优化派车次数和配送距离属于 NP-hard 的 VRP，其求解难度随着问题规模的增大而急剧上升，因此首先借助"先分区，再决策"的启发式规则将站点聚类以降低问题规模。其次，鉴于对未来波次订单释放的预测属于短期时间序列预测问题，采用在供应链领域较为流行的自回归综合移动平均（autoregressive integrated moving average，ARIMA）时序预测方法[19]予以实现。最后，针对多阶段时序模型求解的两大技术难点，通过对经典 0-1 装箱模型进行改造以及对 CVRPTW 模型的求解过程进行转化的方法，采用先求解一个基于未来波次订单释放量预测的装箱（packing based on order release volume forecasting，Pack_forecast）问题，再求解一个带时间窗的旅行商问题（travelling salesman problem with time windows，TSPTW）的求解思路，构建了两阶段合并配送决策的序贯优化模型（后续简称 Pack_forecast + TSPTW 模型），从而大大降低了原模型的求解复杂度。通过序贯优化模型在短时间内的精确求解，实现了订单合并配送方案的快速生成。本节将上述的决策过程融入前向动态规划的框架中，构建基于时序预测的前向动态规划方法，其整体流程如图 6.3 所示。图中的三个核心模块将分别进行具体阐述。

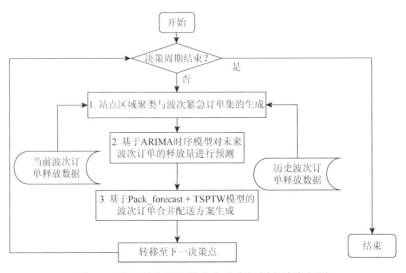

图 6.3　基于时序预测的前向动态规划方法流程图

6.4.1　站点区域聚类与波次紧急订单集的生成

优化配送过程的派车次数和配送距离属于经典 VRP，但利用 VRP 模型求解实际规模问题时通常无法在短时间内获得最优解，因此，由实际问题衍生出来的 VRP 模型多聚焦于如何在短时间内快速求得次优解。而本章问题同时兼具多阶段决策的特点，复杂度更高，必须借助启发式规则或算法以降低问题的复杂度。因此，本节首先根据人工调度中"先分区、再决策"的启发式规则，提出一种改造后的 K-means++聚类算法，对配送站进行区域聚类。算法改造的地方包括将原聚类中心坐标限定为实际站点坐标而非分类坐标的均值，将原衡量分类元素近似度的欧氏距离替换为站点间的可行驶距离（实例中通过百度地图 API 获取），具体步骤如下。

（1）确定预分类数 K。站点区域划分属于中长期决策，因此需要综合考虑历史波次订单的释放量以及城区配送车型的容量等信息来确定。为了优化需维持的最小车队规模，减少固定运营成本，本节以单个波次订单释放量的历史均值 Q_{avg} 来确定划分区域数 $K=\lceil Q_{\text{avg}}/c_V \rceil$，将站点聚类到 K 个子区域 $\{\text{Area}_1,\text{Area}_2,\cdots,\text{Area}_K\}$。

（2）选取 K 个聚类中心。为了保证聚类的稳定性，本节借鉴 Katsavounidis 等提出的改进的 Lloyd 算法[20]，选择相距最远的两个站点作为初始的两个聚类中心，然后依次选择与已选聚类中心距离之和最大的那个点作为下一个聚类中心，迭代至选出 K 个聚类中心为止。

（3）对每个配送站进行分类。将配送站加入距离最近的那个聚类中心点所在的类。

（4）通过多次迭代重新选择各分类的聚类中心，直至新老聚类中心间的偏差为 0，最终得到站点区域的聚类结果。

在配送决策中，某些站点订单可根据调度规则直接确定配送方式，以进一步缩小问题的规模。这部分订单包括订单量大于等于车辆容量以及为满足时效要求必须立即配送的站点订单。订单量大于等于车辆容量的站点订单只能单独满载配送，无法靠等待来降低配送成本，这部分订单称为波次超载订单集 $A_{S_1}^w$。此外，B2C 电商订单还具有很高的时效要求，在波次订单连续释放的情况下，必须考虑订单的时效以确定最晚何时进行配送。最晚配送时间在当前波次内的订单称为波次紧急订单。若某波次不存在波次紧急订单，则让所有订单进行等待总是能够降低配送成本[10]。因此，为了保证订单配送不会延迟，需根据站点订单时效生成波次紧急订单集 $A_{S_2}^w$，具体步骤如下。

（1）站点订单 S_w^n 的配送截止时间为 du_n，波次间隔为 L。仓库至站点 n 的最

短时间为 t_{0n}，则站点订单 S_w^n 最晚开始配送的波次（latest departure wave，LDW）为 $\mathrm{LDW}_n = \lfloor (\mathrm{d}u_n - t_{0n}) / L \rfloor \times L$。

（2）波次 w 中的紧急订单定义为 $\mathrm{LDW}_n = w$，即订单最晚开始配送时间为当前波次。同一区域内存在多个紧急订单时，就可能产生时效冲突或总订单量超过车辆的容量，此时需求解一个小规模的 CVRPTW 模型，得到各区域紧急订单的配送集 $A_{S_2}^w$，而其余的订单组成非紧急订单集 $A_{S_3}^w = S_w / \left(A_{S_1}^w \cup A_{S_2}^w \right)$。

6.4.2　基于 ARIMA 时序模型对未来波次订单的释放量进行预测

基于前向动态规划方法求解 6.3.2 节中的 MDP 模型还需要对未来波次订单的释放量 F^{w+1} 进行预测，并基于预测结果对未来阶段的系统状态进行定量刻画，以评估未来阶段的期望成本。而实际中 B2C 电商的两级配送网络中，由于单个配送站覆盖的区域固定，区域内订单的产生具有一定的稳定性和周期性，因而其波次订单的释放量呈现出明显的时序数据特征（参考 6.5.2 节实例分析部分），因此 F^{w+1} 的估计属于短期时间序列预测问题。本节采用当前时间序列预测中较为流行的 ARIMA 方法对 F^{w+1} 进行预测。该方法将时间序列视为随机过程，考察了时序的动态特征、持续特征，揭示了时间序列过去与现在、将来与现在的相互关系，能有效地表示大量的非平稳过程[21]，被广泛应用于短期时序预测中[22]。ARIMA 模型可表示为 $\mathrm{ARIMA}(p, d, q)$，是从自回归移动平均（autoregressive moving average，ARMA）模型扩展而来的。原始的 ARMA（p，q）模型只能处理平稳时间序列数据，但实际中的时序数据往往具有一定的趋势和周期波动。ARIMA 模型将原始非平稳数据经过 d 阶差分后转变为平稳序列，再应用 ARMA（p，q）进行时序预测，因此需要确定自回归阶数 p、差分阶数 d 和移动平均阶数 q。具体包含以下四个步骤[23]。

（1）时序数据平稳化处理。判断序列是否满足平稳条件，非平稳序列通过 d 阶差分使其满足条件。

（2）模型构建。确定自回归阶数 p 和移动平均阶数 q，常用的方法是通过自相关函数（autocorrelation function，ACF）检验和偏自相关函数（partial autocorrelation function，PACF）检验确定。

（3）参数估计和模型检验。通过对参数的显著性检验和残差的随机性检验，判断模型是否可行。

（4）时序预测。若模型通过检验，则可基于所建立的模型进行时序预测。

本节先提取单个配送站的历史波次订单释放的数据，然后构建 ARIMA 模型进行时序预测，得到该配送站未来波次订单释放量的预测值。由于该预测值并未实际产生，因而称其为该配送站的未来波次虚拟订单。所有站点未来波次虚拟订单的集合称为未来波次虚拟订单集,设为 $A^w_{S_4}$,它其实就是对 MDP 决策模型中 F^{w+1} 的时序预测。后续将具体说明如何将 $A^w_{S_4}$ 融入波次订单的合并配送决策中。

6.4.3　基于 Pack_forecast + TSPTW 模型的波次订单合并配送优化方法

使用 ARIMA 方法生成未来波次虚拟订单集后,下一步是在每个决策点综合考虑当前波次的紧急订单集 $A^w_{S_2}$、非紧急订单集 $A^w_{S_3}$、未来波次虚拟订单集 $A^w_{S_4}$ 三类订单,进行订单合并配送的决策。但未来波次虚拟订单集 $A^w_{S_4}$ 的特殊性使这个包含三类订单的合并配送决策问题存在以下两个难点。

(1)由于 $A^w_{S_4}$ 是当前阶段未实际产生的虚拟订单集,无法与当前阶段必须配送的紧急订单集 $A^w_{S_2}$ 装载至同一车次,但可与非紧急订单集 $A^w_{S_3}$ 在未来波次合并装载以降低配送成本。但如何既考虑 $A^w_{S_4}$ 对当前订单合并装载决策的影响,防止未来潜在的最优合并装载方案被抛弃,又保证 $A^w_{S_4}$ 与 $A^w_{S_2}$ 在当前阶段不会合并装载,从而避免出现不可行的合并装载方案,是问题决策的难点之一。

(2)由于 $A^w_{S_4}$ 是对所有站点未来波次订单释放量的预测,因此未来波次虚拟订单集 $A^w_{S_4}$ 的加入使决策问题的规模增大了一倍。特别地,订单配送路径优化问题所对应的 CVRPTW 已被证明为 NP-complete 问题[24],当问题规模较大时,无法在合理的时间内获取最优解,很难满足实际决策的时效要求。因此,如何在合理的决策时间内,获得成本较优的订单配送路径方案,是问题决策的难点之二。

针对难点一,本节对传统的 0-1 装箱问题模型进行改造,通过物品装箱冲突约束使 $A^w_{S_2}$ 内的订单和 $A^w_{S_4}$ 内的订单无法合并装载。如图 6.4 所示,将波次订单合并装载的问题转化为一类 0-1 装箱问题的变种,定义为 Pack_forecast 问题。该问题具体描述如下:有无限个箱子,其容量为 Q_V(对应城区配送车辆的容量)。有三类物品需要装箱,第一类物品是当前波次紧急订单集 $A^w_{S_2} = I_1$;第二类物品是当前波次非紧急订单集 $A^w_{S_3} = I_2$;第三类物品是未来波次虚拟订单集 $A^w_{S_4} = I_3$,物品体积即为站点订单量 q_i。决策变量 $x_{ij} = 1$ 时,表示第 i 个物品放入第 j 个箱子中,反之为 0。决策变量 $y_j = 1$ 时,表示使用第 j 个箱子,反之为 0。装载总成本设定为 $\widetilde{C}(I) = c_V V(I) + c_v v(I), I = I_1 \bigcup I_2 \bigcup I_3$(对应城区加社区的派车成本),求装载总成本最小的装箱方案(即如何能在完成所有订单配送的情况下最小化总派车成本)。Pack_forecast 模型可表示如下:

$$\min \widetilde{C}(I) = c_V \left(\sum_{j \in J} y_j \right) + c_v \sum_{j \in J} \left(\sum_{i \in I_1} x_{ij} + \sum_{i \in I_2} \left(\sum_{i \in I_1} x_{ij} \sum_{i \in I_2} x_{ij} \right) + \sum_{i \in I_3} x_{ij} \right) \quad (6.5)$$

s.t.

$$\sum_{j \in J} x_{ij} = 1, \quad \forall i \in I \tag{6.6}$$

$$\sum_{j \in J} x_{ij} q_i \leqslant Q_V y_j, \quad \forall i \in I \tag{6.7}$$

$$\sum_{i \in I_1} x_{ij} \leqslant 1, \quad \forall j \in J \tag{6.8}$$

$$\sum_{i \in I_1} x_{ij} + x_{i_3 j} \leqslant 1, \quad \forall i_3 \in I_3, \forall j \in J \tag{6.9}$$

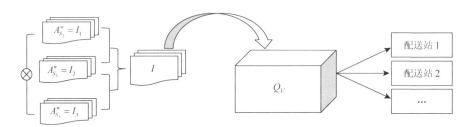

图 6.4　考虑三类订单装箱的 Pack_forecast 问题示意图

　　优化目标由式（6.5）给出，包括箱子使用成本（城区单位派车成本×车辆数）和物品装载成本（社区单位派车成本×站点访问次数）。需要注意的是，站点访问次数中只计算与当前波次紧急订单合并配送的非紧急订单的个数，因为根据配送逻辑，未与当前波次紧急订单合并配送的非紧急订单将累积至下一波次，因此，其对应的站点访问次数为 0。式（6.6）与式（6.7）为 0-1 装箱问题的原始约束，分别表示所有物品必须被装箱且装入箱内物品的总体积不能超过箱子的容量；式（6.8）与式（6.9）是根据问题的新特点加入的约束。其中式（6.8）要求第一类物品必须分装在不同的箱内，这是因为波次紧急订单集是根据时效和容量约束将多个紧急订单合并而生成的集合（详见波次紧急订单集生成部分），一次派车中至多只能配送一个集合；式（6.9）要求第一类物品与第三类物品必须分装在不同的箱子内，即当前波次紧急订单与未来波次虚拟订单不能在同一个车次内合并装载。

　　针对难点二，本节采用"先分类装车，再规划路径"的启发式规则将原 CVRPTW 模型的求解过程转化为两个复杂度较低的序贯决策优化模型，即 Pack_forecast + TSPTW 模型。先通过求解所构建的 Pack_forecast 模型，获取装载总成本最小的装箱方案，然后提取当前阶段需要进行合并配送的订单集，再针对各订单集中订单对应的站点，求解一个 TSPTW。由于装箱问题求解复杂度为 $O(n \times \log n)$，TSPTW 求解复杂度为 $O(n!)$，而 $O(n!) \geqslant O(n \times \log n)$，因此 Pack_forecast + TSPTW 模型求解的复杂度与 TSPTW 模型一致，为 $O(n!)$。而 TSPTW 已被证明为 VRPTW 简化后的一个特例[24]，因此 Pack_forecast + TSPTW 模型的求解复杂度远低于 CVRPTW 模型的求解复杂度。由于本节所提出的

Pack_forecast 模型不存在非线性约束，因此，调用商业求解器 CPLEX 可直接求得精确解，然后从装箱方案中提取包含紧急订单的箱子，这就是在考虑了未来波次虚拟订单集 $A_{S_4}^w$ 的前提下，包含当前波次紧急订单和非紧急订单的合并装载方案 $A_{S_{2\cup3}}^w$。最后，分别针对这些箱内的订单，根据其对应的站点及配送的时间窗要求，求解相应的 TSPTW 模型[25]，即可得到相应的路径方案。至此，当前波次订单的合并配送决策 $A_S^w = A_{S_1}^w \bigcup A_{S_{2\cup3}}^w$ 已生成，转移至下一决策点并更新系统状态，继续该决策过程直到决策周期结束时，就获得了 6.3.2 节中波次订单合并配送 MDP 模型的决策方案。

6.5　数值实验与实例分析

本节首先对 CVRPTW 的标准算例进行改造，并通过小规模数值实验验证所提方法的正确性和有效性；然后基于某大型 B2C 电商物流平台的实际数据，论证了本章所提出的方法求解大规模实际问题的能力；最后，本节设置了相应的对照实验，对是否基于时序预测信息进行决策、算法相关参数设置、解优化程度、方法决策效率等方面进行了讨论。数值实验使用的平台为 MATLAB R2020a，调用 IBM CPLEX v12.9 实现优化模型的精确求解；测试环境为 2.49GHz 的双核 Intel i5-9400F CPU，内存 8GB 的 64 位 Windows 10 系统。

6.5.1　基于 Solomon 标准算例的小规模数值实验

如果将客户点假定为配送站，则传统的 CVRPTW 可视作在本章问题情景下客户订单释放时间全部为 0 的一个特例。因此，本节对 CVRPTW 中较为经典的 Solomon 算例[26]进行改造以适用于本章问题，原算例详细数据可参考文献[27]，选取包含 25 个客户的 C101～C109 算例构造 C1_wave 算例，用于小规模下的数值实验。客户的位置、需求量（转为订单释放量）、车辆的容量、行驶速度（原为 1）等与原问题一致，C101～C109 共 9 个算例依次被设定为 9 个订单释放波次。原算例中客户服务的最早开始时间窗范围为 [0,918]，而实际中订单的释放时间要早于客户服务的开始时间，因此，本节设定的波次释放点 $W = \{0,100,\cdots,800\}$。此外，实际中配送站并无服务的最早开始时间，只有根据站点订单时效得到的配送截止时间。为了保证时间窗可行，本节对原客户的配送截止时间进行改造，客户 i 的原配送时间窗为 $[\text{LB}_i, \text{UP}_i]$，仓库至客户 i 所需的时间为 t_{0i}。在第 w 决策阶段，若 $\text{UP}_i < w + t_{0i}$，即订单释放后立即配送仍无法在原截止时间内送达，则时间窗更新为 $\left[w, \lceil \text{UP}_i + w + t_{0i} \rceil\right]$；反之若 $\text{UP}_i \geqslant w + t_{0i}$，则更新为 $[w, \text{UP}_i]$。例如，C105 中的

客户点 3，原配送时间窗为[25,186]，其需求量 10 转化为波次释放点 $w = 400$ 中客户点 3 的波次订单释放量，其距仓库的行驶时间为 16.12，由于 $186 < 400 + 16.12$，则其时间窗更新为[400,603]，以此类推，最终生成算例 C1_wave。

在小规模数值实验中，本节基于经典的 CVRPTW 模型与所提出的 Pack_forecast + TSPTW 模型，分别调用 CPLEX 求解了算例 C1_wave，从而对两种模型在不同合并波次数下决策的优化程度与决策的效率进行了对比，结果如表 6.1 所示。为了突出订单合并与配送联合决策的优势，表 6.1 同时给出了原算例的最优解 C1_KBS。由于原算例中 C101～C109 是独立决策的，因此该最优解就是算例 C1_wave 中订单合并与订单配送独立决策下的最优成本。同时，在每组实验中分别分析了合并波次数（即每隔几个波次进行一次合并配送）对决策总成本和决策效率（以波次平均决策时间表示）的影响。为了适应本章的问题设定，设单位固定派车成本、单位距离成本、单个客户的访问成本分别为 200 元、60 元、20 元。两种模型下的合并决策结果对比如表 6.1 所示，其中，行对应不同波次的决策时刻点（以决策点 1～9 表示），列对应不同合并波次数下分别采用 CVRPTW 模型（列 CV）和采用 Pack_forecast + TSPTW 模型（列 P + T）得到的合并配送成本。例如，在合并波次数为 2 的情况下，第 3 个波次决策点使用 CVRPTW 模型的配送成本为 25 993 元，使用 Pack_forecast + TSPTW 模型的配送成本为 27 343 元。最后两行给出了周期内的合并配送总成本和波次平均决策时间，其中 Cost_1 和 Time_1 分别表示使用 CVRPTW 模型的合并配送总成本和波次平均决策时间，Cost_2 和 Time_2 分别表示使用 Pack_forecast + TSPTW 模型的合并配送总成本和波次平均决策时间。

表 6.1 两种模型下合并配送总成本与波次平均决策时间的对比

决策点	合并波次数										独立决策
	2		3		4		8		9		
	CV/元	P + T/元	CV/元	P + T/元	CV/元	P + T/元	CV/元	P + T/元	CV/元	P + T/元	
1	12 609	16 277	12 609	16 277	12 609	16 277	12 609	16 277	—	—	—
2	—	—	—	—	—	—	—	—	—	—	—
3	25 993	27 343	—	—	—	—	—	—	—	—	—
4	—	—	39 784	30 644	—	—	—	—	—	—	—
5	24 696	23 528	—	—	48 540	37 349	—	—	—	—	—
6	—	—	—	—	—	—	—	—	—	—	—
7	27 116	26 910	27 116	32 625	—	—	—	—	—	—	—
8	—	—	—	—	—	—	—	—	—	—	—
9	15 075	22 333	15 229	22 333	29 330	42 854	68 975	78 209	74 271	80 645	—

续表

决策点	合并波次数										独立决策
	2		3		4		8		9		
	CV/元	P + T/元	CV/元	P + T/元	CV/元	P + T/元	CV/元	P + T/元	CV/元	P + T/元	
合并配送总成本/元	Cost_1	Cost_2	Cost_1	Cost_2	Cost_1	Cost_2	Cost_1	Cost_2	Cost_1	Cost_2	C1_KBS
	105 489	116 392	94 738	101 878	90 479	96 480	81 584	94 486	74 271	80 645	112 818
波次平均决策时间/s	Time_1	Time_2	Time_1	Time_2	Time_1	Time_2	Time_1	Time_2	Time_1	Time_2	—
	430	80	446	50	603	33	1 038	51	1 467	96	—

　　将表 6.1 最后两行中的合并配送总成本与波次平均决策时间进行对比，结果如图 6.5 所示。其中，横坐标表示合并配送波次数，左纵坐标表示合并配送总成本，右纵坐标表示波次平均决策时间，决策总成本的差距 GAP_cost = (Cost_2−Cost_1)/Cost_2×100%。已知原算例的最优解为总派车 27 次、总距离 1715.3、总计访问客户 25×9 = 225 次，按照本节成本参数设定求得的最优成本 C1_KBS = 112 818 元。通过 Cost_1、Cost_2 和 C1_KBS 的对比可以看出，订单合并与配送进行联合决策的成本大部分情况下要远低于订单合并与配送独立决策下的成本最优解，这验证了订单合并与订单配送联合决策的优势。其次，Cost_1 和 Cost_2 的对比表明，使用 CVRPTW 模型直接求解的决策成本要优于采用 Pack_forecast + TSPTW 模型的决策成本，优化程度更高。但同时，Time_1 和 Time_2 的对比也表明，在算例规模只有 25 个点时，Time_1 随着合并配送波次数的增大而急剧上升至超过 1400s，无法满足实际中更大的问题规模和更紧迫的决策时效要求，而 Time_2 随着合并配送波次数的增大基本不变，最大值仅为 96s，且 GAP_cost 表明，两种模型决策方案的总成本差距保持在 10%以内，因此 Pack_forecast + TSPTW 两阶段合并配送决策模型在决策效率上更具有实用性。

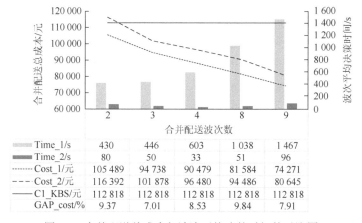

Time_1/s	430	446	603	1 038	1 467
Time_2/s	80	50	33	51	96
Cost_1/元	105 489	94 738	90 479	81 584	74 271
Cost_2/元	116 392	101 878	96 480	94 486	80 645
C1_KBS/元	112 818	112 818	112 818	112 818	112 818
GAP_cost/%	9.37	7.01	8.53	9.84	7.91

图 6.5　合并配送总成本与波次平均决策时间的对比图

6.5.2　基于某大型 B2C 电商平台物流数据的实例分析

为了验证本章所提方法在物流配送实践中的有效性，本节在对第 5 章中所提某大型 B2C 电商平台位于某市 OFC 调研的基础上，提取其一个中心仓库在 2018 年 1 月～4 月中 116 天的订单城区配送数据，并基于这部分物流数据进行了实例分析。该中心仓库采用波次拣选的订单生产方式和"仓库—配送站—客户点"的两级配送方式，与本章问题的设定一致。该中心仓库负责该市区内订单的即日配送任务，共有 63 个配送站（图 5.5），各配送站覆盖的区域互不重合。订单配送的周期为每日的 8:00～18:00，波次间隔 1h，因此共有 11 个波次的订单释放点。订单时效分为释放后 2h 内送达、4h 内送达、即日内送达三种。根据实际成本核算的参数，设定城区配送的单位派车成本、城区配送的单位距离成本、社区配送的单位派车成本分别为 200 元/车次、6.8 元/km、20 元/车次，城区配送车辆的容量为 9.6m³。

本节将所提出的基于时序预测的前向动态规划方法用于该实例 2018 年 4 月 17 日的波次订单合并配送方案的生成。首先，将配送站点根据位置聚类为 6 个区域，如图 5.5 所示。其次，对 63 个配送站的日波次订单释放量数据进行时间序列趋势分析。图 6.6 截取了 2018 年 4 月 9 日 8:00 至 4 月 16 日 18:00 共 8 个周期内的波次订单释放的数据，其中，图 6.6（a）中的线表示周期内 63 个配送站在每个生产波次内的站点订单的释放量，每条线代表一个配送站；图 6.6（b）中的线则表示每个生产波次内的所有站点订单的释放总量。可以发现每个站点在周期内各波次订单的释放量［图 6.6（a）］和每个波次内所有站点订单的释放总量［图 6.6（b）］均具有明显的周期性时序特征。因此，我们可以采用 ARIMA 时序预测方法对未来波次的订单释放量进行预测。由于该实例问题规模较大且存在决策的紧迫性，因此采用 Pack_forecast＋TSPTW 模型进行合并配送决策。

针对该大规模实例，本节使用三种不同的决策方法进行对照实验，即：①基于时序预测的波次订单合并配送决策方法；②不基于时序预测的波次订单合并配送决策方法；③订单合并与订单配送独立决策的方法。同时，在实验①和②中分别分析了预测波次数和合并波次数对决策成本的影响，预测波次数即实验①中使用 ARIMA 方法预测未来几个订单波次的释放总量，合并波次数即实验②中每次对几个订单波次进行合并配送的决策。实验③中的订单合并采用同时考虑固定时段与订单累积量的混合策略[28]，预设时间段为单个波次以保证订单的履行时效，预设订单累积阈值为城区配送的单车容量。三组实验下的合并配送总成本对比如表 6.2 所示，其中行对应不同的波次决策时刻点，列对应实验①采用不同预测波次数（列 FW）和实验②采用不同合并波次数（列 CW）下的决策成本。最后一行中基于时序预测的合并配送总成本为 Cost_3，不基于时序预测的合并配送总成

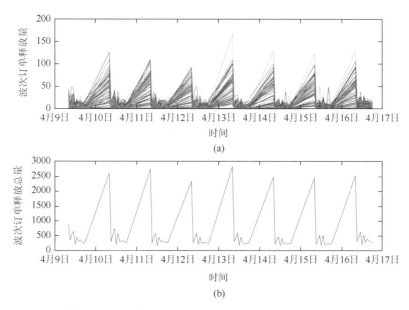

图 6.6 每个配送站订单波次释放的趋势与每个订单波次释放总量的趋势

本为 Cost_4，订单合并与订单配送独立决策下的总成本为 Cost_SEP，最后一列为订单合并与配送独立决策下每个波次点的决策成本。

表 6.2 是否基于时序预测的波次订单合并配送总成本对比

决策时刻点	波次数										11*/元	独立决策/元
	2		3		4		5		10			
	FW/元	CW/元	FW/元	CW/元	FW/元	CW/元	FW/元	CW/元	FW/元	CW/元		
8:00	5 588	20 623	5 636	20 623	5 566	20 623	5 566	20 623	5 504	20 623	—	21 864
9:00	2 207	—	2 194	—	2 068	—	2 194	—	2 207	—	—	9 528
10:00	794	13 019	767	—	767	—	767	—	767	—	—	11 140
11:00	7 450	—	7 684	16 765	8 187	—	7 684	—	7 506	—	—	11 109
12:00	4 400	12 249	3 766	—	4 287	17 870	4 333	—	4 594	—	—	9 013
13:00	2 487	—	2 269	—	1 835	—	2 329	24 896	1 801	—	—	10 641
14:00	5 741	12 477	5 919	17 443	5 112	—	5 410	—	5 112	—	—	9 460
15:00	4 249	—	5 822	—	4 737	—	4 768	—	5 941	—	—	10 567
16:00	4 640	11 755	3 496	—	4 720	19 366	4 934	—	4 102	—	—	9 716
17:00	1 833	—	3 225	17 190	2 509	—	2 537	—	2 586	—	—	9 472
18:00	15 439	11 520	14 221	8 986	15 957	11 520	14 623	24 208	15 358	36 598	39 135	8 986
成本总计/元	Cost_3	Cost_4	Cost_3	Cost_4	Cost_3	Cost_4	Cost_3	Cost_4	Cost_3	Cost_4	Cost_3/4	Cost_SEP
	54 826	81 643	54 997	81 006	55 744	69 379	55 144	69 727	55 477	57 221	39 135	121 495

*当预测（合并）波次数为 11 时，决策具有完全信息，即在全部订单释放完成后进行配送决策，此时无须进行预测，实验①与②的成本一致。

对表 6.2 最后一列中的合并配送总成本进行对比，结果如图 6.7 所示。首先，通过 Cost_3、Cost_4 与 Cost_SEP 的比较可以看到，不论是否考虑未来波次订单的释放，将订单合并与订单配送进行联合决策可以大幅度降低配送总成本；其次，通过 Cost_3 与 Cost_4 的对比可知，相比于不基于时序预测的波次订单合并配送决策方法，本章所提出的基于时序预测的波次订单合并配送决策方法在成本优化上具有较大优势；最后，预测波次数对基于时序预测的合并配送的总成本影响较小，只需单步预测即可获得配送总成本较低的方案。而合并配送波次数对不基于时序预测的合并配送的总成本影响较大，合并配送波次数越多，决策成本越低。这符合实际决策的经验，即将更多的波次订单累积进行合并装载可提高车辆的满载率，从而降低配送成本。但正如 6.1 节中所述，在特定的合并决策点进行的配送决策，容易导致固定车队的规模以及订单的缓存区均过大，从而带来过高的运营成本；而本章所提出的方法在每个波次释放点均可进行合并配送决策，可通过多次往返派车降低车队规模和缓存区的大小，在配送成本优化之外还能进一步降低其他的物流运营成本，具有较大的决策优势。

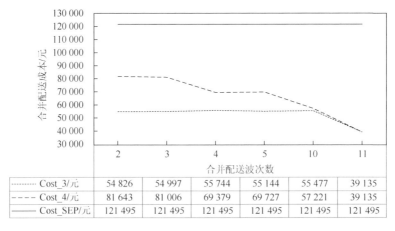

	2	3	4	5	10	11
⋯⋯ Cost_3/元	54 826	54 997	55 744	55 144	55 477	39 135
- - - Cost_4/元	81 643	81 006	69 379	69 727	57 221	39 135
—— Cost_SEP/元	121 495	121 495	121 495	121 495	121 495	121 495

图 6.7　是否基于时序预测进行波次订单合并配送的总成本对比图

综上，本节的数值实验证明了采用 Pack_forecast + TSPTW 的两阶段优化模型可在较短的时间内获得次优解，在求解效率和实用性上比精确模型更具有优势。同时，本节的实例分析也验证了本章提出的基于时序预测方法的合并配送决策方案的成本要优于不基于时序预测的方法，决策方案的成本更接近完全信息下的成本下界。上述结论可以为波次拣选模式下的 B2C 电商物流平台提供以下管理启示：首先，动态物流配送问题的决策需要综合考虑决策问题的复杂性、决策的时效要求、目标的优化程度等，要将定性的启发式规则与定量的优化模型有机结合，以降低问题的复杂性，从而在短时间内获得较高质量的决策方案；其次，物流平台应有意识地保存利用历史订单释放数据，并基于历史数据挖掘出需求到达、订单释放的时序特征，即使只是将短期的预测信息加入决策中，也可大幅提升决策的质量。

6.6　结　　论

本章针对 B2C 电商订单按波次拣选、动态释放的新特点，研究了波次订单城区合并配送决策问题。主要贡献如下。

（1）本章针对 B2C 电商波次订单城区合并配送问题具有多阶段序贯决策的特点，将原动态决策问题转化为一阶 MDP 模型，并分析了模型的求解复杂度。

（2）本章针对 MDP 模型求解复杂度较高、状态转移概率无法确定的特点，以及基于问题分析和实际数据趋势分析得出的 MDP 模型中系统状态具有时序转移的特点，采用 ARIMA 时序模型对未来阶段的状态进行时序预测，并以此设计了基于时序预测的前向动态规划方法。

（3）本章通过定性的启发式规则将原多阶段的时序决策模型转化为复杂性较低的定量序贯优化模型，并通过改造 0-1 装箱问题模型将时序预测信息融入合并装载决策中，构建了 Pack_forecast + TSPTW 两阶段序贯优化模型，实现了合并配送方案的快速生成。

（4）本章通过数值实验和实例分析验证了本章提出的方法可以大幅降低配送成本并提高求解实际规模问题的决策效率，论证了基于时序预测信息进行动态问题决策的有效性，并给出了相应的管理启示。

本章针对 B2C 电商订单配送过程中的城区配送车辆路径规划决策，重点研究了考虑波次动态释放的 B2C 电商订单城区配送车辆调度问题，并相应提出了基于 MDP 过程的订单城区配送车辆智能调度方法。这些理论方法有助于 B2C 电商订单配送全过程的智能决策，并将为第 5 章中 B2C 电商订单配送车辆路径规划系统的开发和实现提供方法基础。本章相关的理论方法可推广应用到具有相似特征的订单物流配送系统中，这些特征包括订单分波次拣选释放、车辆调度具有多阶段序贯决策等，可进一步促进整个社会物流系统在配送环节的降本增效。

本章在订单城区配送车辆调度问题的研究中直接采用了已有的时序预测方法对未来波次订单释放量进行了预测，预测精度存在进一步提升的可能。同时现实问题较强的不确定性与复杂的决策情景仍然给 MDP 模型求解带来了巨大的挑战。因此，该部分的未来研究方向可包括以下两部分：①基于问题特征改进已有的时序预测方法或者开发有针对性的时序预测方法，以提高预测精度；②提出更高效、泛化性更强的决策方法，以快速地求解状态空间极大和状态转移不确定性强的复杂 MDP 模型，从而提高 MDP 模型在复杂现实问题上的适用性。

参 考 文 献

[1]　Dantzig G B，Ramser J H. The truck dispatching problem[J]. Management Science，1959，6（1）：80-91.

[2]　Shelbourne B C，Battarra M，Potts C N. The vehicle routing problem with release and due dates[J]. INFORMS Journal on Computing，2017，29（4）：705-723.

[3]　Reyes D，Erera A L，Savelsbergh M W P. Complexity of routing problems with release dates and deadlines[J]. European Journal of Operational Research，2018，266（1）：29-34.

[4]　Cattaruzza D，Absi N，Feillet D. The multi-trip vehicle routing problem with time windows and release dates[J]. Transportation Science，2016，50（2）：676-693.

[5]　Archetti C，Jabali O，Speranza M G. Multi-period vehicle routing problem with due dates[J]. Computers & Operations Research，2015，61：122-134.

[6]　Yang W B，Ke L J，Wang D Z W，et al. A branch-price-and-cut algorithm for the vehicle routing problem with release and due dates[J]. Transportation Research Part E：Logistics and Transportation Review，2021，145：102167.

[7]　黄基诞，郑斐峰，徐寅峰，等. 基于 MapReduce 模型带准备时间的平行机调度优化[J]. 系统工程理论与实践，2019，39（1）：174-182.

[8]　赵晓丽，宫华，车平. 批处理机上具有两类释放时间的工件集竞争调度问题[J]. 自动化学报，2020，46（1）：168-177.

[9]　李文莉，李昆鹏，田倩南，等.突发疫情环境下考虑订单释放时间的零售物流配送路径优化研究[J].中国管理科学，2022，30（9）：195-205.

[10]　Voccia S A，Campbell A M，Thomas B W. The same-day delivery problem for online purchases[J]. Transportation Science，2019，53（1）：167-184.

[11]　Klapp M A，Erera A L，Toriello A. The dynamic dispatch waves problem for same-day delivery[J]. European Journal of Operational Research，2018，271（2）：519-534.

[12]　Ulmer M W，Goodson J C，Mattfeld D C，et al. On modeling stochastic dynamic vehicle routing problems[J]. EURO Journal on Transportation and Logistics，2020，9（2）：100008.

[13]　阿里巴巴. 天猫超市简介[EB/OL]. [2023-01-07]. https://pages.tmall.com/wow/an/cs/zhaoshang/index?spm = a223k.7862588.4740380822.1.177d6155cviYZk&wh_biz=tm&disableNav=YES.

[14]　Lenstra J K，Kan A H G R. Complexity of vehicle routing and scheduling problems[J]. Networks，1981，11（2）：221-227.

[15]　Olivera A，Viera O. Adaptive memory programming for the vehicle routing problem with multiple trips[J]. Computers & Operations Research，2007，34（1）：28-47.

[16]　Puterman M L. Markov Decision Processes：Discrete Stochastic Dynamic Programming[M]. Hoboken：Wiley-Interscience，2005.

[17]　张鹏，张卫国，张逸菲. 具有最小交易量限制的多阶段均值-半方差投资组合优化[J]. 中国管理科学，2016，24（7）：11-17.

[18]　Powell W B. Approximate Dynamic Programming Solving the Curses of Dimensionality[M]. 2nd ed. Hoboken：Wiley，2011.

[19]　Syntetos A A，Babai Z，Boylan J E，et al. Supply chain forecasting：Theory，practice，their gap and the future[J]. European Journal of Operational Research，2016，252（1）：1-26.

[20]　Katsavounidis I，Jay Kuo C C，Zhang Z. A new initialization technique for generalized Lloyd iteration[J]. IEEE

Signal Processing Letters，1994，1（10）：144-146.

[21]　倪冬梅，赵秋红，李海滨. 需求预测综合模型及其与库存决策的集成研究[J]. 管理科学学报，2013，16（9）：44-52，74.

[22]　Svetunkov I，Boylan J E. State-space ARIMA for supply-chain forecasting[J]. International Journal of Production Research，2020，58（3）：818-827.

[23]　Box G E P，Jenkins G M，Reinsel G C，et al. Time Series Analysis：Forecasting and Control [M]. 5th ed. Hoboken：John Wiley & Sons，2015.

[24]　Garey M R，Johnson D S. Computers and Intractability：A Guide to the Theory of NP-Completeness[M]. San Francisco：W. H. Freeman，1979.

[25]　da Silva R F，Urrutia S. A General VNS heuristic for the traveling salesman problem with time windows[J]. Discrete Optimization，2010，7（4）：203-211.

[26]　Solomon M M. Algorithms for the vehicle routing and scheduling problems with time window constraints[J]. Operations Research，1987，35（2）：254-265.

[27]　Díaz B D. The VRP Web[EB/OL]. [2021-08-02]. http://www.bernabe.dorronsoro.es/vrp.

[28]　Mutlu F，Çetinkaya S. An integrated model for stock replenishment and shipment scheduling under common carrier dispatch costs[J]. Transportation Research Part E：Logistics and Transportation Review，2010，46（6）：844-854.

第7章　B2C电商订单生产与配送智能调度决策系统

本书在第 2~6 章深入研究了 B2C 电商订单生产与配送过程中的核心调度问题，并提出了一系列相应的智能调度方法。本章将以上述理论研究成果为基础，结合在某大型 B2C 电商平台进行的实地调研，开发相应的 B2C 电商订单生产与配送智能调度决策原型系统。本章主要包括三节，每节对应一个相应的调度决策系统，章节安排如下。

7.1 节介绍 B2C 电商订单分批排序系统，该系统主要适用于采用先拣后合订单分批拣选策略的 B2C 电商仓库。通过科学、合理的订单分批和排序，该系统协调订单的拣选和合并过程，有效减少或避免订单拣选过程的停滞和订单合并过程的空闲，从而缩短订单在仓库中的总完工时间，提高订单的履行时效。

7.2 节介绍 B2C 电商波次订单配送计划生成系统，该系统主要针对采用波次拣选方式的 B2C 电商仓库，结合波次释放的订单信息、缓存区容量，在考虑相邻波次之间的影响的前提下实现波次订单配送计划的快速生成，从而在避免缓存区出现堵塞的同时降低订单配送环节的派车与订单延迟成本，使订单拣选与配送环节能够顺畅衔接。

7.3 节介绍考虑驾驶员工作量均衡的电商订单城区配送车辆路径规划系统，该系统主要应用于 B2C 电商订单城区配送场景下的决策支持。在考虑订单城区配送成本优化和驾驶员工作量均衡的基础上，该系统实现车辆调度和路径方案的自动生成。不仅适用于 B2C 电商订单城区配送车辆路径决策，还具有一定的普适性，能够应对不同车型、不同工作时间限制等条件下的城区配送车辆路径规划问题。

上述系统的研发均充分结合实地调研数据和需求，确保系统在实际应用中的可行性和有效性，最后均通过在数值实验和实际场景中的测试，验证了系统在 B2C 电商订单生产与配送中的实用性和性能。本章研发的系统可以为 B2C 电商订单生产与配送调度过程提供决策支持，有利于推动 B2C 电商平台运营管理向精细化、智能化的方向发展。

7.1　B2C 电商订单分批排序系统

7.1.1　系统简介

依托本书第 4 章的相关研究成果，基于所提出的 B2C 电商订单分批排序方法，本书开发了 B2C 电商订单分批排序系统。该系统主要针对采用了先拣后合订单分批拣选策略的 B2C 电商仓库，通过对订单进行科学、合理的分批和排序，来协调订单的拣选和合并过程，从而有效减少或者避免订单拣选过程的停滞和订单合并过程的空闲，以缩短订单在仓库中的总完工时间，最终提高订单的履行时效。该系统对 B2C 电商仓库中的订单履行过程具有一定的普适性，能够提高订单在仓库中的履行时效，从而提高 B2C 电商平台的市场竞争力。

本系统适用于采用先拣后合订单分批拣选策略的 B2C 电商仓库，为协调其订单拣选和合并过程提供订单分批排序方案。该系统主要包括输入/输出接口（对接到第三方系统或外部数据库）及四个功能模块，可实现数据交互、订单分批、情境识别、控制等功能，具体如下。

（1）输入接口：通过该接口与第三方系统或外部数据库进行对接，为系统提供所需的客户订单信息、订单拣选与合并相关信息。

（2）输出接口：通过该接口与第三方系统或外部数据库进行对接，将最终的订单分批排序方案输出。

（3）数据交互模块：包括数据的获取和预处理，提供各主要功能模块的调用入口和模块间的数据交互功能。

（4）订单分批模块：用于订单批次的生成。

（5）情境识别模块：用于识别由订单分批模块生成的订单批次加入生产序列后的生产情境。

（6）控制模块：用于调整订单批次的生成。

7.1.2　系统概述

1. 总体框架

B2C 电商订单分批排序系统（P），适用于采用先拣后合订单分批拣选策略的 B2C 电商仓库中的订单分批排序问题，其与前端、后端连接的总体框架如图 7.1 所示。本系统通过外部接口连接前端客户订单管理系统（C）和后端仓库订单拣选系统（T）以获取客户订单信息、订单拣选与合并相关信息，经过本系统生成订单分批排序方案后，将方案输出至后端仓库订单拣选系统（T），最后由订单拣选人员和订单合并人员执行方案。

2. 系统架构

本系统主要开发语言为 Python，使用 Python 3.6.3 编程，输入/输出格式为.txt文件格式（也可为数据库文件格式）。系统架构如图 7.2 所示，可分为数据交互层、核心算法层和支持函数层。数据交互层包含程序主入口函数 Schedule，主要用于

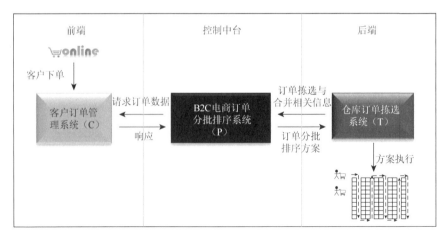

图 7.1　系统总体框架（一）

客户订单信息、订单拣选与合并相关信息的获取和预处理，并提供核心算法层各函数调用入口和数据交互功能。核心算法层包含订单分批函数 Order_batching、情境识别函数 Situation_recognition 和控制函数 Control。其中订单分批函数 Order_batching 使用种子算法，根据客户订单信息和拣选设备容量等生成订单批次；情境识别函数 Situation_recognition 将新生成的订单批次加入生产序列，计算其拣选完成时间，并据此识别该订单批次加入生产序列后的生产情境，即停滞、空闲还是协调；控制函数 Control 则根据情境模块识别出的情境，通过调整订单分批函数 Order_batching 中种子算法的种子订单选择规则，来控制订单批次的生成。支持函数层主要是核心算法使用到的一些函数，包括种子算法中的种子订单选择函数 Seed 和附加订单选择函数 Add、用于情境识别的订单批次拣选完成时间计算函数 Completion 和情境判断函数 Judgment、用于调整种子算法中种子订单选择规则的基于情境的控制策略函数 Situation-control。

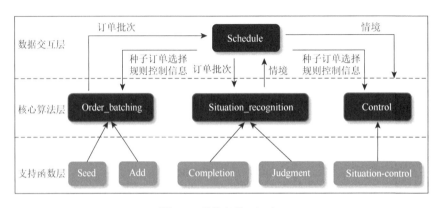

图 7.2　系统架构（一）

3. 模块描述

1）数据交互模块

数据交互模块的主要功能是提供其他功能模块的调用入口和数据交互功能。一方面是按照业务逻辑依次调用订单分批模块、情境识别模块和控制模块等功能模块；另一方面对输入数据进行预处理、对输出结果进行格式化，并在运行过程中实现各功能模块间的数据交互。例如，将情境识别模块识别出的情境输入控制模块等。

2）订单分批模块

订单分批模块使用种子算法实现订单批次的生成，过程如下：首先生成一个空的订单批次，并根据种子订单选择规则在订单池中选择种子订单加入当前订单批次中，然后根据附加订单选择规则在订单池中选择附加订单加入当前订单批次中，直到因为拣选设备的容量限制而导致没有订单可以加入当前订单批次中为止。

3）情境识别模块

情境识别模块用于识别订单批次加入生产序列后的生产情境。首先将订单分批模块生成的订单批次加入生产序列中，计算其拣选完成时间，然后根据其拣选完成时间与局部协调条件（见 7.1.3 节）的时间范围关系，识别出该批次加入生产序列后的生产情境，即停滞、空闲还是协调。

4）控制模块

控制模块根据情境识别模块识别出的情境来控制订单批次的生成。当停滞情境发生时，控制模块将订单分批模块中种子算法的种子订单选择规则调整为种子订单选择规则 *B*；当空闲或协调情境发生时，控制模块将订单分批模块中种子算法的种子订单选择规则调整为种子订单选择规则 *A*（种子订单选择规则 *A* 和 *B* 的具体介绍请参见 7.1.3 节）。

7.1.3　系统说明

1. 业务流程说明

1）整体业务流程

业务流程如图 7.3 所示，主要包括订单分批、情境识别、控制三个阶段。

（1）订单分批阶段：首先导入客户订单信息、订单拣选与合并相关信息，然后使用种子算法，根据种子订单选择规则和附加订单选择规则生成订单批次。

（2）情境识别阶段：首先将新生成的订单批次加入生产序列中，然后识别该订单批次加入生产序列后的生产情境。

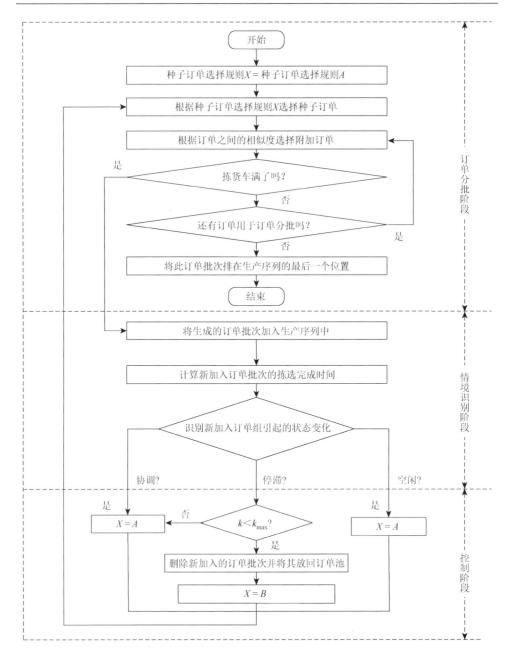

图 7.3　业务流程（一）

（3）控制阶段：根据情境识别阶段识别出的情境，调整订单分批阶段中种子
算法的种子订单选择规则，来控制订单批次的生成。

2）数据交互过程

数据交互过程如图 7.4 所示，客户订单信息、订单拣选与合并相关信息等通过对外接口导入数据交互模块，而订单批次、情境以及种子订单选择规则控制信息等数据在各个模块间的交互则通过数据交互模块完成。最后的订单分批排序方案通过对外接口输出。

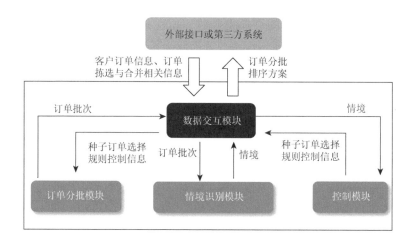

图 7.4　数据交互过程（一）

2. 模块功能说明

1）数据交互模块

数据交互模块主要有以下两个功能。

（1）输入/输出接口。该模块提供与外部接口或第三方系统的交互，将需要的相关数据包括客户订单信息、订单拣选与合并相关信息输入订单分批排序系统中，并将最终生成的订单分批排序方案输出至外部接口或第三方系统。

（2）不同功能模块间的相互调用和数据交互。提供各功能模块的调用入口，不同功能模块通过数据交互模块进行数据的调用和交互，针对不同模块输入/输出的数据格式进行规范化，保证各功能模块输出结果符合规范。

2）订单分批模块

订单分批模块使用种子算法生成订单批次，种子算法主要由种子订单选择规则和附加订单选择规则组成。

（1）种子订单选择规则。在种子订单选择规则部分，根据订单池中的订单所覆盖的通道数量来选择种子订单，并通过选择覆盖通道数量不同的订单作为种子订单来调整订单批次的生成。为此，我们设计了两个种子订单选择规则。

①种子订单选择规则 A：在订单池中选择覆盖通道数最少的订单作为种子订单。

②种子订单选择规则 B：在订单池中选择比上一个订单批次中的种子订单所覆盖通道数量多 1 的订单作为种子订单；如果不存在，则选择比上一个订单批次中的种子订单所覆盖通道数量多 2 的订单作为种子订单，以此类推。

（2）附加订单选择规则。在附加订单选择规则部分，根据订单池中的订单与已经加入当前订单批次中的订单集合的相似性来选择附加订单。相似性通过 $simi_{ij} = |Aisle_i \bigcap Aisle_j| / |Aisle_i \bigcup Aisle_j|$ 来衡量，其中 $Aisle_i$ 表示订单 i 覆盖的通道集合，$Aisle_j$ 表示当前订单批次 j 中的订单集合所覆盖的通道集合。$|Aisle_i \bigcap Aisle_j|$ 表示订单 i 和订单批次 j 同时覆盖的通道的数量，而 $|Aisle_i \bigcup Aisle_j|$ 表示如果把订单 i 加入订单批次 j 中，订单拣选人员在拣选过程中需要访问的通道的总数量。具体的附加订单选择规则为选择订单池中相似性最高的订单作为附加订单。

（3）订单分批模块的具体步骤。首先将种子订单选择规则 X 设为 A，订单分批模块的具体步骤如下。

①生成一个空的订单批次。

②根据种子订单选择规则 X 在订单池中选择一个订单作为种子订单加入当前订单批次中，在订单池中删除此订单，更新当前订单批次的剩余容量。

③判断订单池中是否存在订单，如果存在，转到步骤④；否则，转到步骤⑦。

④根据当前订单批次的剩余容量，判断订单池中是否存在可以加入当前订单批次的订单，如果存在，收集这些订单作为订单集合 Q，转到步骤⑤；否则，转到步骤⑥。

⑤根据附加订单选择规则，在订单集合 Q 中选择一个订单作为附加订单，加入当前的订单批次中，在订单池中删除此订单，更新当前订单批次的剩余容量，转到步骤③。

⑥生成一个订单批次，输入情境识别模块中。

⑦生成一个订单批次，并将此订单批次加入生产序列的最后一个位置，并结束订单分批模块、情境识别模块和控制模块的运行。

3）情境识别模块

在情境识别模块，首先将订单分批模块生成的订单批次 n 加入生产序列中，然后根据其开始拣选时间和所需要的拣选时间，计算其拣选完成时间 C_{n1}，再根据其拣选完成时间 C_{n1} 与局部协调条件的时间范围关系，识别出其加入生产序列中后的生产情境，由于当 $C_{(n-z-1)2} \leqslant C_{n1} \leqslant C_{(n-1)2}$ 时，订单批次 n 的加入既不会引起空闲也不会引起停滞，我们将 $C_{(n-z-1)2} \leqslant C_{n1} \leqslant C_{(n-1)2}$ 称为订单批次 n 的局部协调条件。

如果新加入的订单批次 n 的拣选完成时间大于第 $n-1$ 个订单批次的合并完成时间，即 $C_{n1} > C_{(n-1)2}$，则会引起新加入订单批次合并过程的空闲，这称为空闲情境。

如果新加入的订单批次 n 的拣选完成时间小于第 $n-z-1$ 个订单批次的合并完成时间，即 $C_{n1} < C_{(n-z-1)2}$，则会引起第 $n+1$ 个订单批次拣选过程的停滞，这称为停滞情境。

如果新加入的订单批次 n 的拣选完成时间大于等于第 $n-z-1$ 个订单批次的合并完成时间而小于等于第 $n-1$ 个订单批次的合并完成时间，即 $C_{(n-z-1)2} \leqslant C_{n1} \leqslant C_{(n-1)2}$，则既不会引起空闲也不会引起停滞，这称为协调情境。

4）控制模块

在控制模块，根据订单批次加入生产序列后的生产情境，来判断是否需要对新加入的订单批次进行调整，如果需要，则调整订单分批模块中的种子订单选择规则以生成新的订单批次来代替新加入的订单批次；如果不需要，则由订单分批模块生成下一个订单批次。具体步骤如下。

（1）如果停滞情境发生，转到步骤（3）；否则，转到步骤（2）。

（2）将新加入的订单批次保留在生产序列中，然后将订单分批模块中的种子订单选择规则 X 调整为种子订单选择规则 A，转到步骤（5）。

（3）判断订单池中是否存在这样的订单，其所覆盖的通道数量比新加入订单批次的种子订单所覆盖的通道数量更多，如果存在，则转到步骤（4）；否则，转到步骤（2）。

（4）把新加入的订单批次从生产序列中删除，并将其所有的订单放回到订单池中，然后将订单分批模块中的种子订单选择规则 X 调整为种子订单选择规则 B，转到步骤（5）。

（5）由订单分批模块生成一个新的订单批次，输入情境识别模块。

3. 对外接口说明

1）与外部系统相连的输入接口

本系统所需数据为客户订单信息、订单拣选与合并相关信息，其中订单拣选与合并相关信息具体包括订单总量、拣选设备容量、拣选速度、扫描速度、缓存区域容量等。这些数据可以通过与外部数据库或系统相连的接口导入，也可以手动输入。本系统使用了图形用户界面（graphical user interface，GUI）的方式导入，未输入参数前的初始 GUI 如图 7.5 所示，输入相关参数后的 GUI 如图 7.6 所示。

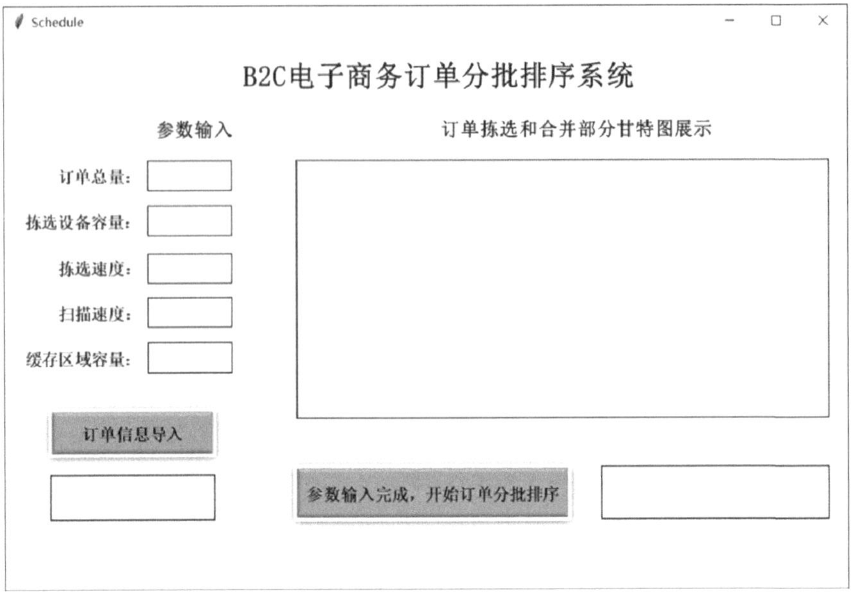

图 7.5　初始 GUI（一）

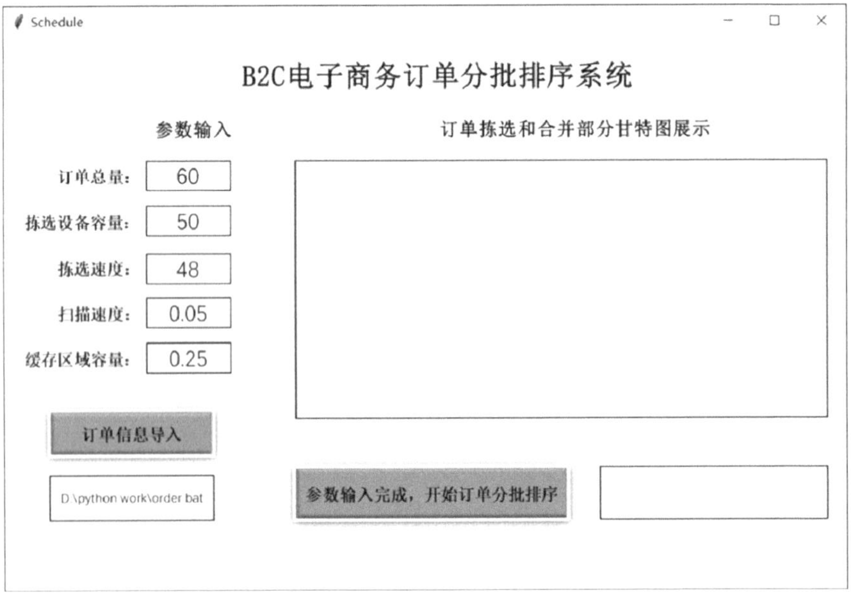

图 7.6　输入相关参数后的 GUI（一）

（1）相关调度参数如表 7.1 所示。

表 7.1　相关调度参数（一）

序号	字段名	字段类型	字段描述
1	Numoforders	int	订单总量
2	Capacity	int	拣选设备容量
3	Vpick	double	订单拣选人员的拣选速度
4	Buffer	int	缓存区域的容量
5	Vsort	double	订单合并人员的扫描速度
6	Vpack	double	订单合并人员的打包速度

（2）客户订单信息参数如表 7.2 所示。

表 7.2　客户订单信息参数（一）

序号	字段名	字段类型	字段描述
1	Order_ID	int	订单序号
2	SKUs	list	所需商品的种类列表
3	Demand	list	所需商品的数量列表
4	Locations	list	所需商品的位置列表

2）与外部系统相连的输出接口

当订单分批排序成功后，GUI 会返回"订单分批排序成功！"，并将订单拣选和合并的部分甘特图展示出来，如图 7.7 所示。

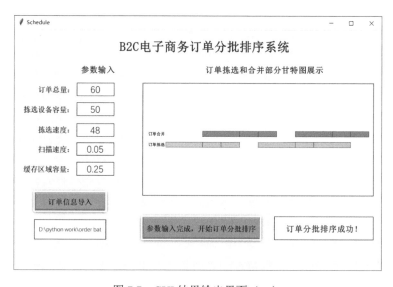

图 7.7　GUI 结果输出界面（一）

系统可将生成的具体订单分批排序方案通过输出接口输出至仓库订单拣选系统，由订单拣选人员和订单合并人员执行。本系统将订单分批排序方案封装入本地的.txt 文件中，其具体参数如表 7.3 所示。

表 7.3　订单分批排序方案具体参数

序号	字段名	字段类型	字段描述
1	Batches	list	订单分批排序列表
2	Picking	list	各订单批次拣选开始和完成时间列表
3	Sorting	list	各订单批次合并开始和完成时间列表
4	Pickingtime	double	订单总拣选时间
5	Sortingtime	double	订单总合并时间
6	Blocking	double	订单拣选的总停滞时间
7	Starving	double	订单合并的总空闲时间
8	Completion	double	订单总完工时间

7.2　B2C 电商波次订单配送计划生成系统

7.2.1　系统简介

依托本书第 5 章的相关研究成果，基于所提出的 B2C 电商波次订单配送计划生成方法，本书开发了 B2C 电商波次订单配送计划生成系统。该系统主要针对采用波次拣选方式的 B2C 电商仓库，结合波次释放的订单信息、缓存区容量，在考虑相邻波次之间的影响的情况下实现波次订单配送计划的快速生成，从而在避免缓存区出现堵塞的同时降低订单配送环节的派车与订单延迟成本，使订单拣选与配送环节能够顺畅衔接。

本系统适用于采用波次拣选方式的 B2C 电商仓库，在每个波次订单拣选释放之后生成对应的配送计划。本系统主要包括输入/输出接口（对接到第三方系统或外部数据库）及四个功能模块，可实现数据交互、预设订单配送量生成、订单装载以及卡位分配等功能，具体如下。

（1）输入接口：通过该接口与第三方系统或外部数据库进行对接，为系统提供所需的波次拣选订单释放信息以及缓存区容量等相关信息。

（2）输出接口：通过该接口与第三方系统或外部数据库进行对接，将最终的订单配送计划输出。

（3）数据交互模块：包括数据的获取和预处理，提供各主要功能模块的调用入口和数据交互功能。

（4）预设订单配送量生成模块：用于波次预设订单配送量的生成。

（5）订单装载模块：用于确定哪些订单应当进行配送以及各个车辆装载的订单信息。

（6）卡位分配模块：用于确定每个卡位服务的车辆以及车辆在卡位上装载订单的顺序。

7.2.2　系统概述

1. 总体框架

B2C 电商波次订单配送计划生成系统（P），适用于采用波次拣选方式的 B2C 仓库，其与前端、后端连接的总体框架如图 7.8 所示。本系统通过外部接口连接前端仓库订单拣选系统（C）以获取波次拣选订单释放数据，配送计划生成后输出至驾驶员手持终端或者调度员显示面板（T）中，由驾驶员执行最终的订单配送计划。

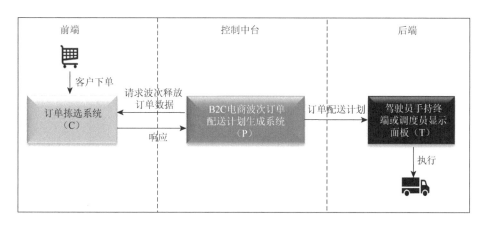

图 7.8　系统总体框架（二）

2. 系统架构

本系统主要开发语言为 Python，使用 Python 3.6.3 编程，输入/输出格式为.txt 文件格式。系统架构如图 7.9 所示，可分为数据交互层、核心算法层和支持函数层。数据交互层包含程序主入口函数 Main_data，主要用于波次拣选释放订单信息的获取以及预处理，同时支持核心算法层之间的调用与交互。核心算法层包含波次预设订单配送量生成函数 N_setup、订单装载函数 Order_load 和卡位分配函数 Dock_allocation。其中波次预设订单配送量生成函数 N_setup 使用遗传算法根据波次释放订单量、上一波次剩余订单量以及缓存区容量等信息计算得到预设订单配送量的约束区间并进行配送量的生成；订单装载函数 Order_load 需要在每一波次拣选订单释放后对缓存区中存储的订单进行选择与装载，直至要配送的订单量满足波次预设订单配送量，得到需要进行配送的车辆以及车辆上装载的具体订单；卡位分配函数 Dock_allocation 主要采用遗传算法对需要进行配送的车辆进行分配，确定每一辆车应当在哪个卡位上进行装载以及装载的顺序。支持函数层主要是核心算法使用到的一些函数，包括波次预设订单配送量生成过程中的订单更新函数 order_renew 和配送量生成函数 random_set、用于选择订单进行装载的函数 select、基于遗传算法进行卡位分配的函数 arrange。

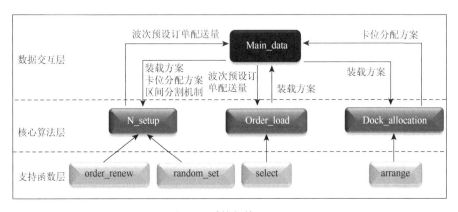

图 7.9　系统架构（二）

3. 模块描述

1）数据交互模块

数据交互模块的主要功能是提供其他功能模块的调用入口和数据交互功能。一方面是按照业务逻辑依次调用预设订单配送量生成、订单装载与卡位分配等功能模块；另一方面对输入数据进行预处理、对输出结果进行格式化，并在运行过程中实现各功能模块间的数据交互与数据存储。

2）预设订单配送量生成模块

预设订单配送量生成模块基于遗传算法实现各波次预设订单配送量的生成，结合问题多波次决策的特征设计了对应的遗传算法中的个体生成方式，同时在个体节点进行突变的过程中设计了区间分割机制以提高遗传算法搜索的效率。

3）订单装载模块

订单装载模块主要基于启发式规则对紧急订单与非紧急订单进行选择装载，直至满足预设订单配送量。紧急订单必须进行配送，同时需要从非紧急订单中继续进行选择直到满足预设订单配送量，确定每一辆车配送与装载的订单。这里根据车辆平均装载率以及订单延迟指数对非紧急订单进行选择以减少剩余订单对下一波次订单配送计划生成的影响。

4）卡位分配模块

卡位分配模块用于确定车辆与卡位的对应关系以及车辆在卡位上的装载顺序。订单装载模块确定配送车辆以及车辆装载的订单后，此模块以最小化订单延迟成本为目标采用遗传算法确定车辆应当在哪一个卡位上进行装载以及装载的顺序。

7.2.3 系统说明

1. 业务流程说明

1）整体业务流程

业务流程如图 7.10 所示，主要包括预设订单配送量生成、订单装载、卡位分配三个阶段。

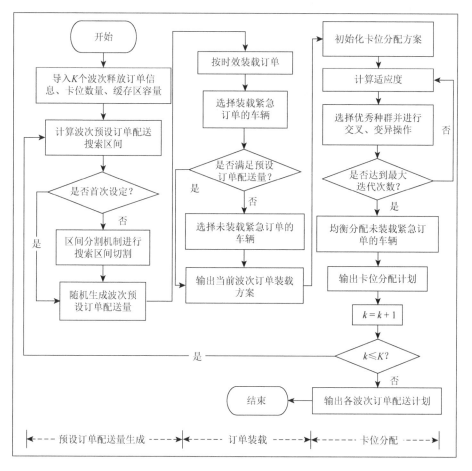

图 7.10 业务流程（二）

（1）预设订单配送量生成阶段：首先根据波次释放订单量以及缓存区容量等信息，在搜索区间内生成所决策波次的预设订单配送量。

（2）订单装载阶段：将波次订单依次按照时效进行装载，装载紧急订单的车辆必须进行配送，同时对未装载紧急订单的车辆继续进行选择直至满足预设订单配送量，此处利用启发式规则进行车辆选择以得到最终的订单装载方案。

（3）卡位分配阶段：对于订单装载方案中的各配送车辆，利用遗传算法对装载紧急订单的车辆应当在哪个卡位上完成装载以及装载的顺序进行决策；对于未装载紧急订单的车辆可根据卡位占用状况将车辆均衡分配到各个卡位上。订单装载方案与卡位分配方案共同组成了当前决策波次的订单配送计划。

2）数据交互过程

数据交互过程如图 7.11 所示，波次拣选释放订单信息以及缓存区容量、卡位数量等信息通过对外接口导入数据交互模块，而订单装载、卡位分配以及波次预设订单配送量生成所涉及的数据以及方案通过数据交互模块在各个模块之间进行传递。最后的各波次订单配送计划通过对外接口输出。

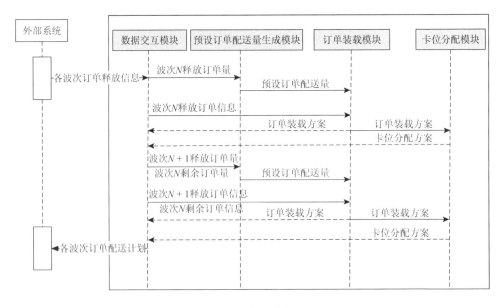

图 7.11　数据交互过程（二）

2. 模块功能说明

1）数据交互模块

数据交互模块主要有以下两个功能。

（1）输入/输出接口。该模块提供与外部接口或第三方系统的交互，将需要的相关数据包括波次拣选释放订单信息、缓存区容量以及卡位数量等信息输入订单配送计划生成系统中，并将最终生成的波次订单配送计划输出至外部接口或第三方系统。

（2）不同功能模块间的相互调用和数据交互。该模块提供各功能模块的调用入口，不同功能模块通过数据交互模块进行数据的调用和交互，针对不同模块输入/输出的数据格式进行规范化，保证各功能模块输出结果符合规范。

2）预设订单配送量生成模块

在预设订单配送量生成模块基于遗传算法进行预设订单配送量的生成，主要包括如何基于遗传算法进行个体生成以及采用区间分割机制在后续过程中完成个体突变这两部分内容。

（1）遗传算法中个体生成过程。设置种群规模为 n，在波次 1 的预设订单配送量范围内随机生成 n 个预设订单配送量 N_1 的决策值，并将 N_1 传递到订单装载与卡位分配模块进行该波次相应配送计划的生成，生成之后更新波次 1 的剩余订单。波次 1 未配送的剩余订单合并至波次 2 进行配送计划生成。波次 2 根据波次 1 的剩余订单量以及波次 2 拣选释放的订单量等信息计算得到该波次的预设订单配送量范围，并在该范围内继续随机生成 n 个波次 2 的预设订单配送量 N_2 的决策值，重复上述循环，直至决策周期内的所有波次的预设订单配送量都已生成。决策周期内所有波次的预设订单配送量 $N_1, N_2, \cdots, N_W$ 构成种群中的一个个体。

（2）区间分割机制。在个体生成之后，会经历突变等环节以不断更新个体，寻找更优解，在突变的过程中采用区间分割机制对预设订单配送量的搜索区间进行更新以提高搜索效率，区间分割机制主要包含以下两个步骤。

①根据波次释放的紧急订单量收缩搜索区间。当波次 w 释放的订单集中包含紧急订单时，由于紧急订单必须进行配送，因此可将由缓存区容量、波次订单释放量计算得到的最小订单配送量与波次释放紧急订单量进行对比，对区间的下界进行收缩。

②根据等价区间进行波次预设订单配送量搜索区间的分割。由于不同流向订单数量的不同以及车辆容量的限制，下层订单配送派车方案生成后得到的波次订单配送量 N_w^{ac} 可能会大于或者刚好等于上层的预设订单配送量 N_w。因此进行某一波次配送计划决策时，当该波次之前的配送计划不变即剩余到这一波次的订单不变且这一波次的预设订单配送量在范围 $\left[N_w, N_w^{ac}\right]\left(N_w^{ac} > N_w\right)$ 时，这一波次下层得到的订单配送派车方案不会改变，剩余到下一波次的订单也不会发生变化。结合这一特点，本节将 $\left[N_w, N_w^{ac}\right]\left(N_w^{ac} > N_w\right)$ 称为等价区间，每一次迭代时上层会根据下层反馈的具体订单配送派车方案记录该等价区间。假设波次预设订单配送量的

决策区间为 $[N_A, N_B]$，可根据以下规则进行该决策区间分割，个体进行突变时将在分割后的区间内进行决策：若 $N_A = N_w < N_w^{ac} < N_B$，则搜索区间变更为 (N_w^{ac}, N_B)；若 $N_A < N_w < N_w^{ac} < N_B$，则搜索区间变更为 $[N_A, N_w) \cup (N_w^{ac}, N_B]$；若 $N_A < N_w < N_w^{ac} = N_B$，则搜索区间变更为 $[N_A, N_w)$。

3）订单装载模块

订单装载模块主要采用启发式规则对紧急订单与非紧急订单进行选择，以满足预设订单配送量，具体规则如下。

（1）流向订单拟装载方案生成。首先将每个流向的订单按照时效要求依次进行装载，然后给出每个流向下所有订单全部配送所需的车辆数以及具体车辆装载方案，称为流向订单拟装载方案。

（2）装载紧急订单的车辆选择。由于流向订单拟装载方案中装载紧急订单的车辆必须进行配送，因此可以根据这部分车辆装载的订单数量计算得到当前的订单配送量 $N_{O_{now}}$，若当前订单配送量大于预设订单配送量，即 $N_{O_{now}} \geqslant N_w$，则所有装载紧急订单的车辆构成了这一波次最终的订单装载配送方案。否则根据上层决策出的预设订单配送量 N_w 计算在车辆满载的情况下仍然需要进行非紧急订单配送的最小车辆数 $v_{min} = \lceil (N_w - N_{O_{now}})/Q \rceil$，然后转到步骤（3）。

（3）未装载紧急订单的车辆选择。若未装载紧急订单的车辆有 n 辆，可从最小车辆数 v_{min} 对应的空间 $C_n^{v_{min}}$ 开始搜索，如果有可行解则转到步骤（4），否则令 $v_{min} = v_{min} + 1$，继续进行搜索直至找到可行解。

（4）利用平均装载率评价派车成本相同的订单装载方案。装载紧急订单与未装载紧急订单的车辆选择完成后构成了对应的订单装载方案。对于派车成本相同的多个方案，计算每一种方案的车辆平均装载率，如果平均装载率最高的方案唯一，则选择该方案，否则转到步骤（5）。

（5）构造剩余订单影响指数评价平均装载率最高的多个方案。不同的装载方案会对应不同的剩余订单 O_{left}^w，有些订单虽然在波次 w 不是紧急订单，但是如果剩余到下一波次可能会成为紧急订单，使下一波次紧急订单数量增加。因此利用剩余订单影响指数 δ_i 去衡量波次 w 不同订单装载方案 i 对波次 $w+1$ 的影响，如果装载方案对应的剩余订单影响指数越低，证明剩余订单对波次 $w+1$ 的影响越小，应当优先选择这一装载方案。

4）卡位分配模块

在卡位分配模块，根据订单装载模块输出的方案，基于遗传算法对车辆进行卡位分配，步骤如下。

对于装载紧急订单的车辆，以最小化订单延迟成本为目标函数进行决策。

（1）根据卡位数量与车辆数随机生成初始种群 F。

（2）个体选择：计算个体适应度，选择适应度值最大的一半个体进行保留，选择后的个体存入种群 F。

（3）交叉、变异：对种群 F 进行交叉、变异操作生成新的种群，交叉即交换在不同卡位上进行装载的车辆，形成新的卡位分配方案。

（4）精英保留：通过筛选将种群规模保持为初始种群规模，保留每一代最优个体放在种群的第一行。

（5）重复步骤（2）～（4）的操作直到达到迭代次数，输出最优的卡位分配结果。

决策完成之后，根据每个卡位上分配车辆的情况，将未装载紧急订单的车辆均衡分配在卡位上。

3. 对外接口说明

1）与外部系统相连的输入接口

本系统所需数据为波次拣选订单释放信息与缓存区容量、卡位数量等基础信息，其中波次拣选释放订单的数量、时效以及所属流向等信息均调用接口获取，缓存区容量以及卡位数量等参数支持手动输入。本系统使用了 GUI 的方式导入，未输入参数前的初始 GUI 如图 7.12 所示，输入相关参数后的 GUI 如图 7.13 所示。

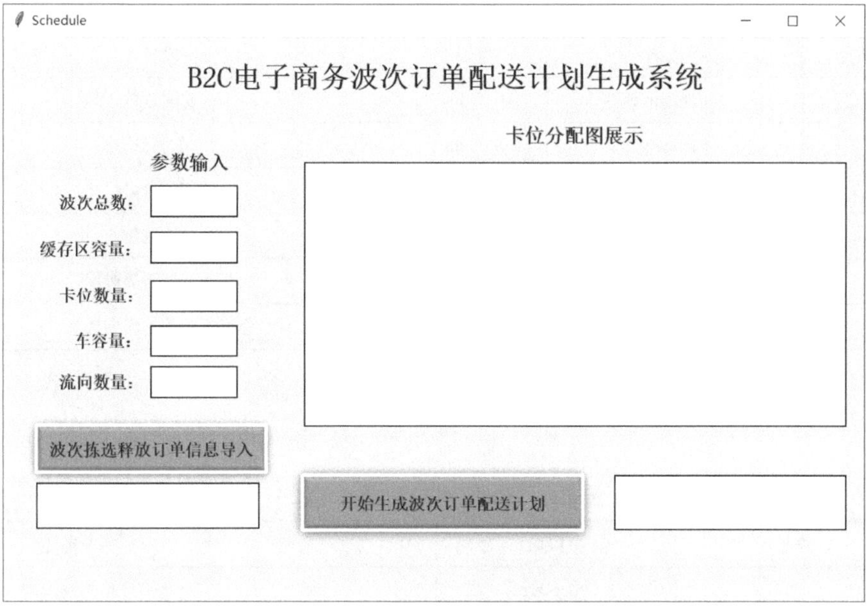

图 7.12　初始 GUI（二）

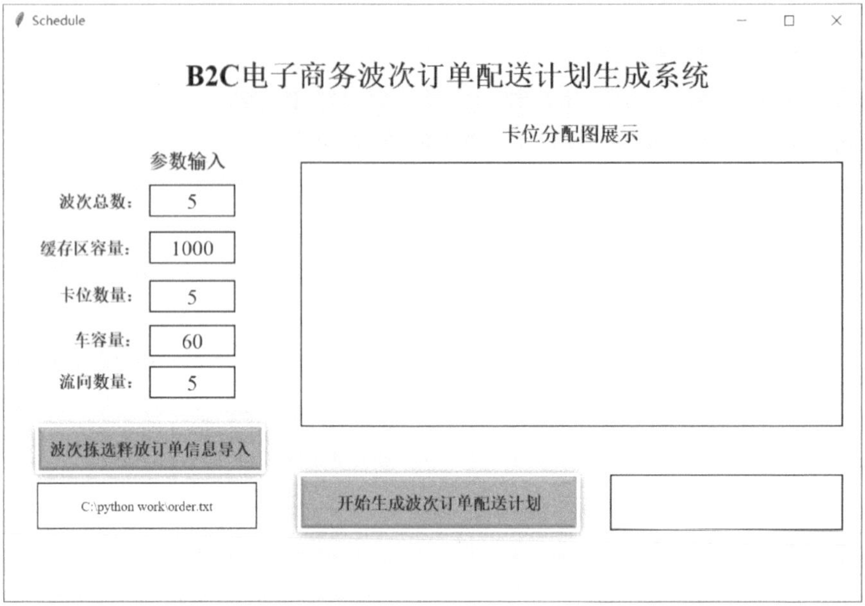

图 7.13　输入相关参数后的 GUI（二）

（1）相关调度参数如表 7.4 所示。

表 7.4　相关调度参数（二）

序号	字段名	字段类型	字段描述
1	Numofwaves	int	波次总数
2	Capacity	int	车容量
3	C_storage	int	缓存区容量
4	N_dock	int	卡位数量
5	Time	double	车辆装载所需时间
6	N_area	int	仓库所服务的流向数量

（2）客户订单信息参数如表 7.5 所示。

表 7.5　客户订单信息参数（二）

序号	字段名	字段类型	字段描述
1	Order_area	int	订单所属流向
2	Order_time	double	订单时效要求

2）与外部系统相连的输出接口

当各个波次订单配送计划生成后，GUI 会返回"已完成！"，并将每个波次订单释放后卡位的占用情况进行展示，如图 7.14 所示。

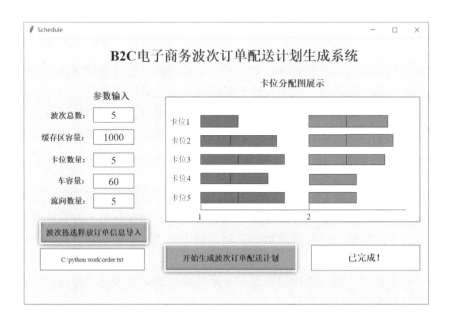

图 7.14　GUI 结果输出界面（二）

系统可将生成的具体波次订单配送计划通过输出接口输出至调度员显示面板或驾驶员手持终端，由驾驶员以及仓库装载人员执行。本系统将波次订单配送计划封装入本地的.txt 文件中，其具体字段与对应描述如表 7.6 所示。

表 7.6　订单配送计划参数

序号	字段名	字段类型	字段描述
1	Order_load	list	波次配送车辆所装载订单列表
2	Order_left	list	波次剩余至下一波次的订单列表
3	Order_hush	list	波次装载紧急订单车辆集合
4	Car_dock	list	波次卡位分配计划
5	Tardy	double	波次订单配送延迟成本
6	Car_send	double	波次订单配送派车成本

7.3　考虑驾驶员工作量均衡的电商订单城区配送车辆路径规划系统

7.3.1　系统简介

在本书第 6 章的研究基础上，本书进一步拓展研究了订单城区配送车辆路径规划问题，并基于相关研究成果设计开发了考虑驾驶员工作量均衡的电商订单城区配送车辆路径规划系统。该系统主要针对电商订单城区物流配送过程，在兼顾物流配送成本优化和驾驶员工作量均衡的基础上，实现车辆调度和路径方案的自动生成。该系统具有一定的普适性和泛化能力，能够应对不同车型、不同工作时间限制等条件下的城区配送车辆路径规划问题。

本系统适用于从事电商订单物流配送的企业，用于日常城区物流配送中车辆路径方案的自动生成。系统主要包括输入/输出接口（对接到第三方系统或外部数据库）及四个功能模块，可实现数据交互、订单聚类、路径规划、路径指派等功能，具体如下。

（1）输入接口：通过该接口与第三方系统或外部数据库进行对接，为系统提供所需的订单数据和站点数据。

（2）输出接口：通过该接口与第三方系统或外部数据库进行对接，将最终的车辆路径规划方案输出。

（3）数据交互模块：包括数据的获取、预处理，提供各主要功能模块的调用入口和数据交互功能。

（4）订单聚类模块：使用 K-means++算法对订单进行聚类，包括初始聚类中心选取、聚类中心更新等功能。

（5）路径规划模块：对聚类后的订单对应的配送站点，使用遗传算法优化车辆配送站点的路径成本，即车辆路径规划。

（6）路径指派模块：对车辆路径规划获得的路径进行指派，使用 Split_Assign 策略均衡驾驶员的工作量。

7.3.2　系统概述

1. 总体框架

考虑驾驶员工作量均衡的电商订单城区配送车辆路径规划系统（P），适用于电商订单城区物流配送问题，属于电商订单履行系统的一部分，其与系统前端、后端连接的总体框架如图 7.15 所示。系统通过外部接口连接电商前端客户下单系统（C）和地理信息系统（geographic information system，GIS）以获取相关数据，经过本系统生成车辆路径规划方案后，将方案输出至后端驾驶员手持终端或调度员显示面板中，最后由驾驶员执行方案。

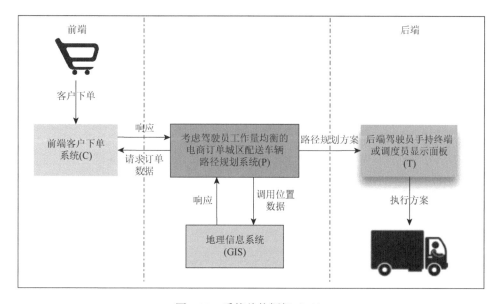

图 7.15　系统总体框架（三）

2. 系统架构

系统开发平台为 MATLAB 2019B，语言为 MATLAB，输入/输出格式为.xls文件格式（也可为数据库文件格式），程序发布使用 Application Compiler。系统架构如图 7.16 所示，可分为数据交互层、核心算法层、支持函数层。数据交互层包含程序主入口函数 JDB2B，主要用于订单数据和地理信息数据的获取和预处理，并提供核心算法层各函数调用入口和数据交互功能。核心算法层包含订单聚类函数 FunK_mean、路径规划函数 GA_notoolbox、工作量均衡函数 Workloadassign。其中订单聚类函数 FunK_mean 采用 K-means++聚类算法，根据车辆载重、载容将订单聚类分组；路径规划函数 GA_notoolbox 使用遗传算法对订单聚类后每个分类中的订单，根据其对应配送目的地进行路径规划，生成车辆路径方案；工作量均衡函数 Workloadassign 在最长工作时间的限制下，使用 Split_Assign 策略将车辆路径方案中生成的路径指派给驾驶员，以优化驾驶员间的工作量均衡性。支持函数层主要是核心算法使用到的一些函数，包括 K-means++聚类算法中初始聚类中心选择函数 Select 和聚类中心更新函数 Cluster、对路径进行重新组合的

Route_combine 函数，以及向量降序排序函数 Createind。图 7.16 中使用箭头给出了各函数间的调用关系和数据交互关系。

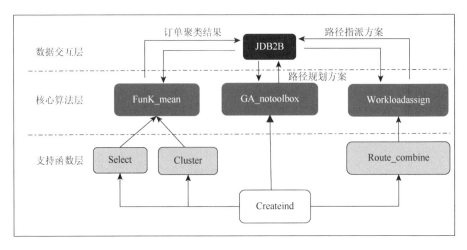

图 7.16　系统架构（三）

3. 模块描述

1）数据交互模块

数据交互模块的主要功能是提供其他功能模块的调用入口和数据交互功能。一方面是按照业务逻辑依次调用订单聚类、路径规划、路径指派等功能模块；另一方面对输入数据进行预处理、对输出结果进行格式化，并在运行过程中实现各功能模块间的数据交互。例如，将订单数据和地理信息数据输入订单聚类模块，将路径规划模块输出的车辆路径方案输入路径指派模块等。

2）订单聚类模块

订单聚类模块主要实现根据车辆载重、载容（可根据实际问题进行变动）对订单进行聚类的功能。聚类过程通过改进的 K-means++聚类算法实现。算法改进的部分包括：对原 K-means++聚类算法针对实际问题的特点进行了改进，设计了新的初始聚类中心选取函数、聚类中心更新函数，使用车辆可行驶距离作为站点间距离衡量的方式等。

3）路径规划模块

路径规划模块使用遗传算法进行车辆路径规划，将聚类后的各订单配送至对应的目的站点。由于订单是根据车辆负载进行聚类的，每个分类中订单的配送可通过一次派车完成。这里根据订单对应的客户地址，以优化车辆行驶距离为目标，生成车辆路径方案并给出每条路径的最早出发时间、最晚出发时间、路径持续时间（包含行驶时间和装卸时间）等。

4）路径指派模块

路径指派模块主要是将路径规划模块输出的车辆路径方案，通过自行设计的 Split_Assign 策略将路径指派给特定的驾驶员，同时均衡驾驶员间的工作量。具体方法是以工作时长表示驾驶员工作量，在不超过驾驶员最长工作时长限制的情况下，将驾驶员间工作时长的差距缩减至最小。

7.3.3　系统说明

1. 业务流程说明

1）整体业务流程

业务流程如图 7.17 所示，主要包括订单聚类、路径规划、路径指派三个阶段。

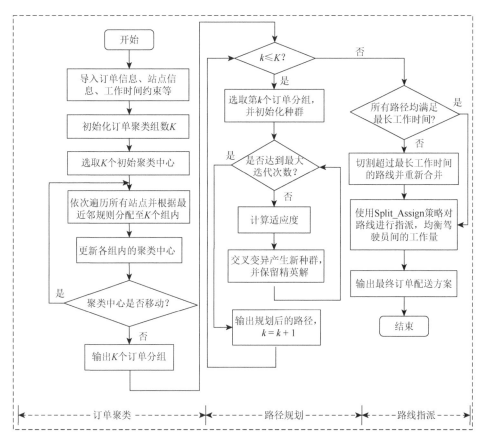

图 7.17　业务流程（三）

（1）在订单聚类阶段，首先导入订单信息、站点信息、驾驶员工作时间约束等调度数据。然后对订单使用 K-means++聚类算法，根据最近邻规则进行聚类，最后输出订单分组。

（2）在路径规划阶段，依次选择订单聚类后得到的订单分组，每个订单对应一个具体的站点位置。使用遗传算法对分组后的站点进行路径规划，得到路径距离优化后的车辆路径方案。

（3）在路径指派阶段，首先判断路径规划阶段获得的所有路径是否满足驾驶员最长工作时间限制：如果不满足，则对路径进行切割并重新合并；如果满足，则使用 Split_Assign 策略对驾驶员进行指派，最后得到最终的订单配送方案。

2）数据交互过程

数据交互过程如图 7.18 所示，订单信息、站点信息等通过对外接口导入数据交互模块。而订单聚类结果、车辆路径规划结果、路径指派结果等数据在各个模块间的交互则通过数据交互模块完成。最终的车辆路径方案通过对外接口输出。

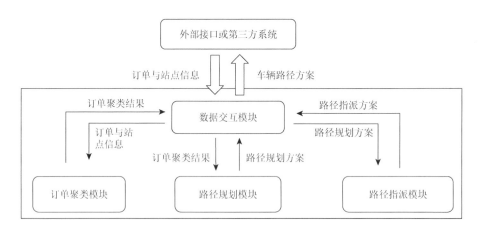

图 7.18　数据交互过程（三）

2. 相关算法描述

1）用于订单聚类的改进的 K-means++算法

K-means++算法是针对当前数据挖掘领域较为流行的聚类方法——K-means聚类算法的一种改进。与 K-means 聚类算法随机选取数据集中 K 个元素作为初始聚类中心不同，K-means++算法按照如下的思想选取 K 个初始聚类中心：假设已经选取了 n 个初始聚类中心（$0<n<K$），则在选取第 $n+1$ 个聚类中心时，距离当前 n 个聚类中心越远的元素会有更高的概率被选为第 $n+1$ 个聚类中心。

在选取第一个聚类中心（$n=1$）时同样通过随机的方法。这是因为聚类中心互相离得越远，聚类效果越好。在本系统中，我们针对问题的特点，对 K-means++ 算法进行了改进，首先采用车辆可行驶距离作为元素间距离衡量的方式，因为实际运营中两站点的距离并非直线，而是车辆可行驶距离，车辆可行驶距离通过百度地图 API 获取。K-means++ 算法中需要确定聚类中心点以进行分类，并在算法运行中不断更新聚类中心以提升聚类效果。经典算法中的聚类中心点是分类元素的几何中心点（元素纵、横坐标取均值），但实际运营中站点的几何中心不一定具备地理位置意义，因此本系统设计了一种新机制，选取具有实际地理意义的"聚类中心"。方法是对聚类中的站点依次进行遍历，计算当前站点与其他所有站点之间的距离之和，然后与原聚类中心与其他所有站点之间的距离之和进行比较，若前者更小，则将聚类中心更新为当前站点；若后者更小，则聚类中心保持不变。

2）用于路径规划的遗传算法

遗传算法是计算数学中用于解决最优化问题的搜索算法，是进化算法的一种。进化算法最初是借鉴了进化生物学中的一些现象而发展起来的，这些现象包括遗传、突变、自然选择以及杂交等。对于一个最优化问题，一定数量的候选解（称为个体）可抽象表示为染色体，使种群向更好的解进化。进化从完全随机个体的种群开始，之后一代一代发生。在每一代中，依据适应度函数评价整个种群的适应度，并据此从当前种群中随机地选择多个个体，将选出的多个个体通过自然选择和突变的方式产生新的生命种群，这些新种群在算法的下一次迭代中成为当前种群。遗传算法的有效性在很多最优化问题（如路径规划问题、背包问题、旅行商问题等）中得到了验证，且在问题规模不大的情况下可以较快地逼近最优解。在本系统中，由于订单聚类后形成了多个分组，每个分组内的订单数量规模不大，因此系统采用遗传算法对组内订单配送序列进行路径规划。

3）用于路径指派的 Split_Assign 策略

路径指派是将已经生成的多条派车路径指派给特定的车辆（驾驶员），同时兼顾不同车辆（驾驶员）间的工作量均衡。目前并没有现成的方法可以借鉴，因此本系统基于问题特点，设计了一种新的 Split_Assign 策略，采用了一种补偿思想对路径指派方案进行了优化。具体步骤如下。

（1）计算路径规划阶段生成的 N 条路径的工作量，工作量可以用驾驶员工作时间、车辆行驶时间、车辆行驶距离、配送站点数等方式表示，本系统采用驾驶员工作时间（包含车辆行驶时间和装卸时间）表示，并降序排列。

（2）假设有 K 辆车（$K \leqslant N$），编号为 1，2，…，K。从工作量最大的那条路径开始，依次将 K 条路径按顺序指派给 K 辆车。

（3）从第 $K+1$ 条路径开始，每次指派前先计算当前 K 辆车各自的工作量，将当前待分配路径指派给当前工作量最小的那辆车。

（4）重复步骤（2）～（3），直到所有的路径都被指派完毕。

3. 调度规则说明

在系统开发过程中，为了使系统贴近现实问题，我们在电商物流企业进行了长期的实际调研，和车辆调度人员以及驾驶员进行了深度交流，并全程参与到实际订单城区物流配送业务过程中。在此过程中整理了三条较为重要的调度规则，并将其融入系统的核心算法中，具体如下。

（1）规则一：先按区域将订单分堆，再根据堆量大小进行合并。实际订单配送车辆调度主要依赖于人工，而有经验的调度人员通常的做法是先将配送区域划分为一个个固定的子区域，将同一子区域的订单分为一堆。然后通过目测估计每个分堆量的大小，根据车辆的大致容量将不同的分堆合并到一辆车内配送。这种方法简单快速、易于操作，但十分依赖于调度人员的经验，科学性不高。人工调度采用的固定分区无法灵活应对不同区域的订单量波动，对订单堆量大小的不精确估计可能造成车辆满载率不足或超载，需要重新分配。本系统采用了类似"先订单聚类，后合并配送"的总体思路，并通过引入优化算法，能够实现订单的灵活聚类、车辆的合理装载，大大提高了决策的科学性。

（2）规则二：大堆带小堆，先分大堆再分小堆。实际中在对订单分堆进行合并时，调度人员会优先将堆量较大的区域分给不同的驾驶员，然后再给每个驾驶员分配相邻但堆量较小的区域。这种方式可以在一定程度上对驾驶员的工作量进行均衡，但人工对堆量估计不精确、对配送站间的相邻性判断不准确，使方案科学性不高，甚至出现不可行而需要重新调度的情况。本系统在路径指派时借鉴了这种调度思想，将生成的路径按工作量大小降序排列，然后依次指派，使驾驶员间工作量的差距向趋于 0 的方向逐渐收敛。

（3）规则三：尽量使驾驶员工作时间满额，以便运力得到有效利用。在实际城区物流配送中，道路、车型等往往具有一定的限制，电商订单又具有配送时效的要求，企业必须采用小型车辆在一个配送周期内多次往返配送。对于物流配送企业来说，尽可能地让驾驶员在规定的工作时间内的效率最大化，缩短空闲等待时间，才能有效降低成本。但人工调度往往无法应对复杂的路径指派，路径安排不合理的情况经常出现。工作时间不足造成运力闲置或工作时间过长造成加班加点，驾驶员间工作量的均衡度很差。这不仅会造成运力浪费，也容易引发内部矛盾。本系统在考虑驾驶员工作量均衡的情况下对路径进行合并。合并规则是在满足最长工作时间限制的情况下，安排配送时间不同的路径进行合并（合并路径中间考虑一个重新装货的时间，暂定为 1h）；合并目标是让驾驶员总工作时间接近最长工作时间，使运力在得到充分利用的同时驾驶员间的工作量也趋于均衡。

4. 模块功能说明

1）数据交互模块

数据交互模块主要有以下两个功能。

（1）输入/输出接口。该模块提供与外部接口或第三方系统的交互，将需要的相关数据包括站点总数、最小派车数、车辆载重和载容、最早发车时间、最长工作时间输入路径规划系统，并上传包含站点位置数据及站点间距离数据的文件，经路径规划完成后再将最终的车辆路径方案输出至外部接口或第三方系统。

（2）不同功能模块间的相互调用和数据交互。该模块提供各功能模块的调用入口，不同功能模块通过数据交互模块进行数据的调用和交互，针对不同模块输入/输出的数据格式进行规范化，保证各功能模块输出结果的合法性检验。

2）订单聚类模块

订单聚类模块主要实现按照给定的车辆载重（设为 Q ）和载容（设为 V ）限制，根据订单对应的客户站点位置（订单和站点一一对应，同一站点的多个订单视为一个订单），按照最近邻原则使用 K-means++聚类算法将订单聚类，目的是在尽可能降低聚类数（派车次数）的前提下，将站点位置相邻的订单分为一类。设总订单集为 O ，订单 $i \in O$ 的重量为 q_i 、体积为 v_i ，初始聚类中心点数设为 K ，则有 $K = \max_{i \in O} \left(\dfrac{\sum q_i}{Q}, \dfrac{\sum v_i}{V} \right)$ 。K-means++算法用于订单分组聚类的具体步骤如下。

（1）对于需求大于等于车辆负载（载重或载容）的订单单独成类，若某订单的需求量加上所有订单需求量中的最小值超过车辆负载，也需单独成类。

（2）用 Select 函数选取 K 个初始聚类中心点，第 1 个聚类中心点选择需求量最大的那个订单对应的站点。从第 2 个聚类中心点开始，选取标准是：与已选中其他初始聚类中心点的可行驶距离之和最大的那个点，作为下一个聚类中心点。这里的可行驶距离是根据百度地图 API 获取的实际位置间的最短可行驶道路距离。

（3）遍历每个站点，判断每个站点应该归为哪一类，对每个站点都选择与其最近且该站点加入分组后订单量不超过车辆负载的那个聚类中心所代表的类别。重复该步骤直到所有的站点都被分类完毕。

（4）重新选取聚类中心：用 Cluster 函数重新选取某一分类中的聚类中心并更新，作为下一次的初始聚类中心。

（5）重复步骤（3）和步骤（4）直到初始聚类中心稳定不动。

（6）输出所有聚类分组结果。

3）路径规划模块

路径规划模块主要实现车辆路径规划功能，即生成订单聚类分组组内对应站点的配送序列。由于每个聚类分组内的站点规模较小，使用遗传算法即可快速地获取行驶距离优化后的配送序列。具体步骤如下。

（1）根据订单分类结果随机生成初始种群 F。

（2）个体选择：计算个体适应度，适应度值大于随机生成的一个数时，则该个体进行选择操作，抽取符合选择操作条件的个体存入 F。

（3）交叉、变异：对种群 F 进行交叉、变异操作生成新的种群，变异操作将某个路径间两点位置交换（不包含配送中心）。

（4）精英保留：通过筛选将种群规模保持为初始种群规模，保留每一代最优个体放在种群的第一行。

（5）重复步骤（2）～（4）的操作直到达到迭代次数，输出分组路径规划结果。

4）路径指派模块

路径指派模块主要是将路径规划模块输出的路径指派给车辆。由于电商订单的时效限制和车辆的负载限制，单条配送路径不能过长，一条路径往往只能访问少量站点，因此车辆在配送周期内需要进行多次短途配送。路径指派就是将多条路径指派给一辆车，同时兼顾不同车辆（驾驶员）间的工作量均衡。具体步骤如下。

（1）对路径规划阶段生成的路径进行检验，验证其是否满足最长工作时间限制，如果全部满足，则转到步骤（4），否则转到步骤（2）。

（2）根据最长工作时间限制，对超时的路径进行如下切割：保留最长工作时间内可配送的站点，将剩余站点切割并重新规划生成一条新路径，反复对所有路径的配送时间进行判断和切割，直到所有路径均满足车辆最长工作时间限制。

（3）根据最长工作时间和车辆负载限制，对切割后的路径进行合并，并使用遗传算法对路径进行优化。

（4）使用 Split_Assign 策略将满足工作时间限制的路径指派给车辆。

5. 对外接口说明

1）与外部系统相连的输入接口

本系统所需数据为站点总数（含配送中心）、最小派车次数（计算方法详见7.3.2 节订单聚类模块说明）、车辆最大可载体积、车辆最大可载重量、车辆最早出发时刻、最长工作时间和站点数据。这些数据可以通过与外部数据库或系统相连的接口导入，也可以手动输入。本系统使用了 GUI 的方式导入，未输入参数前的初始 GUI 如图 7.19 所示，输入相关参数后的 GUI 如图 7.20 所示。

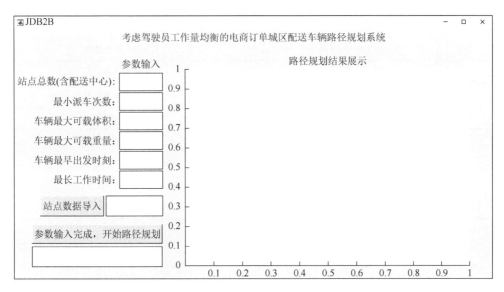

图 7.19　初始 GUI（三）

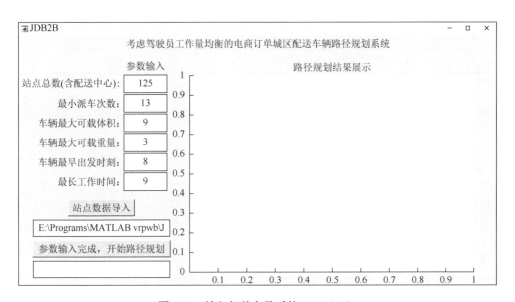

图 7.20　输入相关参数后的 GUI（三）

（1）相关调度参数，如表 7.7 所示。

表 7.7　相关调度参数（三）

序号	字段名	字段类型	字段描述
1	STATION_NU	int	站点总数（含配送中心）
2	MIN_VEHICLE_NU	int	最小派车次数
3	MAX_VEHICLE_V	double	车辆最大可载体积
4	MAX_VEHICLE_Q	double	车辆最大可载重量
5	FIRST_D_TIME	datetime	车辆最早出发时刻
6	MAX_WORK_TIME	seconds	最长工作时间

（2）客户订单信息参数如表 7.8 所示。

表 7.8　客户订单信息参数（三）

序号	字段名	字段类型	字段描述
1	ORDER_ID	int	订单序号
2	ARDDRESS_ID	string	站点地址
3	LATITUDE	double	站点纬度
4	LONGITUDE	double	站点经度
5	VOLUME	double	订单体积
6	QUANTITY	double	订单重量

（3）站点信息参数，如表 7.9 所示。

表 7.9　站点信息参数

序号	字段名	字段类型	字段描述
1	ORIGIN_ID	int	起始站点序号
2	DESTINATION_ID	int	目的站点序号
3	DISTANCE	double	行驶距离
4	TIME	seconds	行驶时间

2）与外部系统相连的输出接口

当路径规划成功后，GUI 会返回"路径规划成功！"，并将路径规划结果在经纬度二维图中展示出来，如图 7.21 所示。

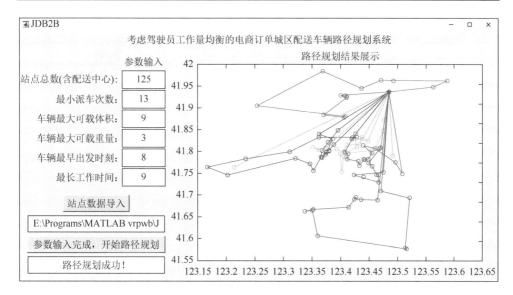

图 7.21　GUI 结果输出界面（三）

　　系统可将生成的具体车辆路径方案通过输出接口输出至外部系统，由驾驶员具体执行。本系统中将车辆路径方案封装入本地的 Excel 文件中，具体包含总体派车计划和路径信息两个工作表，具体参数如表 7.10 和表 7.11 所示。

表 7.10　总体派车计划参数

序号	字段名	字段类型	字段描述
1	ROUTE_NU	int	总派车次数
2	VEHICLE_NU	int	总车辆数
3	TOTAL_TIME	hours	总行驶时间
4	TOTAL_DISTANCE	double	总行驶距离

表 7.11　路径信息参数

序号	字段名	字段类型	字段描述
1	VEHICLE_ID	int	车辆序号
2	STATION_ORG	int	起始点（仓库）
3	STATION_ORG_TIME	datetime	起始时刻
4	STATION_X_ID	int	第 X 个配送点序号
5	STATION_X_TIME	datetime	到达第 X 个配送点的时刻
6	STATION_END	int	终点（仓库）

续表

序号	字段名	字段类型	字段描述
7	STATION_END_TIME	datetime	回到终点的时刻
8	DISTANCE	double	车辆总行驶距离
9	DURATION	hours	车辆总行驶时间

7.4 结 论

本章主要基于第 2～4 章的理论研究成果，结合在某大型 B2C 电商平台的实地调研，开发了一系列 B2C 电商订单生产与配送智能调度决策系统。该系列调度系统包括 B2C 电商订单分批排序系统、B2C 电商波次订单配送计划生成系统以及考虑驾驶员工作量均衡的电商订单城区配送车辆路径规划系统。

首先，B2C 电商订单分批排序系统针对先拣后合的订单分批拣选策略，通过科学、合理的分批和排序，协调订单的拣选和合并过程，提高订单履行时效，提高 B2C 电商平台的市场竞争力，其具有一定的普适性，能够适用于其他具有类似分批拣选模式的 B2C 电商订单的分批拣选过程。

其次，B2C 电商波次订单配送计划生成系统针对采用波次拣选下的 B2C 电商订单，结合波次释放的订单信息、缓存区容量，考虑波次间的相互影响，实现了波次订单配送计划的快速生成，通过科学、合理的订单配送计划缓解缓存区堵塞问题，有利于订单拣选与配送环节的顺畅衔接。该系统具有一定的普适性，可适用于类似按批次释放或拣选订单的生产与配送联合调度问题。

最后，考虑驾驶员工作量均衡的电商订单城区配送车辆路径规划系统实现了在订单城区配送场景下的决策支持，自动生成车辆调度和路径方案。该系统综合考虑了订单配送成本优化和驾驶员工作量均衡两个决策目标，有利于同时提高配送效率和服务质量。同时该系统不仅可以应用于 B2C 电商订单的城区配送，还适用于其他类似的订单配送车辆路径决策问题。

本章内容验证了本书所研究的 B2C 电商订单生产与配送智能调度决策方法的实际价值，同时证明了所开发的系列调度系统具有在实际中进行应用和推广的潜力，该系列调度系统不仅可为 B2C 电商订单的生产与配送过程提供决策支持，也可为类似企业的物流管理决策提供借鉴和参考。